日露戦争諷刺画大全

上

飯倉 章

芙蓉書房出版

まえがき

二十世紀初頭、世界が注視するなかで始まった日露戦争を、欧米の諷刺画家はこぞって取り上げた。折しも西洋において諷刺画が文化として広まり根付いたこの時期、近代戦の先駆とも言うべき日露戦争は諷刺画家の想像力を否が応でもかき立て、諷刺漫画雑誌はもとより一般の新聞・雑誌にも、実に数多くの意匠と工夫をこらした作品が掲載された。そのなかには露骨なプロパガンダを意図したと思われる愚作もあれば、上質なユーモアを包み込んだ佳品もあった。凡庸な駄作もあれば、鋭い批評を込めて迫ってくるものもあった。国益やイデオロギーのみに囚われた偏狭な凡作もあれば、機略を尽くして戦争の一側面を鮮やかに浮き彫りにした秀逸な作品もあった。これらの日露戦争期に欧米で発表された諷刺画六百五十点余りを用いて、新たな日露戦争像、言い換えれば諷刺画のなかの日露戦争を描きだすことが本書の第一の目的である。

諷刺画のなかの日露戦争像は、歴史家の描いてきた日露戦争像と合致することもあれば、齟齬や軋みを生じることもある。諷刺画は歴史、とくに通説を分かりやすく説明するのに優れている部分がある。と同時に、誤解や偏見を増幅して流布してしまうこともある。どのような役割を果たすにしろ、それらも含んで一つの歴史であると言えば、牽強付会に過ぎるであろうか。ただ時として諷刺画は新聞雑誌の記事以上に、当時の人々の心情を率直に代弁あるいは吐露していると思われることもある。その意味でも諷刺画家の筆もまた歴史的資料を生んできたと言ってよいのではなかろうか。

そもそも諷刺画自体が歴史に寄り添ったものであり、描かれた時代の歴史的コンテクストを離れては、鑑賞・解釈がほとんど成り立たないと言えよう。また諷刺画は、絵画の一ジャンルではあるものの、タイトルやキャプション、吹き出しといった形で言語に依拠する言語的性質も持っている。歴史的背景を無視したり、タイトルやキャプションの果たす役割をないがしろにして紹介すると、それ自体が誤解と偏見を生んでしまうこともあるだろう。逆に、一見凡庸な化石のような作品も、描かれた同時代の歴史の流れのなかに置いてみると、急に水を得た魚のように蘇り、時代の奔流のなかをいきいきと泳ぎだすかのように見えることもある。いや、それは誇張であるとしても、著者としては本書で紹介した諷刺画がそう見えればと願ってもいる。

本書は日露戦争史の研究としては、いささか風変りかもしれないが、歴史研究にもささやかな貢献をしたいと願って書かれている。諷刺画の鑑賞に歴史的コンテクストが重要であるならば、そもそも歴史的事実とは何かということも問題になる。日露戦争史研究はこの二十年ほどで飛躍的に発展したが、そのことにより多層の歴史が生まれたように思われる。まずは通説としての人々の記憶に刻まれた歴史があり、さらに研究者によって明らかにされてきた歴史がある。研究者が扱う歴史においても、テーマ自体が多様化して対象領域が広がるとともに、既存のテーマも掘り下げが進んで定説が覆される事態も生じている。本書ではそのような研究動向を踏まえ、歴史叙述としても新たな日露戦争観を示すよう心がけ、そのために国際政治学の知見も活用した。それは、世論・イメージ・表象の研究から、政策決定・安全保障・国際機構、さらに歴史的記憶・複雑性・ジェンダーといった比較的新しい概念にまで亘っている。このように幅広く論じたことは、多様な諷刺画に接することによって喚起された結果とも言える。本書によって、この戦争の理解の幅が広がれば望外の喜びである。

筆者にとって本書は、国際政治学における表象研究という比較的新しい分野を多少なりとも掘り下げる試みでもある。先にも述べたように諷刺画は歴史と寄り添う形で存在しているが、諷刺画は歴史に従属するものではなく、それぞれが日露戦争像を形づくるものであるとも考えられる。それは何らかのまとまりとして共通するメッセージを発することを期待できるようなものではほとんどないが、個々の諷刺画がそれを目にした人々に、この戦争のイメージを提供したことは間違いない。一点の諷刺画が歴史を決定的に変えることはないとしても、イメージや表象の力を侮ってはならないだろう。それは時と場合によっては、書架を埋めつくす歴史書と異なり、ほんの数分で戦争の印象を決定づける力をもつ場合もあるのである。

本書の構成であるが、序章では表象研究の知見を用いて、諷刺画の読解に必要と思われる事柄を記した。続く第一章では、日露戦争の性格規定と日露の開戦過程を論じた。とくに戦争の原因と性格規定には密接な関係があるので、その点を詳しく検討しながら諷刺画を見た。第二章から第十四章では、数多くの諷刺画を取り上げながら、政治外交・軍事を中心として大まかな歴史的流れを追った。ここでは、個別のトピックとしてメディア戦争・金融戦争としての側面や、ハーグの平和と安全保障の関係なども追及した。第十五章では、諷刺画を通してこの時期の日本表象の特質や変遷を明らかにした。終章では戦後の動きに触れながら、日露戦争を経ての戦争の変容と兵士たちの表象に迫った。

本書の書名は『日露戦争諷刺画大全』としたが、大全と申し上げても限定付きであることをお断りしておきたい。まずは戦争当事国である日露の諷刺画は、この時期に海外で紹介されたものを除き原則として取り上げていない。逆に言えば、ここに掲載した日露の諷刺画は、何らかの形で海外の媒体の編集者によって選りすぐられて紹介されたものである。またコレクション自体も欧米中心である。これは当時の諷刺文化が西洋文化のなかから発展してきたという歴史を反映している。インド、オーストラリア、カナダ、南アフリカ、アルゼンチンなどの諷刺画も多少含むが、これらの国々の諷刺画も広い意味で西洋文化の影響下にあったと言えよう。その意味では、西洋の諷刺画家が描き、その鑑賞者の眼差しに映った日露戦争像である。また、六百五十余点を取り上げているものの、それとて筆者が目にした千点余りから選んだものである。このような限定があることから、本書を大全と呼ぶことは面映ゆく、おこがましくも思えるが、この戦争を政治外交・軍事のみならず、諷刺画家の目が及ぶ限りの多様な視点から取り上げようとしたという意味で大全と呼ぶことをお許しいただければと思う。

テレビもウェッブサイトもないこの時代に、念入りに描かれた図像は、流れ去る映像よりはるかに時間をかけて鑑賞されたことであろう。その多くは、諷刺画家たちが恐らく締め切りに追われながらも、知恵をしぼって丹精をこめて描いたものであろう。そのような諷刺画を読み解くことには、謎解きのような愉しみもある。そのような謎解きの一助となることも願い、また史料としての利用価値を高めるためにも、本書では諷刺画のタイトルやキャプションをできる限り紹介して翻訳した。さらに、必要に応じて解説をほどこし、書誌情報の後に続けるか本文に組み込んだ。ただ、元より諷刺画の解釈は多様であるので、自らの解釈を押し付ける気は毛頭ない。本書は筆者としては頭から通読して欲しいが、いずれかのページで目にとまった百年以上も前の諷刺画の前で沈思黙考をされ、作者の意図や諷刺画の意味に思いを巡らすことも一つの読み方と思う。日露戦争期の諷刺画を読み解く作業は、一世紀以上前の知的なチャレンジに立ち向かうことでもあり、骨も折れるがスリリングな体験でもある。読者の方々とそのような体験を共有できるとしたら、それも一つの喜びである。

日露戦争諷刺画大全〈上〉●目　次

＊各節毎に諷刺画の小見出しを示した。
小見出しの［　］内の数字は、その章における図の番号である。

君主は戦争を望まなかった［45］

日露戦争諷刺画大全〈下〉●目　次

凡例

一、参照引用文献は、本文中の埋め込み注〔 〕内に、著者名（原則として姓のみ）、同一著者に複数の文献がある場合に限りその省略形、参照頁を挙げる形で明示した。詳しい書誌情報は本書末尾の参照引用文献目録に挙げた。

一、本書の資料文献の訳は、日本語訳が出版されている場合を除き、原則として私訳である。また日本語訳がある場合でも、文脈の関係上、私訳を施した場合がある。

一、当時の日本語文献に関しては、引用に際して、必要に応じて旧字を新字体に改め、一部句読点を施したり、漢字をひらがなに書き換えるなどした。

一、読みやすさを考え、イギリスの擬人化であるジョン・ブルはジョンブル、アメリカの擬人化アンクル・サムはアンクルサムと表記した。大まかな原則として、中国・清国の表記は、欧文の訳の場合や地理的な意味合いが強い場合には中国、政府・政体を意識する場合には清国とした。また、朝鮮・韓国の表記は、李氏朝鮮が一八九七年に国号を大韓帝国（大韓）と変更してからは韓国、それ以前の国名を示す場合や地理的な意味あいが強い場合には朝鮮とした。

一、［ ］内は著者による補足である。

一、諷刺画の書誌情報は以下のルールを定めて記した。なお、タイトル、キャプションの訳はすべて私訳である。

（1）小見出しについて

単独ないし、複数の諷刺画のまとまりに、小見出しを付与したが、これは筆者が付けたものであり、出典と直接の関係はない。小見出しは「――」で括った。

（2）タイトルについて

原典を確認し、タイトルがない場合には「タイトルなし」とした。転載雑誌・書籍などに再録された諷刺画で、タイトルが見当たらない場合には、再録の段階で省略された可能性もあるので「タイトル不詳」とした。

転載雑誌・書籍などに再録された諷刺画で、タイトルがある場合には、それを出典に明示して訳出した。この場合にはタイトルが再録段階で付け加えられたり、改変や翻訳をされていることもあるので、原典のタイトルと一致しているとは限らない（原典にタイトルがない場合もありうる）。

（3）キャプションについて

キャプションは、Capt.と省略して表記した。キャプションが見当たらない場合には、項目ごと省いた。転載雑誌・書籍などに再録された諷刺画のキャプションは、タイトルと同様に原典のキャプションと一致しているとは限らない。

（4）出典について

出典の日本語名称の後には、刊行国を記載した。転載雑誌・書籍などに再録された諷刺画の場合には、再録元となった新聞雑誌の日本語名称の前に「原典」と付記した。

（5）作者について

作者名については、サインや画風、寄稿の状況により推定した場合もある。その場合には［推定］と付記した。作者名が記載されていないか、不詳の場合には、項目ごと省いた。

（6）筆者の解説について

◆以下は筆者による解説である。

関連地図

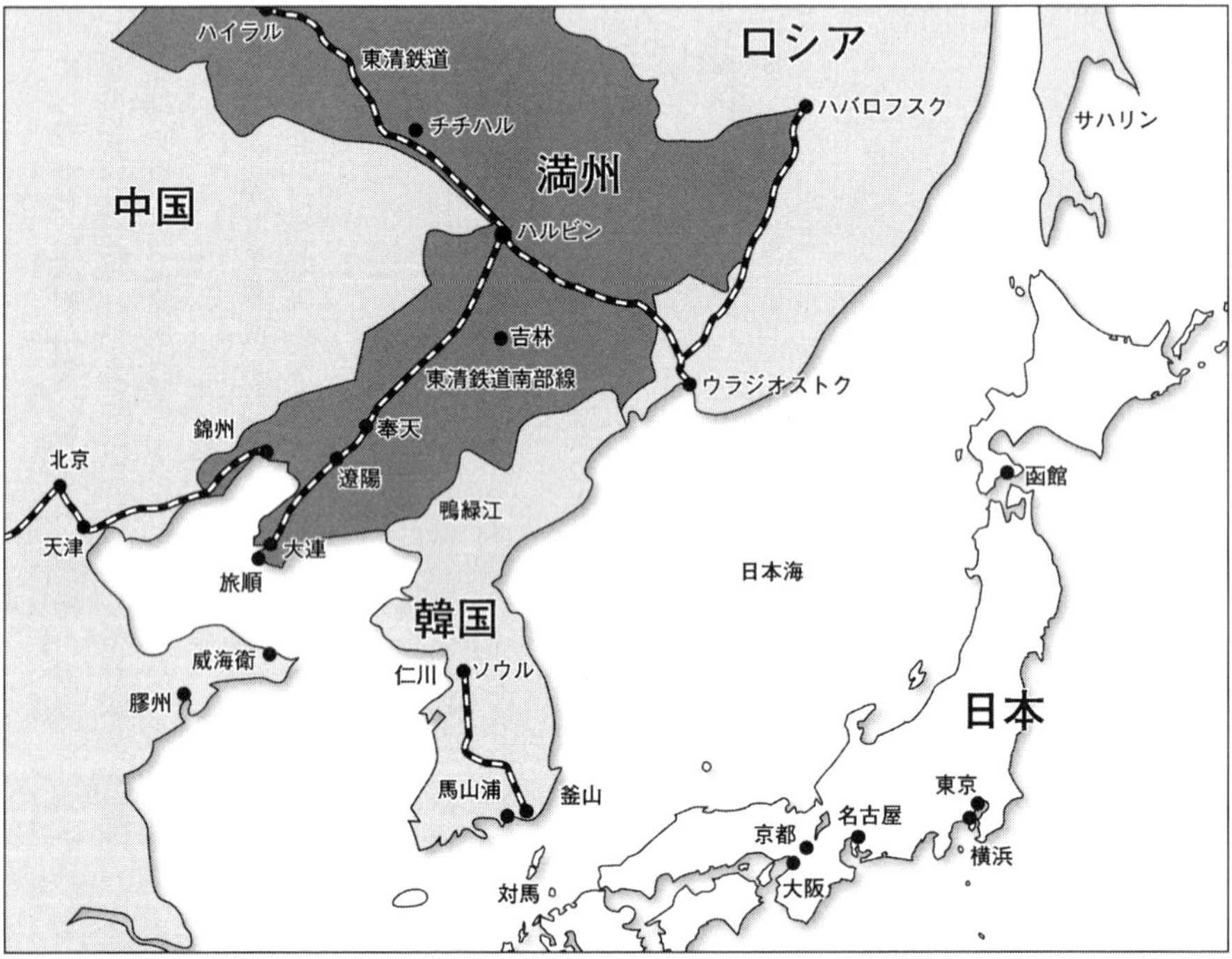

ポーツマス講和会議中にイギリスの『ペル・メル・ガゼット』紙に掲載された地図を基に作成（出典：'The Progress of the Peace Negotiation,' *Pall Mall Gazette*, 17 Aug. 1905, p. 7）

序章 諷刺画の時代

1　諷刺画の時代と日露戦争

必死の形相の水兵が背後から熊を渾身の力をふりしぼって持ち上げている。抵抗する熊の左前足の爪は水兵の頭にかかり、日本と記された水兵帽が砂浜に転がっている。熊は叫ぶ。「おい、言ってんだよ。持ち上げやめ！準備ができてなかった！」。熊のロシアと水兵の日本との闘いは始まったばかりで、漂う暗雲と打ち寄せる荒波がこれから続くであろう戦争の行方を暗示しているかのようである。

この**図序-1**は日露戦争の開戦後十日ほどして、日本の同盟国イギリスの諷刺漫画雑誌に掲載された諷刺画である。日露戦争は、東アジアの地域強国《リージョナル・パワー》に過ぎなかった日本が、大国ロシアに果敢に挑んだ決死の戦いであり、この画《え》からは開戦当初の日本の必死さが伝わってくる。タイトルもまさに「しゃにむに組みつく」である。相手の背後を取って何とか持ち上げた日本水兵と、「準備ができてなかった！」という水兵服姿のロシア熊の叫びは、奇襲攻撃で本格的な戦闘を始めて、とにもかくにも最初の海戦で勝利を収めた日本海軍の戦いぶりを示しているとも言えよう。この画が描かれた時点ではむろん誰にも勝敗の行方は分かっていない。このイギリスの諷刺漫画雑誌『パンチ』の主たる読者であった当時のイギリスの知識階級の人々は、前途多難を予期しながら日本を心のなかで応援し、ロシア熊の叫びに皮肉な笑いを浮かべたのではないかと思われる。この画は当時のイギリスの親日的な世論を反映しているとも言えよう。

このように諷刺画は、世論を映し出すこともあれば、それ自体が世論を形成する役割を果たすこともある。世論に迎合することもあれば、あえて世論に抗うこともあるだろう。ただ、いずれにしろ諷刺画は、当時の特定の

必死の挑戦

図序 - 1 「しゃにむに組みつく」

Capt. : **ロシア熊「おい、言ってんだよ。持ち上げやめ！　準備ができてなかった！」**
出典：E. Linley Sambourne, 'Catch as Catch Can,' *Punch, or the London Charivari*, Vol. 126 (17 Feb. 1904), p. 119.『パンチ、あるいはロンドン・シャリヴァリ』(イギリス)
作者：E・リンリー・サンバーン
◆日露両海軍の初戦の攻防を、ロシア熊と日本水兵の格闘に擬している。アマチュアレスリングにキャッチ・アズ・キャッチ・キャン・スタイル（フリースタイルの別称）があるので、タイトルからレスリングを示唆しているとも考えられる。

読者・鑑賞者のために描かれたのであり、現代の私たちのためではない。しかし、諷刺画の鑑賞を通して私たちは、当時の人々の物の見方に触れることができるだろう。あるいは当時の人々と同じように物事や出来事に浸ることさえもできるかもしれない。

本書の目的は、日露両交戦国以外の中立の立場を取った国々の日露戦争期の諷刺画、とくに西洋列強諸国の諷刺画を中心として（欧米以外の国や日露の諷刺画も若干含めるが）、そのなかに表象された日露戦争像を読み解くことにある。当時の諷刺文化の定着度、諷刺画の掲載数、さらに国際関係における力の現実から、分析の対象としては西洋列強諸国の諷刺画が中心となる。また、その表象の仕方には当然、西洋の流儀や価値観が強く反映しており、本書はそれらを読み解く試みとも言えよう。また、諷刺画を通して再構築された日露戦争像は、歴史家が構築してきたそれとは異なることもあるかもしれない。そこで本書では、これまで営々と積み重ねられてきた歴史研究を利用し、できる限り最新の研究成果を消化しながら、諷刺画のなかの日露戦争像と歴史的なそれとの比較と対比も試みる。大切なことは恐らく諷刺画のなかの日露戦争像もまた歴史の一部であることであり、比較と対比を通して、願わくばこれまでに知られることのなかった歴史の一側面を顕在化させたい。

諷刺画の歴史は古くは古代エジプトにまで遡ると言われているが、諷刺画が知識人から大衆を巻き込んだ文化として栄えるようになったのは、十九世紀に入ってからである。一八三二年、フランスでは諷刺漫画新聞『シャリヴァリ』が創刊され、それを参考にしてイギリスでは一八四一年に諷刺漫画雑誌『パンチ』が創刊された。諷刺画とそれに基づく諷刺文化は、印刷・出版技術の発展とともに、十九世紀後半に欧米諸国に広まり定着した。しかし、二十世紀の初頭を過ぎると、写真技術の進歩により諷刺画は視覚メディアのなかでその地位を後退させて行く。また、諷刺画と戦争の関係を見ると、第一次世界大戦期にも多くの諷刺画が描かれているが、ヨーロッパが二大陣営に分かれて戦い、やがてアメリカも加わり諷刺画の伝統を持つ国のほとんどが戦争に巻き込まれてしまったので、この時期の諷刺画にはどうしてもプロパガンダ色が強く表われているように思われる。その意味で、二十世紀初頭の日露戦争期は、日露両交戦国以外の中立の立場を取った国々の戦争ジャーナリズムにおいて、諷刺画が中立国であるがゆえに許されるようなウィットとユーモアによって、写真とは異なる独自の輝きを放っていた時期とも言えるだろう。

むろん諷刺画は、戦争をリアルに伝えることを意図したものではなく、また戦場の様子をリアルに伝えるのに優れていたわけでもない。日露戦争当時、戦場の様子を視覚的に伝えたのは、写真であり、戦争画である。とくに戦争画は、未発達であった写真技術を補っただけでなく、むしろ写真以上にドラマティックに、あるいはヒロイックに戦場での出来事を伝える役割を果たした。従軍戦争画家は大抵はその場に居合わせて、見たもの（あるいは見たと信じたもの）を描いたのだろう。ただ彼らが常に「真実」を描いたという保証はどこにもない。彼らは時として想像力を駆使して、戦闘や将兵たちを美化することができたし、壮絶な戦闘の一瞬をキャンバスに写して、勇壮なシーンに変えて見せることもできた。従軍戦争画家は、そういう現実操作の役割を担っていた。写真とても同じように「真実」を描いている保証はない。「捏造」もあるし、不都合なシーンが写真の引き伸ばしの段階で削除されることもある。しかし、そうではあっても、写真は一般に「真実」を担保しているかのように受け止められて来た。

一方で諷刺画家は戦闘や戦場、戦争そのものをどうとらえただろうか。彼らが戦闘自体をヒロイックに描くことは稀である。それはカリカチャリストが平和主義者だからということではない。おそらく筋金入りの平和主義者は、彼らのなかでも稀であろう。ただ、諷刺を生業とする彼らは常に戦争や戦闘を斜に構えてとらえる。彼らの筆先には、時には鋭い諷刺や批判が込められることもある。彼らの筆によって表出された諧謔、皮肉、あるいはウィットやユーモアは、死と隣り合わせの戦場を描くには相応しくないように思えることもあるが、直視するに耐えない現実を、やるせない苦笑するしかないようなものに変える力も時として諷刺画はもつ。このようにして諷刺画は、奥深く幅広い人間の精神がとらえた戦争の一面を表象していると言えよう。

2 諷刺画を読み解くために

日露戦争期の諷刺画に限ったことではないが、諷刺画を読み解く上で重要と思われることの幾つかをここで確認しておこう。

まず諷刺画家は歴史家ではない。従って、諷刺画も歴史上の事実を確定するための資料となり得るものでは通常はない。しかし、諷刺画を通して、外交文書や記録や記事では窺い知れないような歴史的事件の隠された側面や多様な意味が明らかにされることはあるだろう。また、そのような諷刺画による表象そのものが、たとえ荒唐無稽な想像力の産物であったとしても、歴史的に意味をなす場合もあるかもしれない。

第二に重要なことは、諷刺画を読み解くには、それが描かれて発表された時のコンテクストを十分理解する必要があるということである。本書で取り上げる諷刺画は、時事諷刺漫画や政治漫画とも呼ばれるものであり、時代と切り離してある程度普遍性を持って鑑賞されるような絵画とは異なる。その諷刺画が発表された日付や年月、諷刺画が指示しているであろう事件や出来事を理解しないと、まったく違った意味に解釈されてしまう恐れがある。またそもそも諷刺しようと取り上げられたものが何であるかさえ分からなくなってしまうこともある（例を挙げるとすれば、第十五章の**図15-49**を見ていただければ十分であろう。コンテクスト抜きでこの諷刺画の意味を理解することは難しいだろう）。諷刺画を正確に解釈するには、それが描かれて発表された時のコンテクストが重要であるので、本書では可能な限り書誌情報を辿って、当時のコンテクストのなかに置いて諷刺画の解釈を提示しようと試みた。

第三には、諷刺画家自身の信念・信条と諷刺画家に課せられた制約条件との関係も理解しておく必要があるだろう。諷刺画家は信念・信条を持っているが、思うがままに描けるわけではなく、様々な制約条件を課せられている。制約条件とは、読者であり、諷刺画を掲載する媒体の編集者であり、社会や政府である。制約条件を知るためには、諷刺画家は誰のために描くのかを考えてみるとよいだろう。諷刺画家は、まずは読者（鑑賞者と言うべきかもしれないが、諷刺画の鑑賞にはタイトルやキャプションを読み解くという行為も付随するので読者とする）のために描くと言えるだろう。それもその時代のその媒体が売られている地域の特定の読者のために描く。百年以上も経ってから観賞されるとは想定してはいないだろう。彼らは読者、さらには自らの作品を掲載する新聞雑誌の編集者を意識して描く。むろん、諷刺画家が常に読者や編集者に媚び迎合しているというのではない。個人的信念に基づいて、読者や編集者が抵抗感を持つようなものをあえて発表することもあるだろう。その時代の雰囲気を理解しながら、想像の力でその一歩先を行くようなものを描くこともあるだろう。しかし、読者や編集者を意識しないで描くことは恐らくはないであろう。「読者」の多くは恐らくは読書階級とも呼ばれるインテリである。ただ、日露戦争期を見ると、ロシアではプロパガンダのための画が文字を読めない人々のために流布したこともあったし、アメリカの新聞の諷刺画のように出現しつつあった大衆向けのものもあれば、ドイツの雑誌の諷刺画のように労働者を対象としたものもあった。諷刺画というと「権力に抵抗する庶民」のためのものという見方がともすればありがちであるが、そのようには必ずしも理解しない方がよいだろう。

さらに諷刺画家は、社会も意識しなければならなかったし、その社会に対する影響力ゆえに政府による組織的な検閲を受けることもあった。この点は少し掘り下げて考えてみよう。諷刺画は一つの社会的制裁と統合の装置として機能することもあるように思われる。フランスの諷刺漫画新聞が『シャリヴァリ』と称したことは、このことを示唆している。「シャリヴァリ」とは、罪に問われることではないが、社会道徳からみて逸脱した行為をした人（たとえば極端な年齢差の結婚）を、鍋やフライパンを叩きながら囃し立てたというフランスの昔の風習である。似たようなものにイングランド地方の「スキミントン」という風習があるが、これは同じような社会道徳の逸脱者を囃し立て、そのような逸脱者に扮する仮装者や人形を仕立てて、大勢で嘲笑しながら練り歩くものである。もともと「シャリヴァリ」も「スキミントン」も、地域共同体内部の社会道徳の逸脱者に対して、法的ではなく社会的に制裁を加える行為であったが、近代になって、国民国家が、地域共同体を超える形で統合を目指すようになった過程では、近代的な新聞や雑誌が、「シャリヴァリ」や「スキミントン」の役割を果たしたと言えるのではなかろうか。そのような新聞雑誌において、諷刺画は時には権力者や敵を嘲笑することによって一種の社会的制裁を加えながら、共同体としての国民国家や特定集団を共通の価値観の下に統合する作用も果たしたのではなかろうか。一方で、そのような社会的な役割ゆえに、それを生み出す諷刺画家自身も、社会から指弾されることもあったろう。特に政治的な諷刺漫画の場合には、脅迫など様々な圧力を受けたことは容易に予想される。さらに諷刺画が持つ社会的影響力ゆえに、政府が規制を加えたり検閲を実施することもあった。第四章で紹介するように、日露戦争期においても、イギリスの何でもないような諷刺画がドイツで検閲を受けて発表禁止処分になったことがあったし、ドイツの諷刺雑誌が発禁処分になるようなこともあったのである。

次には本書で取り上げた日露戦争期の諷刺画について留意事項を述べておきたい。まずは取り上げた諷刺画は、先にも述べたようにほとんど西洋諸国のものである（文化的には当時のオーストラリアも西洋と見なしてよいだろう）。これは諷刺文化そのものが西洋文明（西洋文化と互換可能な用語として用いる）のなかで発展してきたためである。むろん日本の瓦版のように西洋文明とは別に独自に発展をみた諷刺文化もあるが、この帝国主義の時代にあって他を圧倒する形で発展した西洋文明とともに西洋流の諷刺文化も発展し、それは近代的なメディアの進展とも軌を一にして、メディアを通して普及して行った。必然的に西洋流の諷刺文化には大枠としての西洋文明の影響が見られる。ただし、本書のなかで取り上げた諷刺画は、すべて西洋諸国のものというわけではない。

本書には、インドの諷刺画と海外で紹介された日本の諷刺画が何点か含まれている。両国には、非西洋世界では例外的と言えるような諷刺文化が育っていたのである。他にも数は少ないが、アルゼンチンや南アフリカのものもある。

また本書では、冒頭に述べたように、第三国すなわち中立国の諷刺画を中心として、日露戦争を見ている。日露の両交戦国の諷刺画は、第三国すなわち中立国で紹介されたもの以外は取り上げていない。というのも、ある意味で中立な日露戦争像を示したかったからである。また、両交戦国の諷刺画にはプロパガンダを意図したものが多く、諷刺画が本来備えているはずのウィットやユーモアが欠けているように思える場合があるのに対して、第三国のものにはより諷刺画ならではの特性が生かされているように感じられるからである。

しかし、第三国の諷刺画を中心としたことで、否が応でも意識せざるを得ないのは、そこにある「傍観者」の視点である。カリカチャリストのほとんど、あるいは全員は、従軍画家や従軍写真家のように戦地に赴くこともなく、この戦争を描いている。さらに彼らは意識するとしないとにかかわらず、読者や編集者が求めるものを提供しようとし、所属する社会集団の利益とか、それと矛盾する場合もあるが自国の国益を天秤にかけながら、想像力を駆使してこの戦争を描いている。戦争に間接的に影響を受けたという意味では、第三国の人々も当事者ではあるが、交戦国におけるような切迫感はそこにはない。

本書で心がけたことは二つある。

まずは、再三述べたように諷刺画の解釈には、それが描かれて発表されたコンテクストが重要なので、可能な限り書誌情報を辿り、その上で当時のコンテクストから諷刺画の解釈を提示しようと試みたことである。ただ、次節で見るように諷刺画は多様な解釈の可能性を孕んでいるので、一方的に解釈を押し付けるものではない。

第二には、できる限り最新の研究成果を基にして、日露戦争像を構築し、諷刺画を通して再構築された日露戦争像との比較と対比を試みたことである。先に、諷刺画自体は歴史的事実を実証するものではないと書いたが、それではそもそもの「歴史的事実」とはどのようなものであろうか。日露戦争百周年に前後して、夥しい関連研究が発表され、日露戦争についてこれまで「事実」とされてきた見方や考え方にも修正の必要が生じている（関連研究のまとめとしては〔中西・奈良岡〕〔稲葉、研究の動向〕を参照）。諷刺画を通して見る、あるいは諷刺画のなかの日露戦争が、たとえ虚像であるとしても、それと対照すべき実像が何であるかがはっきりしないと比較も対比もしようがない。その意味では、本書では歴史的事実を意識し、日露戦争史としても通用するような内容に少しでも近づけるべく心がけた。

また、「虚像」と書いたが、当時の諷刺画家は、今日の私たちが知っているような歴史的事実も知らず、限られた報道を基に、想像力を駆使してこの戦争を描いていたのであるから、そこで描かれた戦争像が歴史的事実と相違しても不思議はない。むしろその相違点に着目し、なぜそのような相違が生じたかについて考えることは、これまで注目されることのなかった当時の見方に光を当てることに結び付くかもしれない。また私たちは後知恵でその後の歴史を知っている。その目から見れば、幾つかの諷刺画は将来を予測して正確に言い当てていたことが分かる。なぜ予測が当たったのか、あるいは外れたのかも、興味深い論点を提供するであろう。

3　表象の解釈の多様性

アメリカにおいて諷刺画の分野で初めてピューリツァー賞を受賞したロリン・カービーは「良い諷刺画はどれも、七五パーセントはアイディアであり、二五パーセントがドローイング（線描）である」と述べている〔Dewey, 8-9〕。この言葉が示しているように、作者は何らかの「意図」を持って諷刺画を描くのであり、この

「意図」を理解するには、先にも述べたように当時のコンテクストが重要になる。しかし、作者の「意図」は意図どおりに解釈されるとは必ずしも限らない。単純なプロパガンダならともかく、その意図が皮肉、諧謔、婉曲的な批判を含む場合には、意図自体が曖昧で多義的な解釈の可能性を広げているとも言える。さらに絵画的要素が、そのような不安定性に拍車をかける。また「読者」という不確定な要素も考えなければならない。諷刺画の読者には、イギリスの知識階級の人々もいれば、アメリカの大衆も、ドイツの労働者もいる。それぞれの立場によって、受け止め方も当然異なるであろう。諷刺画はこのような解釈の多様性を孕んだ表象である。

それでは、より詳しく見ると諷刺画はどのような表象であろうか。アリストテレスの分類に従って、W・J・T・ミッチェルは表象を「対象（object）」「方法（manner）」「手段（means）」の三つの面に区別した。「対象」は表象されるものであり、「方法」はその表象のされ方で、「手段」は表象に用いられる素材である〔ミッチェル、三一頁〕。この区別に従えば、諷刺画の表象の「手段」は、絵画と言語の二つである。これらを絵画的性質（絵画性）と言語的性質（言語性）と呼ぶとすると、諷刺画のほとんどはタイトルとキャプション（時には絵画内でのセリフ）を備えているという形で言語性を持ち合わせており、しかもその言語性が諷刺画の鑑賞において重要な意味を持つことが多い。むろん一般的な絵画にもタイトルはあり、タイトルが大きな意味を持つこともある。たとえばピカソの「ゲルニカ」は、そのようなタイトルを持つことにより、政治性を獲得し、絵画の意味を同時代のコンテクストと強く結び付けている。ただ、絵画においては、通常はタイトルは二次的なものであろう。ダ・ヴィンチの「モナ・リザ」が別の名称であっても（事実「ラ・ジョコンダ」とも呼ばれる）、絵画自体が訴えるものに大きな差が生じるとは思えない。このように一般的な絵画では絵画性が圧倒的に優位であるが、一方、諷刺画のほとんどにおいては言語性は無視できない要素である。ただ諷刺画における絵画性と言語性を見ると、両者の関係は対等ではない。言語性を持たない諷刺画（タイトルやキャプションのない諷刺画）はありえても、絵画性を持ち合わせない諷刺画はありえないので、その点では絵画性が優位であるが、絵画性を徹底的に利用して言語が効果を持つという場合には言語性が優位であるとも言える。諷刺画はこのように、表象の手段として「絵画」と「言語」をもち、そのような「絵画」と「言語」の二重性も手伝って、決して安定的に意味を供給しているとは言えない。諷刺画の多くは、多様な解釈が可能であり、多様な意味を内包している。時代によって、見る人によって、その意味は変わりうるし、たとえ当時のコンテクストのなかに諷刺画を置き直すことに成功したとしても、見方によって解釈が異なり、意味が変わり得る。諷刺画は多様な意味を孕む安定性に欠ける表象と言ってもよいであろう。そのような表象である諷刺画は、言説（ディスクール）としても不安定であると言えよう。というのも、言説とは制度や権力とむすびついた言語実践で、「着目すべき対象を規定し、ならびにその対象を分析するのに必要な概念を創出することで、みずからに都合のよい現実の姿を提示するような一連の陳述」の「まとまり」と定義されるが〔大橋ほか、七二頁〕、そもそも、解釈と意味が多様であれば、言説としての一貫性も希薄になってしまうだろう。

ただ、そのように不安定な言説ではあるものの、当時のコンテクストから日露戦争に関連する様々な諷刺画による表象を見てみると、総体として欧米の諷刺画においては、西洋文明の自己像が反映していることが分かるだろう。本書のなかで取り上げられた日露戦争に関連する様々な表象が何がしかのまとまった意味を持つとしたら、そのような自己像が持つ特質を暴露していることにあるかもしれない。

4 各国の表象

諷刺画という表象は、様式あるいはジャンルとして制度化され、表象の方法には「ミニ・コード群」あるいは

「約束事（conventions）」が伴っている。そのような約束事は、さまざまな技法とともに発展してきたものである。そのような技法に関する知識は、諷刺画を読み解く前提となる。もっとも代表的な技法は、国家のパーソニフィケーション（擬人化）であろう。たとえば、イギリスやアメリカを、それぞれジョンブルとアンクルサムで表象することなどがこれに該当する。擬人化と同様に、国家を動物で表現するアニマライゼーション（動物化）も多用される。ロシアを熊で、イギリスをライオンでという具合である。その他、国旗、国章、王朝の紋章なども国家のシンボルとしてよく用いられる。また君主や大統領、首相などの指導者が、国家を体現したり代表することも多い。またその国を表わすのに、伝統的なステレオタイプが用いられることもある。次にはそのような技法を用いて、日露戦争期の諷刺画においてそれぞれの国がどのように表象されているかを概説しておこう。

《日本の表象》

アンクルサムやジョンブルに匹敵するような日本を代表するような擬人化はないが、「サムライ」「歌舞伎役者」「芸者」「軽業師」といったステレオタイプが用いられることが多い。他には「ミカド」が日本を代表＝表象していることもある。「ミカド」は明治天皇を意味する場合が多いが、ツアーと対比的に日本国の象徴として登場することもある。「ミカド」という表現が用いられるのは、W・S・ギルバートと作曲家A・サリヴァンが共作した喜歌劇「ミカド」（一八八五年）の影響が大きい。また、日本を動物化したイメージとしては、太平洋戦争期の「猿」が思い浮かぶだろうが、日露戦争期には必ずしも猿イメージで統一されていたわけではない。ある雑誌では、開戦当初から日本の動物表象が定まっていないことを指摘している〔*Reviews*, vol. 29, 218〕。猿以外には、相手が熊のロシアであることから「犬（猟犬）」や、大きな相手にも抵抗できる「ヤマアラシ」で表わされることもあったし、「猫」で表現されたこともあった。さらに、この時期に日本の象徴として多用されたものは、何と言っても「旭日」と「旭日旗」である。

《ロシアの表象》

日露戦争期にはロシアの擬人化はあまり見られないが、代表的なロシア人としては「イワン」がいる。この時期のイワンは、コサック帽を被った大酒飲みの大男というロシア人のステレオタイプとして描かれている。ただ、擬人化よりも、この時期のロシア表象として圧倒的に多いのは「熊」である。他にはロマノフ王朝の紋章である「双頭の鷲」も見られる。ただし、「双頭の鷲」はオーストリア＝ハンガリー帝国の紋章でもある。モスクワ公国の紋章の騎馬で竜を退治する聖ジョージもまれに用いられている。他にはロシア皇帝（ツアー）がロシアを代表＝表象していることもある。ミカド同様に「ツアー」は皇帝ニコライ二世を意味する場合も多いが、ミカドと対比的にロシアの象徴として描かれることもある。

《イギリスの表象》

イギリスを擬人化しているのは、「ジョンブル」（John Bull）である。典型的なジョンブルは、肥満の中年男性で、ユニオンジャックの柄のベストを着て、革のブーツを履き、時にはブルドックを連れている。また女人像である「ブリタニア」で表象されることもある。ブリタニアは兜をかぶり、楯と三叉のほこを持っている。動物としてはブリティッシュ・ライオンこと「ライオン」である。また国家元首として、この時期のイギリスを代表＝表象しているのは、国王エドワード七世である。

《アメリカの表象》

アメリカを擬人化しているのは、圧倒的に「アンクルサム」（Uncle Sam）である。顎髭を生やした長身の男性で、星条旗をあしらったシルクハットを被り、燕尾服を着て、格子縞のズボンをはいている。アンクルサム以前には、ブラザー・ジョナサンもあったが、日露戦争期にはほとんどがアンクルサムである。動物としてはアメリカの国鳥である「ハクトウワシ」で表わされることが多い。また大統領として、この時期のアメリカを代表＝表象しているのはセオドア・ローズヴェルトである。

《ドイツの表象》

ドイツを擬人化しているのは、「ミヒェル（マイケル）」と呼ばれる男性である。他に女神「ゲルマーニア」として描かれることもある。動物としては「鷲」で象徴される。国家元首としてドイツ皇帝（カイザー）ヴィルヘルム二世も、ドイツを代表＝表象して頻出する。他に帝国宰相ビューローも時たま登場する。

《フランスの表象》

フランスを擬人化しているのは、「マリアン」や「マリアンネ」と呼ばれる若い女性である。この時期には、時としてカンカンを踊る娘としても表象された。動物としては「雄鶏」で象徴される。これは古代ローマで、雄鶏（gallus）とガリア人（Gallus）という二つの語を掛け合わせて「ガリアの雄鶏」という言葉遊びがなされたことに由来する。「雄鶏」はフランスの紋章でもある。大統領ルベも時たま現われる。

《清国の表象》

この時期の中国（清国）は、肥満体の大男で表象されることが多い。また「辮髪」も中国人であることを示すステレオタイプとして多用されている。

《韓国の表象》

馬の尻尾やたてがみで作られたつばの広い冠（カッ）に民族服の男性というのが、典型的な韓国の表象である。

皇帝の高宗も時々登場する。

先にも述べたように諷刺文化は欧米で発展したので、欧米におけるそれぞれの国の表象には、ある種の安定性がある。また「平和」を「鳩」で表象するように、さまざまな概念が聖書、ギリシャ・ローマ神話、古典的な文学作品などについての知識に基づいて描かれていることが多い。諷刺画を読み解くには、このような西洋文化の基礎的な教養が必要とされる。また時々の時事的な話題や流行が、諷刺画のなかに取り込まれることも多い。本書のそれぞれの諷刺画の解説には、そのような読解に必要となると思われる背景的な知識も時には詳しく書き込んだ。分かっている方は煩瑣に感じるかもしれないが、広い意味での西洋文化というコンテクストから諷刺画を読み解くために必要と思われる事項は網羅するように努めた。

取り上げた諷刺画の掲載誌紙の概要については末尾に記したが、本書の作成に当たっては一九〇四年から一九〇五年を中心に、数千点に及ぶ諷刺画に目を通した。そのなかで日露戦争に関連するものは、ロシアの内政をテーマとしたものも含めると、一千点以上に上った。本書ではそのなかの六百五十点余りを取り上げた。収集した諷刺画のほとんどは、当時の新聞・雑誌・書籍から複写したものである。若干の諷刺画は、近年のイギリスの著作から孫引きという形で採録した。インターネット上の私的なコレクションや最近の関連研究からは収集していない（但し、重複して取り上げられているものはもちろんある）。実際、ネット上のコレクションの多くは書誌情報が曖昧で、先に掲げた諷刺画が発表された時点でのコンテクストの重視という観点からは不十分なものも多い。ただし、ネット上にも興味深いコレクションが幾つか存在し、そのなかには傑作と思われる諷刺画も幾つか含まれており、文献目録に挙げた先行関連研究ではなおのことであるので、関心があれば本書と併行して鑑賞なされたらよいと思う。

むろん本書には、日露戦争に関連する重要な諷刺画のすべてが掲載されているわけではないし、先行研究やネットで他のものを鑑賞しても分かるように、紹介してはいないが印象的な作品も多くある。しかし、この六百五十点余りの諷刺画によって、諷刺画を通して日露戦争を読み解くのみならず、諷刺画のなかの日露戦争像を提示するという本書の目的は、おおよそ達成されるのではないかと思う。

最後に一言述べたい。諷刺画は、先にも述べたように絵画表現と文字テクストが混合した特異な表現ジャンルであり、多様な解釈ができ、時代を超えて今日的な関心に沿って意味付けをすることも可能である。筆者とて、そのように今日的な観点から解釈をほどこし意味付けをする誘惑にかられることは何度となくあったが、自粛するように努めた。歴史は確かに過去と現在との対話であるが、現在の問題意識に近寄り過ぎるあまり、過去の像が極端に歪んでしまうことも起こりうる。諷刺画においてはとくにそのようなことが起こりやすいと思われる。というのも、先にも述べたように諷刺画においてはただでさえ解釈次第で多様な意味が出現する傾向があり、百年後に解釈するとなれば、なおさらであろうからである。それがあえて今日的解釈を自粛しようと試みた理由である。

第1章　日露開戦への道

1 日露戦争の性格規定――帝国主義戦争として

日本とロシアはなぜ戦うに至ったのだろうか。どうして日本政府は一見無謀とも思える大国ロシアとの戦いを決断したのか。戦争原因と開戦過程をめぐるこのような問いには、これまで様々な答えがなされてきた。それらの答えは、この戦争の性格規定とも密接にかかわってきた。

この戦争を帝国主義戦争と定義する見方からすると、日本とロシアは韓国・満州の帝国主義的支配をめぐって対立し、戦争に至ったと考えられる。日本の祖国防衛に重きを置く見方からは、日本は安全保障上、韓国を最重要と位置付け、韓国をもうかがうロシアの膨張主義と南下政策に脅威を抱き、祖国防衛のために武力に訴えたと考えられる。さらに、勃興してきたナショナリズムに注目すれば、この戦争は天皇制下の国民国家形成過程における祖国防衛のための国民戦争であるという見方もできる。逆に、当時の日本は国民国家としても帝国主義国としても未成熟であったという後進性を強調する見方から、ロシア皇帝と天皇のそれぞれの絶対主義国家の戦いであるという位置付けもある。さすがにこの見方は今日では古く、説得力を持たなくなっているが。あるいは日本とイギリスの同盟に重きを置けば、中近東・南アジアから東アジアに亘るロシアとイギリスの帝国主義的な利害の対立下にあって、東アジアにおいてイギリスの利害を代弁する日本が、イギリス（さらにはアメリカ）の力を背景にロシアに挑戦したというイギリス（あるいは英米）の代理戦争という見方も可能である。

当時の諷刺画家たちは、このような多様な日露戦争についての見方をすべて知っていたとはむろん仮定できないし、そのような見方を意識して筆を揮ったかどうかも定かではないが、表象されたものには作者のこの戦争に対する意味づけが何らかの形で反映していると言えよう。諷刺画を通して、当時、とくに中立国において日露戦争がどのような戦争と見られていたのか、それはこれまで研究の成果として示された日露戦争観とどの程度共通しており、またどの程度相違しているのか。本章ではまずはそのような点を明らかにし、次いで戦争原因を追及する。

帝国主義戦争としての日露戦争という見方は、韓国・満州の支配権をめぐる日露の対立として表象される。諷刺画の世界では、韓国をめぐる争い、満州をめぐる争い、あるいは韓国・満州の双方をめぐる争いとして描かれている。学術的な観点からすると、日本の帝国主義的政策の重点が韓国にあったのか、満州にあったのかは、かつてはこの戦争の性格規定に影響する重要な問題であった。とくにこの戦争が帝国主義戦争であることを強調する見方からは、満州からロシアのみならず英米の資本をも排して、朝鮮半島も含めて日満の経済圏を建設することが日露戦争における真の目的であったという解釈がなされたりもしている。しかし、後に日露交渉過程の分析で詳しく論じるが、日本側は交渉では韓国の支配権確保で十分妥協する余地があったのであり、開戦前の時点ですでに韓国のみならず満州を含む支配権獲得の野望を抱いていて日本が戦争に踏み切ったというのは極端な見方であると言える。

それでは当時の諷刺画家たちは、このような点をどう見ていたのだろうか。日露の対立の焦点を韓国に置いたものもあれば、満州に置いたものもあり、あるいはその双方に置いたものもある。

まずは韓国をめぐる争いとして描いたものを見てみよう。アメリカの諷刺画の**図1－1**は、戦争が起こっても起こらなくても、韓国がロシアか日本、あるいは双方の支配下に置かれることを示している。「争いのもと」とされた韓国人の皮肉なコメントが効いている。**図1－2**はドイツの諷刺画である。国際関係はしばしば男女関係や結婚に喩えられ、この時期の諷刺画にもそのような男女関係の比喩を用いたものがあるが、その典型である。

図１－１「戦争か平和か？」

Capt.：
ロシアと日本「１セントを投げて、どっちにするか決めよう」
韓国（争いのもと）「どっちみち私には同じだ。とにかく、表が出たら彼らが勝ち、裏が出たら私が負けるんだから」
出典：Bartholomew [pres.], ‘War or Peace?,’ *Minneapolis Journal*, n.d., rpt. in ‘Miscellaneous Cartoons,’ *Review of Reviews*, Vol. 29 (Mar. 1904), p. ix. 原典『ミネアポリス・ジャーナル』(アメリカ)
作者：バーソロミュー［推定］
◆日本（右）とロシア（真ん中）がコイントスで、戦争か平和かを決めようとしている。日露が戦争するにせよ、平和裏に対立を解消するにせよ、日露の対立の元である韓国にとっては同じであることが、韓国（左下）のコメントから分かる。

Der gestörte eheliche Frieden in Ostasien.

図1－2 「東アジアにおける邪魔された結婚の平安」

出典 : 'Der gestörte eheliche Frieden in Ostasien,' *Wahre Jacob*, No. 457 (26 Jan. 1904), p.4265.『ヴァーレ・ヤコブ』(ドイツ)

◆この画のタイトルにある結婚とは、ベッドに横たわる女（韓国）と、黒いズボンを振りかざして間男（日本）を追い出している男（ロシア）との間の結婚と解するのがもっとも自然であろう。よく見るとベッドの下にはジョンブル（イギリス）が隠れており、部屋の鍵穴からはアンクルサム（アメリカ）が覗き見をしており、両国の関心も窺える。ロシアが振りかざしたズボンには「Integritäte」と書いてあり、この言葉には「領土保全」と「道徳的潔白さ」という意味がある。ロシアが韓国の「領土保全」を危ういところで奪い返し、その貞操も守ったと解せるかもしれない。日本と韓国の結婚をロシアが邪魔しているという解釈も考えられるが、全体的な流れから無理があるように思える。

図1 - 3 タイトル不詳

Capt. : 日本「おい、それは俺の妹だ！」
ロシア「ばかな！　俺の妻だよ」
出典 : A French cartoon, rpt. in J. N. Westwood, *The Illustrated History of the Russo-Japanese War* (London: Sidwick & Jackson, 1973), p. 23. 原典不詳。
◆女性（韓国）は「ロシアの影響」と記されたロシアの傘の下に入っている。原典も作者も不詳だが、カラン・ダッシュのタッチである。

解釈の余地はあるが、さしずめ日本は亭主（ロシア）の留守に妻（韓国）を寝取ろうとした間男で、亭主に見つかりほうほうの体で退散という感じである。**図１・３**はフランスのもので、韓国を自分の妹と主張する日本に、ロシアが妻だと答えている。**図１・２・３**でとくに目を引くのは、どちらも韓国におけるロシアの優位を示唆していることである。またこれらの諷刺画では韓国が女性として表象されており、女性を受動的な存在としてとらえるジェンダー的な視点もうかがえる。

一方、満州に対立の焦点を当てている諷刺画もある。**図１・４**は、開戦前の一九〇三年十一月のフランスの諷刺画であり、満州の利権をめぐって争う日露の様子を表わしている。

また、韓国・満州の両方を含めた対立であることを示している諷刺画も多くある。**図１・５**はインドの諷刺画である。日中の抗議を無視して、熊のロシアが「一心不乱」に「満州」と記された蜂蜜を漁り、「韓国」と記された蜂蜜も右前足で押さえており、ロシアの貪欲さが表わされている。**図１・６**でも、ロシアは中国という名の木の上に登っていて、「満州」というリンゴを左手につかみ、「韓国」というリンゴに右手を伸ばそうとして、銃を手にした日本から警告を受けている。

これら以外にも対立の様子を、韓国・満州あるいは両方をめぐるものとして描いた諷刺画は多数あり、この後

満州・韓国をめぐる日露の対立

図1－4「熊と哨兵――あるいは満州の蜂蜜」

Capt.：
日本人「あいつに入ってもらいたい。誰かの分がある時には……」
ロシア熊「……別の人の分があるってことだ」
出典：Caran d'Ache, 'L'Ours & la Sentinelle: Ou le miel de Mandchourie,' cartoon, *Le Figaro*, 16 Nov. 1903.『ル・フィガロ』(フランス)
作者：カラン・ダッシュ
◆画からは、ロシア熊はすでに小屋のなかに入って蜜を味わってしまっており、日本の哨兵が出て行けと言っても出て行きそうにない様子に見える。キャプションからは、ロシア熊に試しに先に入ってもらったのに、居座ってしまって、ロシアが他の国の分まで満州の利権を独占している姿が描かれているようである。

図1－5 「一心不乱！」

出典：'Unruffled,' *Hindi Punch*, n.d., rpt. in ' Miscellaneous Cartoons,' *Review of Reviews*, Vol. 29 (Mar. 1904), p. x. 原典『ヒンディー・パンチ』(インド)
◆熊（ロシア）に対してサムライ姿の日本は刀を振り上げ、その後ろの中国は青竜刀を振りかざしており、付属の解説によれば彼らは猛抗議をしているのだが、ロシア熊は平然としている。これには平和の天使（中央）もお手上げという様子である。

図1 - 6 タイトル不詳

Capt. : 農民の日本「この木から下りて離れろ！それらのリンゴは私のものだ！」
出典：R. D. Handy, cartoon, *Duluth News-Tribune*, n.d., rpt. in Everett, *Exciting Experiences in the Russo-Japanese War*, p. 148.
原典『ダルース・ニュース＝トリビューン』（アメリカ）
作者：R・D・ハンディ
◆キャプションからは、日本が、韓国だけでなく、満州のリンゴも自分の物だと主張していることになる。画の内容から、日露交渉中の諷刺画と推定される。

にも幾つも登場する。

2 日露戦争の性格規定——祖国防衛のための国民戦争として

開戦前『ザ・タイムズ』紙は「ロシアは晩餐のために戦い、日本は生存のために戦う」と報じた。この言葉が端的に示しているように、日本にとって日露戦争は、ある意味では生存を賭した戦いであり、祖国防衛のために決死の覚悟で挑んだものとも言える。日本の必死さは先の**図序‐1**にも表わされているが、生存を賭した祖国防衛戦という考えは、あまり欧米のカリカチャリストの想像力を刺激しなかったようである。それでも、幾つかの諷刺画が、この種の考えを示している。

アメリカの諷刺画（**図１‐７**）では、怪我だらけのロシア熊が「自分は晩餐のために戦っていたけど、その時やつは生存（ライフ）のために戦っていたんだな」と言っている。まさに日本は「生存のための戦い」をしているとされ、日本は小なりとも、刺針で覆われたヤマアラシで表わされている。また、**図１‐８**は後の第十五章で紹介する「黄禍の図」のパロディとして、アジアの諸国民、とくに日中による自らの権利の自衛を訴えている。

―――― **生存と祖国防衛のための戦い** ――――

図1‐7「彼が決定的に打ち負かされた理由」

Capt.：熊「ええ、そう、自分は晩餐のために戦っていたけど、その時やつは生存のために戦っていたんだな」
出典：Bartholomew [pres.], 'Why He Was Whipped,' *Minneapolis Journal*, n.d., rpt. in *Review of Reviews*, Vol. 31(Feb. 1905), p. 143.
原典『ミネアポリス・ジャーナル』（アメリカ）
作者：バーソロミュー［推定］
◆怪我だらけで「敗北」と記された包帯を巻いている熊（左、ロシア）が、日本（右）を見ながら、立っている男「列強諸国」にキャプションのように言っている。

3　日露戦争の性格規定――イギリスの代理戦争として

日露戦争において、日本はイギリスの代理として、あるいはイギリスに唆《そそのか》されてロシアと戦ったという見方もある。いわゆる代理戦争論であるが、今日の学界ではほとんど支持されていない。イギリスが東アジア、とくに中国におけるロシアの進出に対抗するために日本と同盟を結んだということには異論はないが、こんにちイギリスの外交文書が明らかにしていることは、日本がロシアとの戦争に踏み切ることまでは、イギリスは必ずしも

図1 - 8 「アジアの諸国民よ、自らの権利を守れ！」

付属の説明：ドイツ皇帝の寓意画のパロディ
出典：'People of Asia, defend Your Rights!,' cartoon, *Der Wahre Jacob*, n.d., rpt. in *Review of Reviews*, Vol. 29 (Jan. 1904), p. 37.『ヴァーレ・ヤコブ』（ドイツ）
◆ドイツ皇帝ヴィルヘルム二世の寓意画「黄禍の図」のパロディである。筆者は『ヴァーレ・ヤコブ』（マイクロフィルム版）を数年遡って調べたが、この画を見つけることができなかった。同誌の未収録の付録に掲載された可能性もあろう。

欲してはいなかったということである［Nish、paper 参照］。むろん、一九〇二年に締結された第一次日英同盟は、専守防衛の軍事同盟条約で、戦争当事国以外の第三国（たとえばフランス）が相手側（たとえばロシア）について参戦することを抑止する効果を持っていたので、日本が第三国の介入を懸念することなくロシアとの戦争だけに専念できる環境を準備したことは否定できない。しかしそうであっても、日本がイギリスの代理として、あるいはイギリスに操られて戦争に突入したということはない。

——イギリスの傀儡として、あるいは唆されて……——

図1-9　「極東において問題は本当にはどんな具合か？」

出典：W. Lehmann [pres.], ‘How the Matter Really Is in the Far East?,’ *Nebelspalter*, n.d., rpt. in *Review of Reviews*, Vol. 29 (May 1904), p. 434. 原典『ネーベルシュパルター』（スイス）
作者：W・レーマン［推定］

図１－10「熊狩りに際して」

Capt. : ジョンブルは考える「熊をくすぐってみて、次に他の者たちが熊に対してどれだけ準備ができているかを見守らなければならない」

出典 : 'Auf der Bärenjagd,' *Kladderadatsch*, Vol. 57, No. 3 (17 Jan. 1904), p. 32; 'Upon the Bear Hunt,' *Kladderadatsch*, rpt. in *Review of Reviews*, Vol. 29 (Feb. 1904), p. 114.『クラデラダーチェ』（ドイツ）

ただし、諷刺画を見ると、この代理戦争観が当時はある程度の説得力を持っていたことが分かる。とくに大陸ヨーロッパ諸国では、反英感情も手伝ってか、イギリスの代理戦争という見方が受け入れられる下地があったようである。スイスの諷刺画（**図１－９**）は、そのような代理戦争観を端的に示している。この図では、案山子のような人形（日本）が熊（ロシア）を叩いており、熊も人形に手をかけて反撃しているが、実際にはその人形を後ろで操っているのはイギリスである。またドイツの諷刺画の**図１－10**は、ジョンブル（右上）が棒を使って、冬眠中の熊（ロシア）を穴からくすぐり出して、それを三人のサムライ（日本）が迎え撃つという様子を描いている。この画を『レヴュー・オヴ・レヴューズ』誌は、「イギリスが意図的にロシアと日本が戦うよう唆した」という、大陸ヨーロッパで一般に広がっている考えを表わしたものと紹介している〔Vol. 29, 114〕。

4　新しい日露戦争についての見方
――「避けえた戦争」としての日露戦争

日露戦争百周年に前後して、内外でさまざまな研究成果が発表され、新しい見方も出てきた。開戦過程に関連して、この十数年で注目すべき日本における研究成果は、伊藤之雄・千葉功の両氏が同時期に発表したもので、帝国主義戦争として日露の衝突を「必然」とするそれまでの見方を否定し、日露戦争は韓国・満州の勢力範囲をめぐる「日露の対立を背景とし、日露両国が相手の動向を相互に誤解したために起きた戦争であり、避ける可能性がかなりあった」〔伊藤、新視点、一四頁〕ものであり、また日露戦争は「具体的な争点では妥協可能であったが、コミュニケーションの不徹底から来る相互信頼の醸成失敗により引き起こされた戦争であった」〔千葉、三一七頁〕という見解である。両氏が、それぞれアプローチは異なるものの、共に詳細かつ実証的な政治外交史の分析を通して、期せずして同じような結論に達したことは興味深い。さらに開戦過程を、軍事的視点を含めて検討した稲葉千晴氏も、同様の結論に達している〔稲葉、真実〕。

日露戦争が「避けえた戦争」であることは筆者も同感である。それでは、なぜ戦争は避けられなかったのであろうか。伊藤・千葉の両氏はそれが日露交渉における相互のコミュニケーションの問題にあったことを指摘している。さらに日露戦争百周年を前にして、新資料の発掘、とくにロシア側の資料の発掘もあって、開戦過程についても日露双方の側からアプローチが可能となった。和田春樹氏の最近の研究〔和田、㊤㊦〕は、そのような研究の代表と言える重要なものである。

そのような研究上の進展もあって、以前から主張はされていたことであるが、東アジアにおいてロシア側に一貫した南下政策があったわけではなく、ロシアは開戦前に韓国に対して積極的な侵略的意図を持たず、戦争を回避するために日本の韓国支配を承認し南満州からの撤兵も考えていたということが明らかになった。

もっともそのようなロシア側の考えは、統一された意思として日本政府に伝えられることはなかった。しかし、これをして、「日本は主観的な危機感だけから、あの大戦争を決定し、実行に移してしまった」〔大江、二二頁〕という見方も出てきた。これは、日露戦争研究の大家である大江志乃夫氏の筆になる小論「必要のなかった日露戦争」で披瀝されたもので、刺激的なタイトルと相まって注目を集めた。この小論ではなぜ必要がなかったのかは必ずしも明瞭には読み取れないし、後に検証するように事実関係の誤認もある。ロシア側に開戦の意図はなかったのだから日本は必要のない戦争をしたということなのかもしれないが、仮にそうだとしても、「避けえた戦争」であることと（筆者もそう思う）、「必要のなかった戦争」という判断は次元を異にするように思う。というのは、たとえば日本側が回避できることを十分知り、他の手段でもって政策目標を達成できることを認識しながらもあえて武力に訴えたのであれば、「必ずしもする必要のなかった戦争」と言えるであろうが、そのような戦争回避が可能と判断できるような情報が、ロシア側から日本側に明確に伝えられたことはなかったからである。

また「主観的な危機感だけから」戦争を決定し実行したという指摘について述べると、危機感は確かに重要な政策決定上の要因であり、後に述べるようにロシアに侵略的意図があると「信条」として信じていたため、日本側の政策決定システムに硬直化した面があったとも言えると思う。その意味では「戦争が不可避であるという確信が、戦争を引き起こす主要な要因」となる〔ナイ、二三頁〕という戦争にありがちな特質も指摘できる。しかし後に論じるように、日本の政策決定者の間では、交渉の終わり近くまで慎重な意見もあり、ある程度の柔軟性を確保していたのも事実である。また「主観的」と言っても、当時の欧米諸国においても、あまねくロシアが侵略的な南下政策に固執する傾向があることは信じられており（諷刺画にもそのような表象が多く見受けられる）、日本だけが特別に主観的であったとは言えないであろう。

5　新しい日露戦争についての見方
――「第零次世界大戦」としての日露戦争

もう一つ日露戦争百年を機に出てきた重要な見方は、この戦争を第零次世界大戦と位置づけるものである。この用語は軍事と政治外交の二つの文脈から理解される。軍事的には日露戦争は二十世紀の最初の近代的な武器を用いた強国間の戦争であり、その後の第一次世界大戦に典型的に見られるような塹壕戦や要塞戦の先駆けとなったというものである。この点には異存はない。後に見るように諷刺画の世界でも、塹壕戦や要塞戦の様子や、軍国主義の台頭が取り上げられている。

しかし、政治外交的にこの戦争を、世界大の戦争、たとえば世界が二大勢力（あるいはブロック）に分かれて戦ったかのように解釈して、第零次世界大戦になぞらえるとしたら無理があるように思う（断っておくが、第零次世界大戦という用語を使用している研究者たちが、そのようなことを明確に主張しているのではない）。ただし、当時の諷刺画にも、そのような見方を反映しているものがないわけではない。この時期の列強諸国の基本的な立場は「厳正中立」であり、日露のいずれかをあからさまに支援することはできなかったが、イタリアの諷刺画（**図１‐11**）は、事実上、列強が日露に対する支持をめぐって二つに分かれており、「厳正中立」という枠組みのなかでそれぞれを支援している姿を示している。

しかし、このような見方よりも、開戦直後に喧しく議論され、諷刺画家の想像力をいたく刺激したのは、戦争

厳正中立下の二大陣営

図1 - 11 「極東の戦争に対するイタリアの見方」

Capt. :「二交戦国の間の厳正中立を西洋列強はいかに理解しているか」
出典：*Fischietto,* n.d., rpt. in 'An Italian View of the Far-Eastern War,' *Review of Reviews*, Vol. 29 (Mar. 1904), p. 222. 原典『フィスキエット』（イタリア）
◆中央の大男（ロシア）に日本が組みついている。日露の後ろには、それぞれ助けて押してくれる人々がいる。厳正中立が形だけで、それぞれの支援国があることを示している。

が日露の戦いを超えて世界大に拡大する危険性である（この点は第二章11で詳しく論じる）。ただし、当時のロシアとフランス、日本とイギリスの同盟関係は、そのまま戦争を拡大させるほど硬直化しておらず、むしろ開戦後二ヵ月経った時点でのイギリスとフランスの間の協商成立が示しているように、外交が機能して大戦化が回避されたことの方が注目に値すると思われる。少なくとも外交当局は、二大陣営に分かれての対立を意識して硬直化した行動を取っていたとは言えない。たとえば、ロシアの同盟国フランスは、戦況がロシアにとって思わしくなくなるにつれてその支援を渋り始め講和を促し、ドイツ政府はロシア寄りであったとはいえ、日本側にも秋波を送るような巧みな二面的外交を展開した。また戦中のドッガー・バンク事件によるロシアとイギリスの戦争の危機は、フランスの仲介と国際審査委員会による紛争調停メカニズムによって解決された。アメリカは日本寄りであったが、講和斡旋に強いリーダーシップを発揮し、日露は元より、イギリス、フランス、ドイツに講和に向けての協力を働きかけている。一方ヨーロッパでは、モロッコ事件でドイツとフランスの対立が先鋭化するなど、ロシア支持（と思われる）勢力のなかにも亀裂が生じている。

また、政治外交的にその後の第一次世界大戦につながる戦争であるという見方もあるが、どうも無理があるように思える。確かに戦争中、英仏協商が成立し、戦後、ドイツがヨーロッパにおける孤立を深めるなど、日露戦争は第一次世界大戦に至る要因の幾つかを準備したと言えるかもしれないが、第一次大戦の決定的な要因を準備し、戦争を不可避にしたとは到底言えないであろう。

以上のように外交が戦争の世界大戦化を防ぎ、二大勢力と言えるほど対立が先鋭化しなかったということを考えると、政治外交レベルでは「第零次世界大戦」と見るよりも、世界大戦化が避けられた戦争としての非世界大戦という性格を重視して見るべきであるように思える。

6　戦争原因――深層原因としてのロシアの拡張主義

日露戦争に至る原因は、深層原因、中間原因、直接原因の三つに分けて考えてみることができる〔三原因に分けての分析については、ナイ、九六頁を参照〕。深層原因とは、長期的なスパンに立ったいわば遠因であり、大きな時代の流れのなかで両国の対立を次第に不可避にしていったような動きのことである。また、中間原因は、深層原因ほど長期的なものではないにしろ日露を対決に導いた原因である。直接原因は、さらに日露戦争それ自体のトリガーを引いたような原因である。まずは深層原因としてのロシアの拡張主義を検討してみたい。

近代におけるロシアの対外政策は、飽くことなき拡張主義と南下政策として語られることが多い。**図1-12**は、日露開戦後、一ヵ月あまりしてからのドイツの諷刺画で、ユーラシア大陸におけるロシアの拡張主義を巧みに描いている。うつぶせになって横たわる巨大な熊（ロシア）は、インドの北方に右前足をかけ、頭を中国北部に置き、左前足は満州に、その爪は朝鮮にかけている。

このようなロシアの拡張主義は、日露戦争以前から諷刺画家にも実感

図1-13 「ロシアの膨張」

Capt.：「ロシアはどんな風に列強諸国と話をつけるか。あるいは盟友たちが中国から列をなして出て行く原因」

出典：'Russische Ausdehnung,' *Wahre Jacob*, No. 389 (18 June 1901), p. 3524.『ヴァーレ・ヤコブ』（ドイツ）

◆列強が並ぶ会議のテーブルの真ん中に座るロシア。ロシアは、徐々に膨張し、会議室の列強諸国を圧迫し、列強諸国は部屋にいられなくなり、天井から逃げ出す始末である。背後の壁の地図のロシアも拡大して中国を圧迫し、呑み込んで行くように見える。

ロシアの拡張主義と南下政策

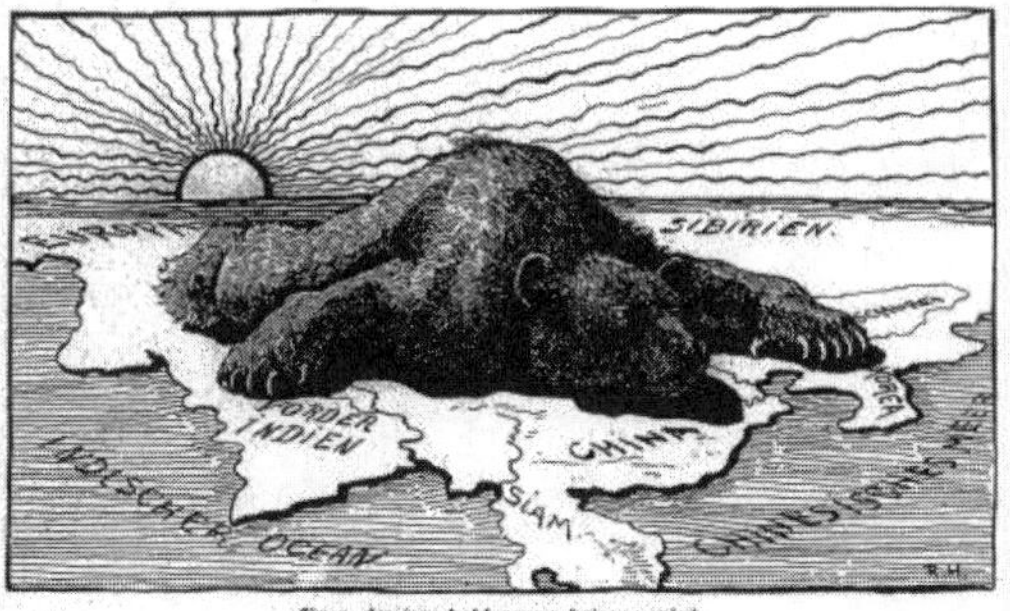

Einer, der jetzt bald genug kriegen wird.

図1 - 12 「今すぐにでも十分手にするであろう奴」
出典：R.H., ‘Einer, der jetzt bald genug kriegen wird,’ *Wahre Jacob*, No. 461 (22 Mar. 1904), p. 4312.『ヴァーレ・ヤコブ』(ドイツ)
作者：R. H.

Russische Ausdehnung.

Wie Russland sich mit den Mächten auseinandersetzt, oder die Ursache des Abmarsches der Verbündeten aus China.

されていたものだった。**図１‐13**は、一九〇一年六月のドイツの諷刺画であるが、すでにこの画ではロシアがどんどんと巨大化し列強を中国から追い払い、中国を併呑することが予測されている。現実的には、ロシアはこの年の四月に清国に対する新協約締結要求を放棄したばかりで拡張主義を抑えられたところだった。新協約とは、義和団事件の処理のために清国に対してロシアが提案したもので、フランスを除く欧米列強と日本はこれに反発して、清国側の抵抗もあって撤回に追い込んだものだった。しかし、義和団事件の鎮圧のために満州に出兵したロシア軍は、そのまま満州に居座っていた。むろんカリカチャリストのロシアが中国を併呑するという予測に確たる根拠があったわけではなかろうし、むしろそのような事態を警告するためにこのような画が描かれたとも言えるが、注目すべきことは諷刺画家の想像力の世界においても、ロシアの拡張主義と南下政策が明瞭に認識されていることである。

さらには、日露開戦直前のフランスの諷刺画**図１‐14**を見てみよう。この画では、ロシアがどのように韓国を料理するかが題材となっている。戦争が間近に迫っているなかで、ロシアの同盟国フランスにおいても、ロシアの拡張主義が韓国に及んでいることが明瞭に意識され諷刺されているのである。いかにロシアの拡張主義と南下政策が、当時の人々の認識に深く根付いていたかが分かるであろう。また**図１‐15**は、アメリカの新聞に掲載されたもので、ロシアが中国を分割する侵略者であることをあからさまに描いている。アメリカの人々にロシアの中国進出がどのように見られていたかを示しているとも言えよう。

このようなロシアの拡張主義に対する認識は、欧米のみならず日本の政治家・知識人にも共有され、日本では国民一般にも広まっていた。先に述べたように今日の歴史研究は、ロシアの南下政策には必ずしも一貫性はなかったということを示しているが、問題は当時の政策決定者がどのような認識・イメージを抱いて政策決定に当たったかということであり、その点で日本の政策決定者たちは、ロシアの行動によりその拡張主義と南下政策を「信条」として植え付けられ、それらに一貫性を見出して脅威を抱いていた。ここでの信条とは、「政策決定者

ロシアの韓国への侵略

図1－14 「韓国ウサギ」

Capt.：
ロシア人「どんなソースで食べられたいかい？」
韓国人「食べられたくはないのですが」
ロシア人「質問から外れたね」
出典：Lourdey, 'Le lapin coréen,' cartoon, in 'Les Dialogues de la Semaine,' *La Presse*, 2 Feb. 1904, p. 3.
『ラ・プレス』（フランス）
作者：ルルディ

ロシアの中国分割

図1－15 タイトル不詳

Capt.：ロシア（東洋人をつかんで）「私が偉大な『ピースメーカー（分割者）』であることに今や疑いがあろうか」
出典：R. M. Brinkerhoff, cartoon, *Toledo Blade*, n.d., rpt. in Everett, *Exciting Experiences in the Russo-Japanese War*, p. 29.
原典『トレド・ブレード』（アメリカ）
作者：R･M･ブリンカーホフ
◆ロシアの侵略的な中国分割をあからさまに示した諷刺画である。ロシア皇帝が「ピースメーカー」（調停者、仲裁人：peace-maker）でなく、「ピースメーカー」（分割者：piece-maker）であることを皮肉っている。掲載時期は不明であるが、開戦前であろうか。

が、たとえ検証することができなくても、真実だと信ずる命題」〔ホルスティ、二一三頁〕である。一度「信条」が根付いてしまうと、それは政策決定者の心から簡単に払拭はされず、それに反する情報は無視されるか軽視されることが多い。たとえば、日露交渉の最終局面に近いところでロシア側提案にあった譲歩のサインが日本側に軽視されたことは（同盟国イギリスの外相は、そこに妥協のサインを見てとっていた）、この「信条」の力を物語っている。

ここでもう少し詳しく東アジアにおけるロシアの拡張主義を見てみると、それには三通りのフェーズがある。まずは東清鉄道を始めとする鉄道利権による満州の勢力範囲化であり、二つ目は旅順の占領と租借、三つ目は義和団事件時のロシア軍の満州占領と第二次撤兵約束の不履行である。これらの動きの起点となったのは日清戦争（一八九四～九五年）である。

日清戦争は朝鮮の支配権をめぐる日本と清国の戦いであったが、日本の勝利により清国がその脆弱さを露呈すると、西洋の帝国主義列強はこの機会を利用して、中国の再分割競争に乗り出した。この時代の東アジアへの帝国主義拡大の手法は、ローンの勧誘と鉄道である。ローンを勧誘して借款を与え、見返りに鉄道敷設権を得る。鉄道敷設自体が工業製品を用いた開発であるが、さらに沿線地域には自国に有利な輸出市場も開くことができる。列強諸国は日清戦争の賠償金支払いに苦慮する清国に借款を与え、その見返りとして鉄道敷設権などの利権を得て、その沿線地域に勢力範囲を設定した。ロシアも例外でなく、一八九六年六月に清国に借款提供を申し出るとともに、すでに着工を始めていたシベリア鉄道のうちウラジオストクとチタを最短距離で結ぶために満州を横切る東清鉄道の建設を清国に認めさせ、九月に協定を結び、翌九七年に着工した。さらに鉄道沿線にはある種の治外法権〔東清鉄道ではロシアは協定時、治外法権まで求めなかったとも言われるが。サルキソフ、五四頁〕や守備隊の駐屯まで認められたから、稲葉千晴氏の表現を借りれば「東清鉄道に沿って、千五百キロにおよぶ細長いロシア領が形成されたと同様」であったのである〔稲葉、真実、七～九頁〕。このようにロシアは、満州に勢力範囲を設定した。さらにロシアの国策会社である露清銀行は、九八年に北京・漢口間の鉄道敷設権を入手し、イギリスの勢力範囲である揚子江流域を脅かし、一方でイギリスも香港・上海銀行の借款の担保として山海関・新民鉄道（奉天付近に延びる）を得たので、両国の利害は対立することになった。このような対立は、九九年四月の両国の勢力範囲についての協定で一時的には緩和されたものの、イギリス側に根強い対露警戒心を抱かせた〔木谷、二〇七〜八頁〕。

同じころに日本側に強い対露警戒心を抱かせたのは、ロシアによる旅順の占領と租借である。日清戦争に勝利した日本は、一八九五年四月に結ばれた下関講和条約で、清国から旅順を含む遼東半島の割譲を認められた。しかし、条約の内容が公になるやいなや、ロシアを中心に、ドイツ、フランスを加えた三国がこの割譲に異議を唱え、武力を背景に共同通牒を突き付けて、遼東半島の清国への返還を勧告した。日本政府は、やむなく勧告に従った。周知のようにこれが三国干渉である。三国干渉は明治維新以降、西洋流の近代化に努め、その結果、清国にたいして予想外の大勝をおさめた「新日本」が経験した最初の大きな外交上の挫折であり、この後、思想界にはナショナリズムが高まり、ロシアにたいする好戦的な世論が次第に力を持つようになって行った。

そのようないわく付きの土地である旅順を、日本の返還後、二年も経ずしてロシアが占領したのである。しかし、これは多分に偶然の要素を含んだもので、九八年一月のロシアによる旅順占領を稲葉氏の著作〔稲葉、真実、九〜一〇頁〕に依拠して説明すると、ロバート・ジャーヴィスの言うところの国際政治の相互連関が生んだ「意図せざる結果」の一例のようにも思える〔ジャーヴィス、参照〕。相互連関の始まりは日清戦争である。三国干渉以前、ウラジオストクのロシア太平洋艦隊は、冬季の凍結を避けるために越冬地を長崎にしていた。ニコライ二世が皇太子時代に日本を訪れ、長崎に逗留したのもそのような馴染みがあったためである。しかし、三国干渉で日露関係が悪化したので、九五年から九六年にかけては中国の膠州湾で越冬した。ところが九七年秋に、日清戦争で弱体化した清国につけこみ、宣教師殺害を口実としてドイツが膠州湾を占領してしまった。行き場のなくなったロシア太平洋艦隊は、旅順に目をつけた。旅順を手に入れれば、ロシアの戦略的目標で宿願でもあった不凍港の獲得もできる。しかし、中国側の態度を測りかねてロシア側も逡巡していた。そこに、イギリス艦船が旅順付近を航行しているとの情報が入った。ニコライとロシア政府は、これをイギリスによる旅順占領の兆候と見た。イギリスには八五年に、ロシアの朝鮮進出を抑えるために朝鮮の巨文島《クモン》を占領した「前科」があった（同島からイギリス軍は八七年に撤退）。ロシア側はフランスとドイツの同意を取り付けた上で、旅順占領を決定した。その際、ロシア太平洋艦隊が受けた命令は、口実の要素もあるが、「旅順に突入し、イギリスによる旅順侵略を阻止せよ！」というものであった〔サルキソフ、三二〜三五頁〕。むろんイギリスも日本も当事国である清国もロシアの行動を容認したわけではなかったが、ロシアはイギリスに対しては威海衛（山東半島）の租借を認め、一方日本に対しては朝鮮問題で譲歩して、最終的には九八年三月に旅順・大連の租借とさらには東清鉄道南部支線（東支《とうし》鉄道。後の南満州鉄道）の建設を認めさせた。九九年八月には獲得地域は関東州と命名され、アレクセイエフが関東州軍司令官並びに太平洋艦隊司令官に任命された。旅順はロシアの力で要塞化され、ロシア太平洋艦隊の主力は旅順に移った。そのために日露戦争において日本軍は旅順の攻略に手を焼き、多大な犠牲を払うことになるのである。

ただ、このような租借地の獲得と帝国主義的な進出は、ロシア側の誰もが手放しで喜ぶものではなかった。一つは開発には資金・人材・資源が必要だった。後発の資本主義国のロシアにとって、満州の南端にまで手を伸ばすことは力量を超えている部分があったのである。さらに旅順・大連の租借で、安全保障上の不安定さも増した。ハルビンを真ん中にして、東にウラジオストク、西に旅順という極東ロシアにとっての「不安定な弧」が形成され、とくに東支鉄道沿線の防御は課題となった。この安全保障上の不安定さは、義和団事件で顕著に露呈する。

義和団事件は、一八九八年に義和拳を奉じる秘密結社が中心になって引き起こした中国華北における反キリスト教的で排外的な武装蜂起であった。義和団は、宣教師やキリスト教徒を殺害し、一九〇〇年にはこれを支持し

ロシアの満州占領と日英の抗議

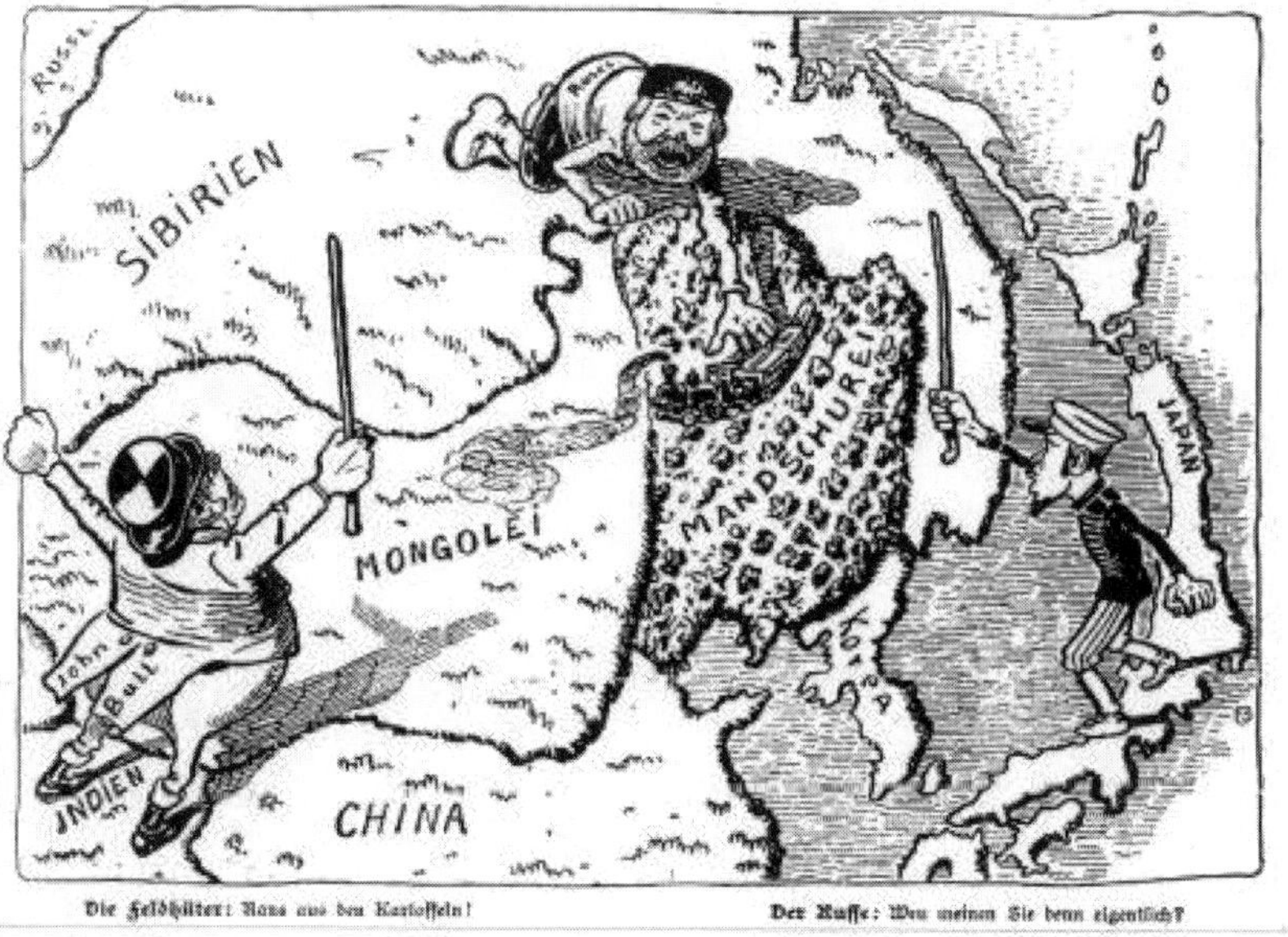

図1‐16 タイトルなし

Capt.：
畑番たち「ジャガイモ畑から出て行け！」
ロシア人「いったい誰にそんな口をきいているんだい？」
出典：*Wahre Jacob*, No. 409 (25 Mar. 1902), p. 4727.
『ヴァーレ・ヤコブ』（ドイツ）
◆ロシアの満州占領に対して、日本とインドからイギリスが抗議している。満州はジャガイモ畑で、そこにロシア人が鉄道を走らせている。東清鉄道である。

て列強に宣戦布告をした清国軍も加えて、北京の外国公使館区域を封鎖し、日本とドイツの外交官を殺害した。これに対して、西洋列強に日本を加えた八ヵ国は「多国籍軍」を出兵し、これを鎮圧し、同年八月には北京を占領した。こうして義和団の乱は鎮圧されたものの、これは別の問題を生んでいた。ロシアによる満州の事実上の軍事占領である。義和団によって東清鉄道沿線を攻撃されたロシアは陸軍部隊を投入し、北京占領後も義和団の掃討作戦を展開し、満州の要衝を占領した。同年十二月には極東地域には、満州も含めておよそ十万のロシア軍が駐留していたと言われる〔稲葉、真実、一七頁〕。

先に述べたように満州・華北に於けるロシアは、華中に利害を持つイギリスにとって最大の脅威であったし、韓国の安定的支配を図りたい日本にとっても同様であった。しかし、当時のイギリスは南アフリカでのボーア戦争に国力を費やしており、極東地域に勢力を注ぐ余裕がなかった。そこで、極東地域でイギリスの利害と一致する日本が同盟国として選ばれ、日英同盟が一九〇二年に締結された。日英同盟を背景とした日英のロシアに対する抗議を表わしているこの時期の諷刺画を一点だけ紹介しよう。**図1-16**は日英同盟締結の二ヵ月ほど後にドイツの雑誌に掲載されたもので、日英同盟がロシアの満州進出に対抗するものであることも示唆していると言えよう。

ロシアの満州占領の継続は、義和団に破壊された東清鉄道の復旧のために安全を確保するという目的からすれば首肯できるものであったし、この時点でロシアは明確で一貫した韓国侵略の意図は持っていなかった。しかし、ロシアが一貫して拡張主義と南下政策を図るという「信条」を抱いていた日本にとっては到底受け入れられるものではなく、これに大いなる脅威を感ぜざるを得なかった。そこでスタートするのが一九〇三年の日露交渉であるが、これは深層原因と言うよりも、中間原因と考えるべきであろう。

7　戦争原因——日本の勃興と軍拡および日英同盟

日露戦争の深層原因をロシアの拡張主義のみに求めることはできない。その他の深層原因としては、日清戦争後の陸海軍における日本の軍拡も挙げることができるだろう。それは財政的にかなり無理を強いたものであった。さらにイギリスの意図は別としても、先に述べたように日英同盟により、日本がロシアに挑戦しやすくなったということも挙げられるだろう。

諷刺画の世界に目を転じてみると、イギリスやアメリカでは、少なくとも開戦前や戦争当初、日本の軍拡や軍事力は諷刺画家の興味を引かなかったようである。むしろ軍事大国ロシアと対峙して、小国であることが強調されたりしている。しかし、フランスやドイツでは別であり、とくにフランスでは開戦前から、日本の軍事力とイギリスがその後ろ盾であることを示唆する**図１‐17**のような諷刺画が掲載されている。この諷刺画では日本の資金不足も指摘している。また、**図１‐18**では、日本の軍事的な「野望」にフランスの宿敵であるドイツの姿を重ね合わせている。日本を描きながら、同時にフランスの読者にもっと身近な宿敵の姿を連想させているところに諷刺の妙がある。

図1 - 17 「日本は準備ができている」

Capt. : ジョンブル氏「この快男子はすごい。足りないのはカネだけだ」
出典 : Caran d'Ache, 'Le Japon est prêt,' cartoon, *Le Figaro*, 18 Jan. 1904.『ル・フィガロ』(フランス)
作者 : カラン・ダッシュ
◆日本刀を振りかざす日本軍兵士。ジョンブル(左)が褒め、芸妓(右)は勝利の栄誉の月桂冠を準備している。ジョンブル氏の「足りないのはカネだけだ」という言葉は、資金不足を示している。

図1 - 18 「野望」

Capt. : 日本人「我々はついに同じ仕立屋を持ちましたな、同志よ!」
出典 : Caran d'Ache, 'L'ambition,' cartoon, *Le Figaro*, 25 Jan. 1904.『ル・フィガロ』(フランス)
作者 : カラン・ダッシュ
◆日本の将軍(右)がドイツの将軍(左)に話しかけている。フランスから見れば、日本とドイツは同じような軍国主義的な野望を持っているということであろう。三国干渉以前には日本は「東洋のプロイセン」と呼ばれたこともあったし、ドイツ軍人のメッケルが日本陸軍を指導したことも知られている。日独の一種のパターナリスティックな関係を表わしているとも言える。また、「同じ仕立屋」と言っても日本の将軍の軍服はぶかぶかで様になっておらず、日本の模倣が背伸びをした不格好なものであることも示唆している。

8　戦争原因――中間原因としての日露交渉の破綻

義和団事件で清国に出兵したロシアは、北京からは撤退したものの満州に居座り、清国との撤兵交渉でも強硬案を提示する。これに対して日本、イギリス、アメリカは清国に著しく不利な妥協はしないように警告し、ロシアに対する非難を強めた。ロシア側も妥協を模索し、露清間では撤兵交渉が一九〇二年四月八日に妥結した。その内容は十八ヵ月以内に三次に分けて撤兵するというものであった。第一次撤兵はこの年の十月八日に約束通り履行され、奉天省西南部からロシア軍は撤兵した。しかし、日本を始めとする関係国が注目するなかでロシアは、翌〇三年四月八日に第二次撤兵期限を迎えたが撤兵をせず、逆に奉天・営口に軍を増派し、十八日には新しい撤兵条件を清国に提案し、これを呑ませようとした。

日本側は清国に新しい条件を受け入れないよう勧告した。この四月の二十一日、元老の山県有朋、伊藤博文、桂太郎首相、小村寿太郎外相は、京都の無隣庵で会合し、対ロシアの基本政策を議論し確認した。その方針の一つは「ロシアの満州における優越を認める代わりに、ロシアに日本の韓国における優越を認めさせる」ということであった。ちなみに先に触れた小文で大江氏は、この会合における「四人の密議」で日本政府は「対露開戦の方針を決めていた」（大江、二一一頁。傍点筆者）と解釈しているが無理があると思う。ここで決められた対ロシア基本政策では、交渉による妥協の余地が残されていたからである。

その後、六月にはロシアの陸軍大臣クロパトキンが極東視察の一環として日本を訪問した（十日～二十八日まで。但し東京滞在は十二日～十六日まで）。このとき日本政府は、国賓待遇でクロパトキンを迎え、桂首相・小村外相も会談を行っている。大江氏は先の小文で、このときロシア側はすでに柔軟路線に転じており、「クロパトキンらの案が政府の方針として成立していた」として、クロパトキンが「日本政府の内意を探ろうとした」が、先の無隣庵会議で「対露開戦の方針を決めていた日本政府」がクロパトキンと「政治的な会談を避けてしまった」と指摘している。しかし、柔軟路線に転じたというよりもロシアの政策決定は後に述べるように揺れ動いており、また「政治的な会談」を避けたということもない。クロパトキンと小村外相は私的な会話という形ではあるが会談をし、かなり突っ込んだ議論をしている。小村はそこで韓国における日本の利権を擁護するためには、「日本はあらゆる犠牲を払い、戦争に進むであろう」と警告した。対して、クロパトキンはロシア側も韓国において権利を有していることを主張するのみであった。確かにクロパトキン自身は、日本との戦争は絶対に避けるべきという立場であったが、そもそもクロパトキンには、交渉権限はもとより、ロシア側の重要な決定を仄めかす権限すら与えられていなかった。ちなみにこの訪問のとき、クロパトキンはやがて満州で敵味方の司令官として干戈を交えることになる大山巖（当時は参謀長）とも言葉を交わしている〔広野、三四〜四四頁〕。

実はこの訪問の終わり頃の六月二十四日、ニコライは日本の韓国領有を認める新方針を旅順に通達している。但し、その方針を日本側に伝えるのは、妥協と取られないためにロシア派遣部隊がバイカル湖東岸に着いてからとされた〔サルキソフ、五〇頁〕。しかし、結局のところそのような方針は日本側に伝えられることはなかった。この方針を受けて、旅順ではクロパトキン、ベゾブラーゾフ宮廷顧問官、アレクセイエフなどが参加して七月一日に会議が開催された。

一方日本では、六月二十三日に対露問題に関する御前会議が開催され、対露交渉を決定した。イギリス、アメリカもロシアの満州占領に危機感は抱いていたが、交渉の矢面に立ってまで抗議をする意思はなかった。

日露交渉については、先に述べたように伊藤・千葉・和田氏の優れた研究があるので、詳細はそちらに譲るとして、概略だけここに示そう。八月十二日、日本側の要望により、日露交渉がペテルブルクにて開始され、日本はロシアに満韓問題に関する対露協約案を提出した。

図１－19は、まさに日露交渉が始まった時期のフランスの諷刺画であるが、両国がお互いに好戦的に描かれている。

その後、日露交渉の舞台は東京に移る。十月三日にロシア側対案が出され、十月六日から小村外相と駐日ロシ

日露交渉開始

ÇA SENT LES CHRYSANTHÈMES! — PAR TIRET-BOGNET

図1－19　「菊の匂いがする」

Capt.：
日本人（確信を持って）「ああ！　この冬には気晴らしができるぞ。熊狩りができるな」
問題になっている熊（匂っているそよ風を嗅ぎながら）「日本人を食うのは楽しいだろうな」
出典：Tiret-Bognet, ‘Ça sent les chrysanthèmes!,’ cartoon, *La Caricature*, Vol. 24, No. 1235 (29 Aug. 1903), p. 273.
『ラ・カリカテュール』(フランス)
作者：ティレ - ボニェ

ア公使ローゼンとの間で会談が実施され、以降十月中にこれを含めて四回（六日、八日、十四日、二十六日）の会談が持たれた。その間、日本側は十四日にロシアに修正案提案し、十月三十日には確定修正案を手交した。

ドイツの諷刺画（**図1-20**）は、この確定修正案が提出された数日後に発表されたものである。むろんこの時点で戦争になるかは分かっていないが、日露の交渉は取っ組み合いの様相を呈しており、タイトルの「日露の平和の保証」は、そのような交渉に対する皮肉となっている。また、続くフランスの諷刺画（**図1-21**）は、同じ頃の日露の敵意を込めた対峙を描いている。タイトル、キャプションと画の関係などもなかなか巧みである。

日本側の確定修正案に対するロシア側の対案はかなり遅れて十二月十一日に提出された。この対案では日本側の韓国への軍隊派遣については譲歩を示したものの、満州に関する部分の回答は示されていなかった。これを受けて、十二月十六日には、政府・元老会議が催された。

この会議については「対ロシア開戦はさけられないと考え、陸海軍の開戦準備完了までの時間をかせぎ、開戦の時期をつかむまで、外交交渉を続けることにした」〔原田勝正、三六頁〕と

――日露交渉　取っ組み合いと冷たい対峙――

図1-20 「日露の平和の保証」

出典：Leo, 'Russisch-Japanishe Friedensversicherungen,' *Wahre Jacob*, No. 451 (3 Nov. 1903), p. 4179.『ヴァーレ・ヤコブ』（ドイツ）
作者：レオ

図1－21　「敵意を込めて（陶器の犬）」

Capt.：「我々はキャンキャン鳴くか、それとも鳴かないか？」
出典：H. de Sta, ‘En chiens de faïence,’ cartoon, *La Caricature*, Vol. 24, No. 1248 (28 Nov. 1903), p. 377.『ラ・カリカテュール』（フランス）
作者：H・ド・スタ
◆陶器製の犬の置物の日本兵（右）とロシア兵（左）が対峙している。中央奥の山は中国であろう。フランス語には「敵意を込めてにらみあう」という意味で、se regarder en chiens de faïenceという表現がある。直訳すれば「陶器の置物の犬のように見つめあう」である。従ってタイトルからは敵意を込めて対峙していることが分かる。キャプションで用いられた、「キャンキャン鳴く」(japper)の一人称複数の変化形（jappons）は、日本（Japon）や日本製陶磁器（japon）を連想させるので、そのような語呂合わせとも取れる。

いう解釈もあるが、今日ではいささか単純化しすぎた見方と言えるだろう。確かに桂首相はこの時期に日本側の要望が受け入れられない場合の開戦を覚悟していたが、外交交渉による妥結の余地を排除していたわけではなく、外交交渉を単なる「時間稼ぎ」のために利用しようとしていたのでもない。またこのロシア側の第二回回答において満州に触れていなかったのはロシア側の妥協のシグナルであったが、日本は「ロシア側の譲歩の姿勢に気がつかず、回答の遅れをロシア側の開戦準備に向けての時間稼ぎと解釈した」〔伊藤、歴読、四九頁〕。実際、この満州の条項の削除にロシアの極東太守アレクセイエフは反対で、回答前にラムスドルフに不満を伝えたが、皇帝はこの削除を変えないとラムスドルフから聞かされて屈服した経緯がある〔和田、一三頁、㊦一八三〜八四頁〕。ロシア側は妥協と認識していたのである。ロシア側回答を受けて、日本側は十二月二十三日に確定修正案を提出した。

図1-22はこの年の大晦日の『ニューヨーク・アメリカン』紙に掲載された諷刺画である。満州をめぐる日露交渉が、ツアーとミカドの対話として示されている。ロシアは満州からの撤退期限を守らなかったが、それを責める日本をはぐらかしている。

年が明けて翌一九〇四年の一月六日にロシア側は対案を提出した。この対案でもある程度の譲歩は見られたものの、韓国問題において「軍略的不使用条項」と韓国の一部を中立地帯とする「中立地帯条項」(それもどこから中立地帯とするかはっきりしない)を残し、日本側を満足させるには程遠い内容であった。先に述べたように、ニコライは日本による韓国支配を認めてもよいと考えていたが、譲歩は小出しにされるばかりで肝心な点で日本側を満足させる回答は未だに得られなかった。日本側はこの対案を、七日、十一日の閣議で検討した上で、十二日の御前会議において対ロシア交渉提案(結果的には最終提案)を決定、ロシアに提案した。ところで、この御前会議の前に元老は「最早開戦の外なし」と一致したが、御前会議において明治天皇の再考を促す発言で再度ロシア側に提案し回答を促すことにしたという解釈もあるが、実は元老の伊藤と山県がこの時点で主張していたのは「韓国出兵」であり、それは直ちに日露の戦争を意味するのではないので、千葉氏が言うように「この時点で元老と内閣側が一致して開戦を決意していたとは考えられない」〔千葉、三〇九～一〇頁〕というのが正しいであろう。

『ニューヨーク・タイムズ』紙に掲載された**図１‐23**は、まさにこの時期に発表されたもので、日露間の交渉をお互いに紙を飛ばし合う戦闘に擬している。ロシア（右）の頭上で破裂しているのは「要求」であり、日本（左）の頭上で破裂しているのは「回答」である。野戦砲の砲座に載っているのはタイプライターであり、日本側のタイプライターからは「最後通牒」が飛び出そうとしている。日露の間には「回答」「覚書」が舞っており、

ツアーとミカドの対話

図1‐22 タイトル不詳

Capt. :**「それで、どういう意味だい？」とミカドは尋ねた。「あなたの占領は一時的なものとなるだろうって言うけど」「なぜ？」と物腰も柔らかくツアーは答えた。「ここに永遠にいるとは思っていないという意味だけど」**

出典：*New York American*, 31 Dec. 1903, rpt. in 'Miscellaneous Cartoons,' *Review of Reviews*, Vol. 29 (Feb. 1904), p.115.　原典『ニューヨーク・アメリカン』（アメリカ）

◆ツアーは「満州」と記された城の壁からミカドを見下ろし、ミカドの問いに物腰も柔らかく答えている。城壁には「占領下（一時的）」との張り紙が見える。

The New York Times.

PART FIVE---MAGAZINE SUPPLEMENT.

NEW YORK, SUNDAY, JANUARY 17, 1904.

IF IT WOULD ONLY STOP AT THIS.

図1 - 23 「これだけでやんでくれさえすれば」

出典：'If It Would Only Stop at This,' cartoon, *New York Times*, 17 Jan. 1904, cover, part 5, Magazine Supplement. 日曜版『ニューヨーク・タイムズ』紙（アメリカ）

◆タイプライターには、俗に機関銃の意味もある。交渉が戦闘に喩えられたことにはウィットも感じられる。

ロシア側からは「説明」が発射され、ついで「回答」が出されようとしている。地球の右隅では、右からアメリカ、イギリス、ドイツ、フランスが交渉を見守っている。両者の間の地平線から、戦況を見守るように中国がそっと顔を出している。激しさを増す日露交渉に世界が注目している様子が分かる。タイトルの「これだけでやんでくれさえすれば」の願いも虚しく、三週間後には日露は本当の戦闘状態に入る。

交渉は最終局面に至っても、まだ妥結の余地を残していた。しかし、一月十二日の日本側提案に対するロシア側の回答は遅れに遅れた。この間、日本側の政策決定者の間ではロシア側には交渉妥結の意思はないのではないかという考えが支配的になった。このような判断に軍事戦略上の判断も加わって、日本は開戦へと進んで行く。

ただ日本政府は一応、一月三十一日に、二月二日までの回答を要請したが、その期限も無視された。実際には、ロシア側は一月二十八日にこの問題に関する特別会議を開催し、回答を決定した。その回答では、韓国の中立地帯条項は削除され、韓国を軍事問題で利用しないという条件は残されたものの、「この案ならば継続交渉により、日本が満州の領土保全を要求しない代償に、日本による韓国の軍略的使用をロシアに認めさせることも、可能である」〔千葉、三一四頁〕というレベルまで譲歩はなされていた。しかし、この回答は二月二日にニコライが裁可して三日に旅順に送付されたにもかかわらず、東京の交渉担当者であるローゼンにはすぐには伝えられず、日本側にも手交されずに戦争が始まってしまった。

図1-24はいつのものかは分からないが、アメリカの新聞に掲載されたもので、ロシア側の回答の遅れに苛立つ日本の様子を伝えている。

電文がすぐにローゼンに伝わらなかった理由は不明だが、日本側が意図的に七日まで暗号電報伝達を遅らせたという説もある〔Malozemoff, 249〕。もっとも仮に意図的に電報伝達の内容を遅らせたのだとしても、電報の内容まで日本側が知っていてそうしたのではない（ロシアの暗号は破られていない）。さらに電報が遅れても他の外交ルートを利用する手もあり、たとえば四日にロシアにおいて栗野慎一郎駐露公使がラムスドルフ外相を訪問した際に外相が何らかの妥協を示唆するという方法もあったと思われるが、それもなされず、外相は両国の活動地域の間に「緩衝地帯」を設ける提案をしている。和田氏の研究は、この一月二十八日回答を一旦は承認しながらも、ニコライが動揺を示し、中立地帯条項の削除を取り消して、秘密条項として残すことをラムスドルフに指示したことを明らかにしている。「緩衝地帯」提案は、皇帝の提案を踏まえてラムスドルフが考えたもので、最終回答に付け加えられていたと和田氏は推定している。思い切った譲歩を撤回して、再び小出しにしたのである。さらに現地の交渉者に追い打ちをかけるかのように、二月五日には秘密条項としてまとめるよう無理な指示もしている。和田氏は「結局のところ、この期に及んでロシア側はついに回答をまとめきることができなかったのである。その意味で政府の体をなしていなかったとしか言いようがない」と結論づけている〔和田、一六～一八頁〕。筆者も同感である。

日本側は、二月三日に芝罘《チーフー》領事から旅順ロシア艦隊出港の情報を得て、逆にロシア側に奇襲攻撃されることを憂慮した。事態は切迫していると思われた。元老会議が開かれ、翌四日には御前会議が開催され、ロシアとの国

―― ロシア側回答の遅れ ――

図1 - 24 タイトル不詳

Capt. ：日本「何？　今日も通知がない？　まあ、何てことなの、あの男ロシアは私の手紙に回答しなければならないのよ！」
出典：R. M. Brinkerhoff, cartoon, *Toledo Blade*, n.d., rpt. in Everett, *Exciting Experiences in the Russo-Japanese War*, p. 474; rpt. in *American Review of Reviews* (Mar. 1904). 原典『トレド・ブレード』（アメリカ）
作者：R・M・ブリンカーホフ
◆日本人女性が男ロシアの回答を待っているが、今日も「国際郵便配達人」は回答を持ってきていない。いつの時点で発表されたかは分からないが、日露交渉ではロシア側の回答の遅れが目立っている。

交断絶が決定されるとともに、開戦が最終決定された。これを受けて、二月五日に小村外相は栗野公使に国交断絶の最後通告を打電し、また陸海軍に出動命令が出された。二月六日、栗野公使は、交渉中止・国交断絶・日本側の独立行動の「権利留保」を内容とする通告書をラムスドルフ外相に手交し、二月八日、日本軍は仁川上陸を開始するとともに、旅順港外のロシア艦隊を奇襲攻撃し、戦端が開かれた。日露交渉はこうして破綻した。

以上見てきたように、最終局面においてもなお回避の可能性は残されており、伊藤氏が言うように「ロシア側回答がもう少し早いか、日本側のロシア不信がもっと小さければ開戦を急がず、戦争が避けられた可能性」があったのである〔伊藤、立憲国家、二二五頁〕。

それでも戦争に至ったのは、伊藤・千葉両氏が指摘しているように、一つには相互に相手の意図を誤解したことがある。また、千葉氏が言うように「日露が期待する交渉スピードの違い」もあったと言える。ロシア側は、「日本からは戦争を仕掛けることはない」と勝手に決め込み、日本側に弱腰と受け取られないためにも譲歩を小出しにしたが、一方で日本側は戦うなら早い方がよいという考えもあって、早期決着を求めていた〔千葉、三一七頁〕。このスピードの違いには、ロシア側の事情、すなわち「皇后の病気や極東問題についての意思決定の組織が複雑で非効率であったこと」〔伊藤、歴読、四九頁〕も影響した。ただ、そのような事情を知らない日本側は、ロシアが「少なくとも日本程度の効率ある意志決定のできる近代国家であると誤解していた」のである〔伊藤、歴読、四九頁〕。さらにロシア側が非効率な上に、回答を遅らせることに無頓着であったことも、誤解を増幅させたと言えるだろう。

繰り返しになるが、日露交渉では、お互いに政治外交上の妥協点をはっきりと示していれば、ロシアが満州を支配し、日本が韓国を支配することをお互いに認める形で決着がついていた可能性もある。しかし、外交交渉ではお互いに率直にカードを見せ合うことはまずはないし、ブラフも常套手段である。ブラフは翻って相手には開戦の兆候と受け取られ、事態を悪化させることもある（たとえば、ロシア側の強気の態度に対する日本側の解釈）。また、交渉担当者はえてして小さな勝利に固執して、大局を見失うこともある（たとえば、最終局面でのロシア側の動揺）。さらにいえば、交渉者の「信条」も、柔軟な対応の幅を狭めていた（たとえば、日本側政策決定者がロシアに対して抱いていた信条）。さらに「緊張を緩和する協定は強い立場からしか交渉できない」〔ホルスティ、五〇九頁〕ということから考えると、ロシア側が日本の軍事能力を過小評価していたことも、この交渉の妥結の可能性を低下させる要因だったと言えよう。

さて、それでは、同時代のカリカチャリストは、この日露交渉をどう見ただろうか。**図1-25**はインドのもので、両国が満州をめぐって争っているという認識を示しているが（韓国は問題視されていない）、同時に外交のバランスが失われれば、両国が崖の下の「戦争」と「荒廃」に落ち込むことを示している。そして交渉の結末は、開戦後に発表されたフランスの諷刺画（**図1-26**）の通りである。「戦争は政治の延長に過ぎない」というクラウゼヴィッツの言葉を思い起こさせるが、両国の兵士が犠牲になる凄惨な戦争が始まったことがこの残酷な画から伝わってくる。これを描いた時点で、作者は戦争の帰趨がどうなるかも、どのような戦争になるかも知らなかったのであるが、想像にたがわず凄惨な戦争になったと言えよう。

ところで日露のこのような対立の場合、善意の仲介者が調停に当たるということもなくはないことであると思われるが、当時、日本側にはその気はなく（もっとも外交官レベルではロシア側の早期回答をフランス外交官に促すなどしている。〔サルキソフ、七一頁の引用より〕）、ロシア側は日本の攻撃が現実味を帯びてきた一月二十六日にようやく駐英大使を通してイギリス外相ランスダウンに非公式の仲介を依頼したが、時すでに遅しであった。実際には、フランスは日露が戦うことは対ドイツ戦略上好ましくなかったので、かなり積極的に両者の間を調停しようとした。一方で、イギリスは戦争を決して望んではいなかったが、積極的な調停はしていない。

そのような状況であったものの、諷刺画の世界では列強諸国が「平和の勧め」をしている姿が描かれている。一九〇三年十二月のアメリカの諷刺画（**図1-27**）と一九〇四年一月のドイツの諷刺画（**図1-28**）では、アメ

日露交渉とその結末

図1 - 25 「友達（？）」

Capt. :
ブルーイン［熊公］「平和に食事を一緒にと言ったら、どう言うかね」
ジャップ「あんたと同じでもう準備はできているよ」
出典：'Friends(?),' *Hindi Punch*, n.d., rpt. in 'Miscellaneous Cartoons,' *Review of Reviews*, Vol. 29 (Mar. 1904), p. 220. 原典『ヒンディー・パンチ』（インド）
◆熊（ロシア）と犬（日本）が「満州」という崖の上の板の上で、骨付き肉を前に睨み合っている。板には「日露の意見の相違」と記されている。かろうじて板の右端の岩「外交」で、バランスが取れている。

図1 - 26 「交渉の結末」

出典：Adaramakaro, 'Fin des négociations,' *L'Assiette au Beurre*, No. 151 (20 Feb. 1904), p. 2522. 『アシエット・オ・ブール』（フランス）
作者：アダラマカロ
◆日本（中央）は身体を、ロシア（左）は首を串刺しにされている。

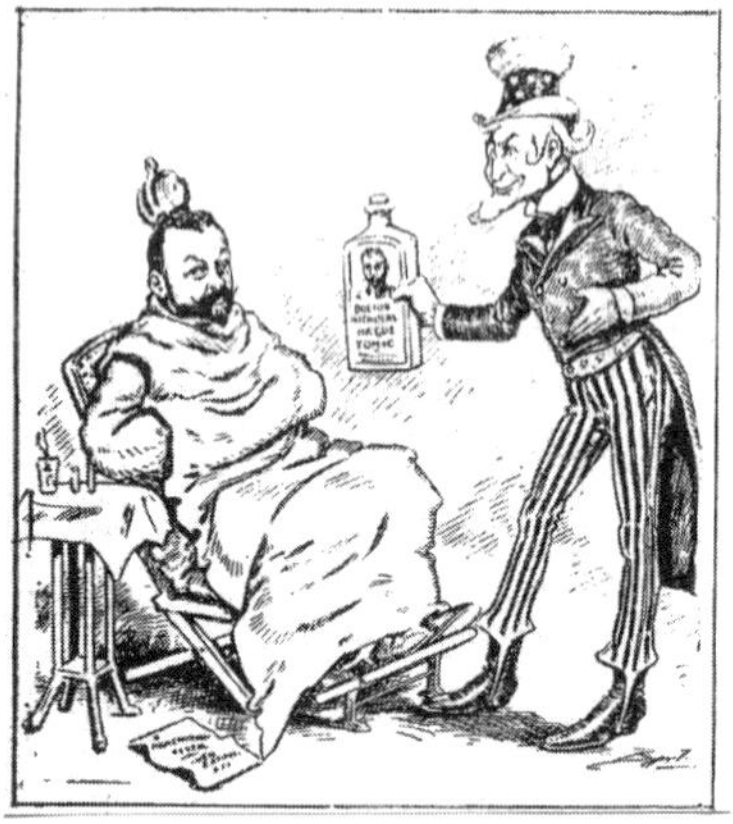

図1 - 27「別の奴にいいんじゃないか」

Capt.：
ドクター・サム「ニコライ、あなたの症状にちょうどよいものですよ」
ドクター・ニコライ「余が自分自身の薬を飲むだろうと思わないのかねぇ」
出典：Bartholomew [pres.], 'Good for the Other Fellow,' *Minneapolis Journal*, 3 Dec. 1903, rpt. in *Review of Reviews*, Vol. 29 (Jan, 1904), p. xviii. 原典『ミネアポリス・ジャーナル』(アメリカ)
作者：バーソロミュー［推定］
◆医者のサム（アメリカ）が、病気らしく厚着をしてカウチにかけている同じく医者のニコライ皇帝に「ハーグ・トニック」と記された薬を勧めている。ドクター・ニコライは、自分のものがあるので、別のやつ（日本）にいいのではないかと言って断っている。「ハーグ・トニック」とは、ハーグ万国平和会議で決まった仲裁裁判やハーグの平和精神を示している。

図1 - 29 「いかにして列強が闘いを止めたか」

Capt. : ロシア「あいつに向かわせろ」
日本「放してぇえ」

［キャプションの英語は意図的に乱れさせてある］
出典 : Bartholomew [pres.], ‘How the Powers Stopped the Fight,’ *Minneapolis Journal*, 2 Dec. 1903, rpt. in *Review of Reviews*, Vol. 29 (Jan. 1904), p. xviii. 原典『ミネアポリス・ジャーナル』(アメリカ)
作者 : バーソロミュー［推定］
◆交戦意欲満々の日露両国を、それぞれの同盟国が後ろから押さえている。ロシア（右）の後ろにはフランス（左）。日本（左）の後ろには、イギリスがいる。

図1 - 28「なぜ？　知るもんか！」

Capt. :「厄介払いそれ自体が痛みを伴わなければ、痛みから解放されるのは簡単なのに」
出典 : ‘Warum? Darum!,’ *Kladderadatsch*, Vol. 57, No. 4 (24 Jan. 1904), p. 44; *Kladderadatsch*, rpt. in *Review of Reviews*, Vol. 29 (Feb. 1904), p. 115.『クラデラダーチェ』(ドイツ)
◆ニコライが歯痛で頬を押さえながら、「ハーグ仲裁裁判所」の入り口から出てくる。頬の包帯には「韓国」と記されており、歯痛の原因が韓国問題であることが分かる。入口の脇の看板には、「パークス（平和）」という名称の「ヨーロッパの歯医者」の看板がある。ペンチを手に窓から顔を出しているのは、イギリス国王エドワード七世。「ニコライを仲裁裁判に誘おうとして失敗した」ことを示していると『レヴュー・オヴ・レヴューズ』誌は書いている〔Vol. 29, p. 115〕。

リカ、イギリスがそれぞれ、ニコライが主唱したハーグ平和会議を持ち出して、交渉当事国のロシアに平和の勧めをしているが、ロシアが拒否している姿が描かれている。**図1‐29**では、日露の同盟国がそれぞれ日露を抑止している様子が表わされている。**図1‐30**はフランスの諷刺画で、日露交渉中のイギリスの態度を日露やフランスとの関係で描いている。

これまでの交渉過程の歴史的分析では必ずしも好戦的とは言えないロシアの姿が浮かび上がってくるが、当時の諷刺画家の目にはどう映っていたのだろうか。**図1‐31**〜**33**では、それぞれ掲載された国は異なるものの、ロシアが好戦的に描かれている。たとえば、アメリカの諷刺画(**図1‐31**)では、ロシア軍人がボードに「地上に平和、人には善意――ここにいらっしゃる方は別として」と書いており、平和を主張しながら日本を例外として好戦的態度を取っていることが皮肉られている。**図1‐32**はドイツの諷刺画で、ロシア人の平和の天使が空ポケ

SANS PLACE! – par TIRET-BOGNET

図1‐30 「ふさわしい場所がない!」

Capt.:「今なら、デルカッセを交代させることもできる……そうしたとしても、フランスには何の変化もなかろう」
出典:Tiret-Bognet, 'Sans place!,' cartoon, *La Caricature*, Vol. 24, No. 1241 (10 Oct. 1903), p. 321.『ラ・カリカテュール』(フランス)
作者:ティレ‐ボニェ
◆人物はユニオンジャックの模様の和服を着ているのでイギリス人であろう。右手に戦争、左手に平和の扇子を持っている。左上では、昆虫姿の日露が争おうとしている。イギリスは扇子で風を送り、日露を操っているようにも見える。キャプションでは、イギリスがフランス外相デルカッセも交代させることができると述べている。実際には、1905年3月のモロッコ危機の後、ドイツの要求でデルカッセは辞任に追い込まれた。

戦争の危機とロシアの態度

図1 - 31 タイトル不詳

出典：*Minneapolis Times*, n.d., rpt. in 'An American View of the Russo-Japanese Imbroglio,' *Review of Reviews*, Vol. 29 (Feb. 1904), p. 109. 原典『ミネアポリス・タイムズ』（アメリカ）

◆再録誌のタイトルは「日露のもつれについてのアメリカのある見方」である。ロシアが満州に、日本が韓国に立っており、日本が韓国に足場を確保している点も注目される。

図1 - 32 「ロシア人の平和の天使」

Capt. :「ここだけの話だが、三つのことが平和をわしに強いている。金欠、金欠、金欠だ！」

出典：'Der russische Friedensengel,' *Jugend*, No. 4 (14 Jan. 1904), p. 80; rpt. in *Review of Reviews*, Vol. 29 (Mar. 1904), p. 219.『ユーゲント』（ドイツ）

図1 - 33 「熊とオリーヴの小枝」

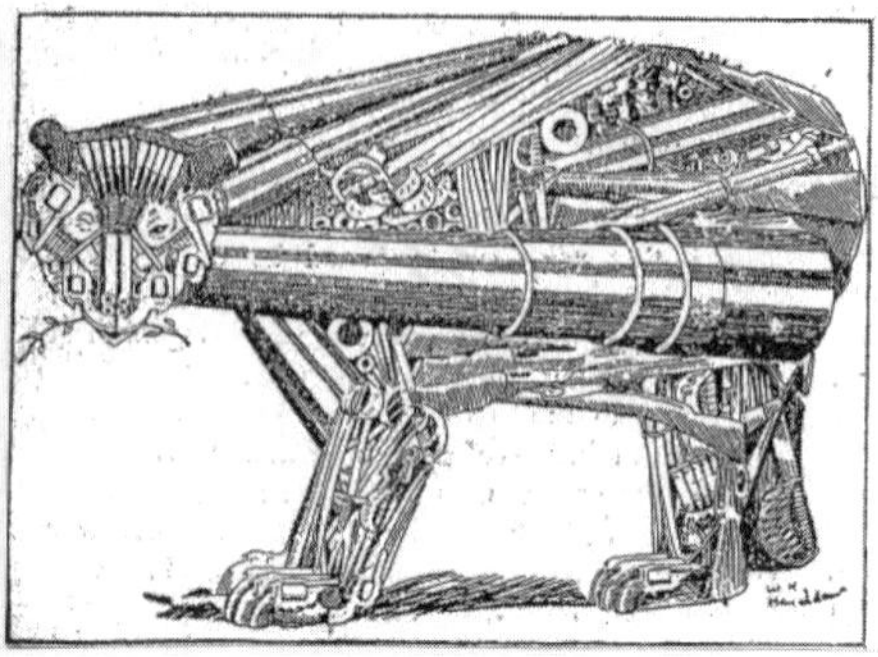

Capt. :「余は全力を尽くして極東の平和を維持したいと望み、そうしようとしている」
出典：W. K. Haseldene, ‘The Bear and the Olive Branch,’ *Daily Mirror*, n.d., rpt. in *Review of Reviews*, Vol. 29 (Feb. 1904), p. 114. 原典『デイリー・ミラー』(イギリス)
作者：W・K・ヘイゼルディーン
◆ツアーの言葉のキャプションも、空々しく聞こえる。『レヴュー・オヴ・レヴューズ』誌の解説によれば、「ハーグ平和会議でのツアーの平和への強い願望」と満州の大軍との対照が際立った作品である〔Vol. 29, p. 114〕。

図1 - 34 「いつもの手口」

Capt. :熊「後ろに行って、やつらにここから出て行くと思わせよう」
出典：C. F. Naughton [pres.], ‘An Old Trick,’ *Minneapolis Tribune*, n.d., rpt. in *Review of Reviews*, Vol. 29 (Feb. 1904), p. 115. 原典『ミネアポリス・トリビューン』(アメリカ)
作者：C・F・ノートン［推定］
◆熊（ロシア）が「満州」と記されたテントに居座っていたが、少し後ろに行くふりをして日本と中国を騙そうとしている。犬（日本）は熊に吠えかかっているが、中国（右）は熊から逃げ出そうとしている。交渉中のロシア側の譲歩のそぶりを皮肉ったものかもしれない。「いつもの手口」とは、満州からの第二次撤兵を履行しなかったことを念頭に置いてのことと思われる。

図1 - 35 「譲歩」

出典：Adaramakaro, ‘Concessions,’ *L’Assiette au Beurre*, No. 151 (20 Feb. 1904), p. 2527.『アシエット・オ・ブール』（フランス）
作者：アダラマカロ
◆熊（ロシア）が、「中国」と書かれたティーポットからサムライ（日本）の口にお茶を注いでいる。タイトルは「譲歩」（Concessions）で、中国の利権を分け与えて譲歩すれば、日本も満足して好戦的姿勢を崩したかもしれないことを示しているように見える。Concessions には、租借地という意味もある。左下には、「ドイツ」、「フランス」、「イギリス」と名前がついたティーカップが置かれているが、日本のために用意する時間的余裕はなかったのだろう、あわてて直接サムライの口に注いでいる様子も面白い。日露交渉は、ロシア側が早い段階で日本の韓国に対する優越を認めておれば妥結していた可能性が高く、その意味では譲歩は遅かった。ただ、見方を変えれば、これからでも譲歩するのに遅くはないと訴えているようにも見える。

ットを見せて、「金欠」で平和を強いられていると述べているが、左の長靴には隠した鞭が見える。当時のロシアがいかに信用されていなかったかが分かるだろう。イギリスの諷刺画（図１‐33）でも、表面上は平和を装いながら、軍備を増強しているロシアの姿が、平和の象徴であるオリーヴの小枝をくわえているが、その身体のなかが大砲や弾薬などでできている熊（ロシア）で表わされている。アメリカの諷刺画（図１‐34）は、恐らく日露の交渉中のもので、ロシアがごまかしをすることを示している。図１‐35は、開戦後に発表されたフランスの諷刺画で、その意味するところは定かではないが、交渉段階でロシアが譲歩すべきであったことを示唆しているようである。

9　戦争原因――中間原因としての日本軍の開戦準備

交渉の破綻だけに開戦の原因を帰することはもちろんできない。軍事的観点から見ると、日本の陸海軍が早くから開戦を想定して準備をしてきたことも中間原因として考えられる。それでは日本側は、なぜ戦争準備をしてきたのか。むろん戦争の準備をしていない状態で戦争を仕掛けられた場合には、少なくとも緒戦では多大な損害を被ることが考えられる。軍事戦略家は、常にそのような危険性を考えて軍備増強を図り軍事戦略を練る。ホルスティが言うように「政策決定者というのは、自分は全く防衛的な意図をもって軍備しているが、相手は侵略のために軍備していると考える傾向がある」。相手の意図を疑えば、軍拡はそれ自体が国際緊張を高めるし、政治的解決の可能性を低下させる。さらに時として交渉の立場を強化するために軍事力を強化しなければならない場合もある。チャーチルの言う「話し合うために武装」しなければならないということである〔ホルスティ、五〇九頁）。それではこのような傾向は、日露戦争の開戦準備においてどの程度合致しているだろうか。

先に述べたロシアの南下政策に対する「信条」に加えて、日本軍、とくに陸軍の戦略思考を拘束したのはシベリア横断鉄道が全通した場合の動員力の増強である。シベリア横断鉄道は一九〇二年、バイカル湖迂回線を除き、東清鉄道のハルビン経由線を本線とみなして、一応全線が開通している。しかし、バイカル湖部分は日露開戦時も未通で、氷上輸送あるいは船舶による輸送に頼らなければならず、交通上の難所としてロシア側の極東への動員力を制約していた。そこで日本陸軍としては、相手側の動員力が増強されないうちに優位に戦いを進めたかったので早い開戦を望んだのである。また、相手が交渉を引き延ばしていることは、シベリア鉄道全通までの時間稼ぎと見えた。一方、シベリア鉄道全通で戦略的に優位に立てることは、ロシア側も知っていた。シベリア鉄道はいわば時限爆弾のような効果を持っており、日本側のサスペンスを高めたのである。

図１-36はドイツの諷刺画で、開戦の翌月のもの

シベリア鉄道と日露戦争

図1-36　「ロシアの輸送——バイカル湖を渡って」

出典：R.H., 'Die russischen Transporte --- über den Baikal-See,' *Wahre Jacob*, No. 461 (22 Mar. 1904), p. 4305.『ヴァーレ・ヤコブ』(ドイツ)
作者：R. H.

であるが、シベリア鉄道の問題を戦争とからめてユーモラスに描いている。二点の諷刺画がセットになっているが、左の「ロシアの輸送」と題したイラストでは、氷結した氷の上を熊（ロシア）が列車を紐で引っ張っている。熊は後ろの列車を見ていて、前にある氷上の穴に気付かないようである。右の「バイカル湖を渡って」と題したイラストでは、列車は熊ともども、氷上の穴に落ち、これを見て猿（日本）が喜んでいる。この寓意画はまったくの想像の産物ではなく、ある程度、事実に基づいている。二月の開戦後、春になるまで、前線に赴くロシア兵は六十四キロもバイカル湖の氷上を進軍しなければならなかった。極寒のなかの過酷な行軍で、凍傷にかかる兵も多く、吹雪のなかで進路を誤り、クレバスに落ち込み何百人もの兵士が溺死や凍死したこともあったという。また鉄道輸送を行なうために、氷上にレールも敷設された。五月になると砕氷船の運航が可能となり水上輸送が実施されたが、バイカル湖はこのように交通上の難所であった。待望の迂回線が完成するのは、開戦後五ヵ月の一九〇四年七月のことである〔コリアーズ、八四〜八五頁〕。それによりロシア側の増援能力は、日本側の予測をかなり上回って高まった〔小野、一〇七頁〕。

さらに日本側にロシアの軍事進出を強く意識させたのは、満州と朝鮮の境を流れる鴨緑江韓国側にロシア側が進出した竜岩浦事件である。これはベゾブラーゾフ宮廷顧問官が鴨緑江周辺の森林利権に注目して、韓国側の左岸である竜岩浦まで進出し、一九〇三年三月二十三日に森林利権地に警備隊を置いた事件である。ベゾブラーゾフは、当時、宮廷内で皇帝に取り入って力を持ち始めていた元近衛騎兵連隊将校で、山師的な人物である。鴨緑江伐木業は、永井リサ氏の研究によれば一八七五年頃に本格的に開始され、一九〇三年には「中国木材総生産の約三割を占めるほど」に成長しており、国境地域の中国東北「各県の主要な財源」でもあった。そこでロシアのみならず日本も日清合弁会社をソウルに設立し、資源と利権の争奪戦を展開していた〔永井、三二四〜三二六頁〕。このような資源と利権の要衝にロシア側が軍隊を送ったのであるから、折からの緊張関係もあって、日本側はロシアの行動を重大に受け止めた。

この森林事業をめぐって井口和起氏は、大山梓氏の研究の一節「露国森林会社の北満経営のごとき、実は［日本］陸軍将校の情報とは異り、純粋な伐木事業であった」を引きながら、現地でのごたごたを日本側が誤認したことを挙げ、さらには「これらの事件を最大限に利用して、参謀本部の中堅将校たちのなかの『好戦派』が中心となって開戦論をつくりあげ、上層部をつきあげていった」と述べている〔井口、七四～七五頁〕。確かに竜岩浦事件は日本における開戦世論形成に大きな役割を果したが、最近の研究から見ると、これを誤認に基づく日本側の過剰反応と切り捨てることはできないと思える。それは第一に、ロシア政府もこのような行動が日本側を刺激する可能性を憂慮していたからである。一九〇三年四月八日のペテルブルクにおけるロシア側の特別会議（御前会議）でクロパトキン陸相は、この森林利権地をめぐって日本と関係悪化することを危惧している。第二に、この進出は資源・利権の争奪戦であるのみならず、より大きな観点から見れば極東ロシアの安全保障上も重要な意味をもっていたからである。先に旅順占領によって、ハルビンを頂点として、東にウラジオストク、西に旅順という極東ロシアにとっての「不安定な弧」が形成されたことに言及したが、この弧の東西の両端を結ぶ最短経路が、まさしくこの鴨緑江流域である。和田氏の研究は、この森林事業の主唱者であるベゾブラーゾフが、旅順とウラジオストクを結ぶ「防衛線の中央として鴨緑江を位置づける考え」を一九〇二年三月三日に皇帝に上奏し、鴨緑江への部隊派遣を主張したことを明らかにしている。事業自体は「純粋な伐木事業」であったかもしれないが、その存在は戦略的な重要性を持っており、日本とロシアの間の「防壁」になる「戦略会社」という性格を持っていたと言えよう〔和田、四頁、㊦三二頁〕。

このベゾブラーゾフ一派の仕掛けた行動は、日本側を刺激したのみならず、ロシアの政府内に深刻な亀裂を生んだ。四月八日の会議で後退したかに見えた鴨緑江森林事業計画は、その後のベゾブラーゾフらの皇帝に対する巻き返しで、五月二十日の皇帝主催の特別協議会において皇帝の後押しで前進を見る。懸念を抱いたラムスドルフはその後、辞意まで漏らすが、皇帝の慰留で外相の地位に留まった。先に述べたクロパトキンの訪日があったのは、この後である。従ってこの時点で、ロシアの政策は流動的であったと見るべきであり、先に触れた「クロパトキンらの案が政府の方針として成立していた」〔大江、二二頁〕とはとても思えない。また仮に政府方針として確立していたと見なしたとしても、すぐに覆される運命にあった。というのは、この夏、皇帝に取り入っていたベゾブラーゾフ派は、いわゆる「新路線」として、その切り札の「極東太守（総督）制」を八月十二日に導入したからである。これはラムスドルフ外相、クロパトキン陸相、ヴィッテ蔵相の三大臣には寝耳に水のいわば政変であった。二日後の十四日、三大臣は会議で怒りを爆発させたが、どうにもならなかった。

一番割りを食ったのは、ヴィッテ蔵相であり、八月二十八日に大蔵大臣ポストから解任された。首相を置かないロシア政府において大蔵大臣は首相級であり、しかも満州は「大蔵省王国」と言われるくらい大蔵省の影響力が強かった。ヴィッテ自身は、日露が戦争になったらロシアは勝つことはできるが失うものも大きいので、日本に韓国を譲ることも主張していた。ヴィッテはここで政治の表舞台から退くが、周知のように講和会議で重責を担って蘇る。クロパトキンは皇帝に辞意をほのめかしたようであるが慰留された。皇帝の信任が厚かったクロパトキンは、二ヵ月の休暇を与えられ、開戦後は満州軍総司令官に任ぜられる。ラムスドルフは、和田氏の表現を借りれば、「もっともうまく自分の立場を守った」。極東太守に一元化されるはずの日露交渉に、ローゼン公使をからませて影響力の保持にある程度成功したのである〔和田、九〜一一頁、㊦一一四、一二八頁〕。

この新路線を象徴する地位である極東太守には、アレクセイエフが就いた。サルキソフ氏の研究では、これ以降の日露交渉において、アレクセイエフは戦争推進派として大きな役割を果たした人物として描かれているが、実は太守就任要請を固辞し続けている。太守任命の勅令も、本人の意思に関係なく出されたものだという〔和田、㊦一二三〜一四頁〕。

ただ、サルキソフ氏の見方によれば、皇帝は戦争を望まなかったが、アレクセイエフは「戦争を望んで」おり、「彼は、開戦のため、可能な限りのことを行った」と言われる。実際、アレクセイエフは開戦準備に入ることを

ロシアの極東太守アレクセイエフ

図1 - 37 タイトルなし

Capt.：「新しい中国の恐怖の天帝としてのアレクセイエフ提督」

出典：'Admiral Alexeiff as the New Chinese Deity of Terror,' *Lustige Blätter*, n.d., rpt. in *Review of Reviews*, Vol. 29 (Feb. 1904), p. 115. 原典『ルスティヒェ・ブレッター』（ドイツ）

◆アレクセイエフを、中国の恐怖の天帝になぞらえ、新しい恐怖の天帝としている。アレクセイエフの手は七、八本あり、銃や剣を握ったり、手が大砲になったりしている。本物の恐怖の天帝（右）も、アレクセイエフに恐れをなしている。

何度も提案したが、受け入れられなかった。交渉の最終段階において、アレクセイエフは「日本との軍事的衝突はロシアにとって一大惨事となるかもしれないが、避けては通れない事態であると、認めざるを得ない」と書いている。現状認識とともにある種の宿命論的なものを感じさせ、サルキソフ氏はそこにアレクセイエフの極端なシニシズムの性格を見ている〔サルキソフ、五五、六七～七〇頁〕。一九〇四年二月四日になってアレクセイエフは皇帝に、陸海軍最高司令官のポストを辞任したいという電報を送った。開戦がいつになるかは分からなかったにしろ、危機が最高潮に達しているそのときに現地の司令官が辞任を申し出たのである。それほどロシア政府の内部は混乱していたのである。日本軍が軍事行動を起こすのは、その四日後である〔和田、一七～一八頁、㊦二九一頁〕。

ドイツの諷刺画（**図１‐37**）は、開戦前にアレクセイエフを描いたもので、満州を武力で支配する好戦的な人物像が浮き彫りにされている。

交渉が続くなか、日本側は和戦両様で開戦準備を加速させた。海軍は一九〇三年の七月から不測の事態に対する警戒を始め、十月には東郷平八郎が常備艦隊司令長官に任命された。十二月二十八日には海軍は戦時編成を開始して連合艦隊を編成するとともに、一月初めには対露作戦方針を決定した。陸軍も一九〇三年の夏までには、韓国、満州、ロシアにおける情報収集を開始しており、十月から十一月には動員を円滑に行うための有事法制を整えるとともに、十二月までには韓国派遣軍のための補給や輸送の準備をかなり進めた。韓国を軍事占領する作戦案はすでに十月にはできあがっており、韓国侵攻作戦の準備は着々と進められていた。陸海軍は翌一九〇四年一月五日からは、軍事機密が漏れないように、動員や艦隊行動に関連する情報の新聞への掲載を禁止し、検閲を実施した。準備が整った状態で、ロシア側の回答は届かず、二月三日にはロシア旅順の太平洋艦隊主力が所在不明との情報が入り、ロシア側の奇襲が危惧された。この情報は、ある意味では戦争のトリガーを引く直接原因となった。日本の開戦が決定されたのは、翌二月四日である〔稲葉、真実、四八〜五八頁〕。

日露間の緊張は高まり、戦争の危機が迫っていることは諷刺画家たちにも感じられていた。彼らはこの危機をどう描いたか。**図1‐38**はイギリスの諷刺画で、古代ギリシャのダモクレスの剣の故事に倣い、髪の毛一本で吊るされている抜き身の剣で危機を表現している。剣の下にいるのは、平和の女神であり、近くには平和の象徴の鳩もいる。**図1‐39**はアメリカの諷刺画で、日本軍人が「戦争」という日本側回答を清書しており、ロシアがそれを眺めている。**図1‐40**はフランスの諷刺画で、タイトル通り「危機」を描いたもので、日本の国交断絶通告の二日前のものである。ただ特徴的なのは、熊のロシアは日本に対して何でもやってみろと言わんばかりの強気な態度で、フランスではロシアが優位という見方があったことを示していると言えよう。また、**図1‐41**は国交断絶通告の翌日付のアメリカの諷刺画で、ブラフの応酬の交渉が長引きすぎて、まさに戦争の危機がすぐそこにあることを示している。

戦争の危機迫る

図1 - 38 「極東情勢」
出典：'The Far Eastern Situation,' The *Daily Paper*, n.d., rpt. in *Review of Reviews*, Vol. 29 (Feb. 1904), p. 111. 原典『デイリー・ペーパー』(イギリス)

図1 - 39 「日本側回答――戦争という字のように見える」

出典：Bartholomew [pres.], 'Japan's Reply: It Looks Like War,' *Minneapolis Journal*, n.d., rpt. in *Review of Reviews*, Vol. 29 (Feb. 1904), p. xviii. 原典『ミネアポリス・ジャーナル』(アメリカ)
作者：バーソロミュー［推定］
◆日本軍兵士が、壁にくぎ付けにされた「丁寧な言葉」のお手本を見ながら、「戦争」という日本側回答を書き上げようとしている。壁の下には「ロシアから日本へ」という文書があり、それへの回答であることが分かる。ロシアは壁の上から眺めている。サブタイトルの「戦争という字のように見える」ということは、「戦争になりそうだ」という意味にも取れる。いつ発表されたかは分からないが、交渉の最終局面が近かったと言えよう。

図1 - 40 「危機」

Capt. : 熊「好きにしな。俺からボールを取り上げるのはお前ではないのだ」
出典 : Lourdey, 'Moment critique,' cartoon, *La Presse*, 4 Feb. 1904, p. 3. 『ラ・プレス』(フランス)
作者 : ルルディ
◆熊のロシアがボール（地球儀）を抱えており、来るなら来いという姿勢を示している。日本の方は圧倒されそうである。

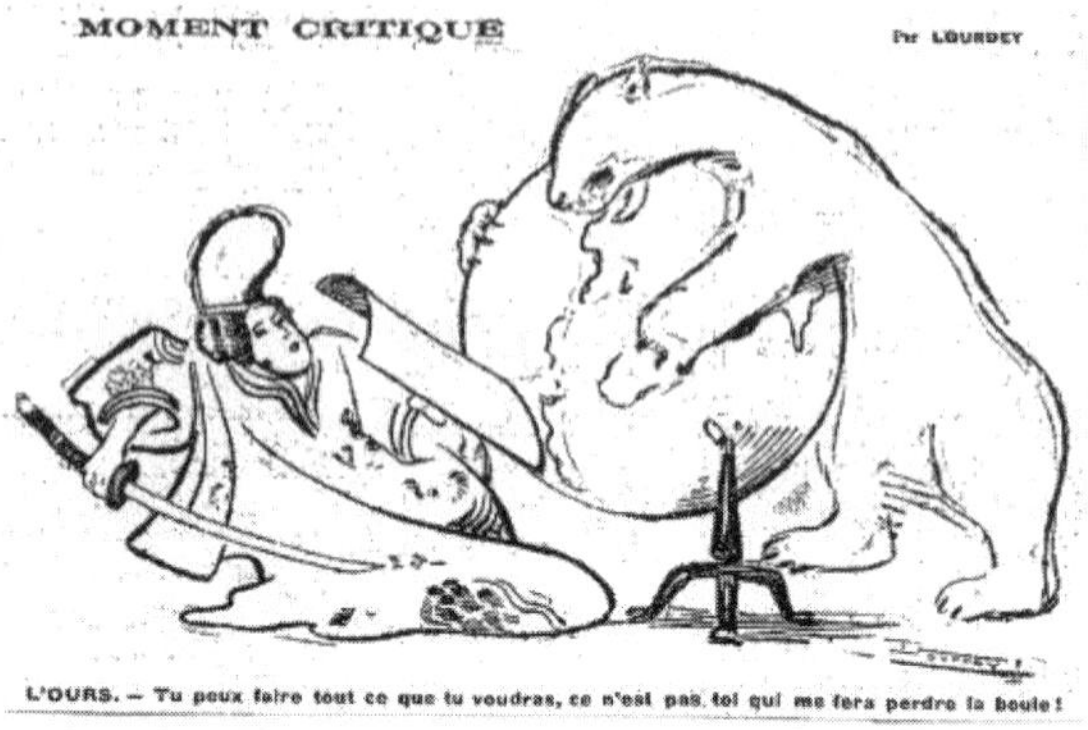

図 1 - 41「『ブラフ』が長引けば長引くほど、東洋で進行中の戦争ゲームにおける『大詰め』は厄介なものとなる」

出典 : 'The Longer the "Bluff" the More Embarrassing the "Show Down" in the War Game in Progress in the East,' *Boston Herald*, 7 Feb. 1904.『ボストン・ヘラルド』(アメリカ)
◆日露両国はカードゲームをしているが、ゲームの台は火薬の樽の上に載っており、樽からは火薬が漏れ、テーブルからも煙が上がっている。実際に数日を待たずして、戦闘は始まった。

10　この時代の戦争とは？

この時代は、無差別戦争観の時代であり、戦争自体が違法ではなかったので（戦争の違法化が進むのは第一次世界大戦後の一九二〇年代である）、外交・周旋・仲介・仲裁といった平和的手段をもってしても紛争が解決しない場合、武力行使といった強制的解決手段に訴えることは広く認められており、武力行使のハードルは現代よりもはるかに低かった。政治外交の延長に戦争がありうることも、当然に認識されていることであった。また戦争でなくても、軍隊を他国に派遣してその一部を占領する平時占領もたびたび実施されていたし、軍艦によって他国の港湾を封鎖する平時封鎖もあった。他国を支配する、あるいは勢力圏に組み込み、経済進出などにより利益の確保を図るとともに自国の安全をより確固たるものにする――そのような目的のために戦争に訴えるということは今日では容認されえないが、当時ではある程度は当たり前のことであったのである。しかし、そのような目的達成の手段として、日露戦争ほどの大規模な戦争に訴えるということは、今日の感覚では理解しがたい部分があるのは確かである（筆者もその点がなかなか腑に落ちなかった）。それは目的と手段に釣り合いが感じられないからと言えよう。しかし、このような帝国主義の時代にあって、それは一種常態化した国家行動のルールであり、日本もその点では例外ではなく、日本がこの時代にあって他国と比べて特別「平和的」であらねばならない理由はどこにもなかった。

日本とロシアは、お互いの主権が及ぶ自国領に対する直接的脅威から対立したわけではないが、満州へのロシアの進出と韓国を窺う動きは、日本にとって、当時においては自己保存を脅かす安全保障上の脅威と見なされた。

ロシア対日本・イギリス・アメリカ

図1－42 「蜜とミツバチ」

出典：F. T. Richards, 'The Honey and the Bees,' *New York Times*, 3 Jan. 1904, cover, Magazine Supplement. 日曜版『ニューヨーク・タイムズ』紙（アメリカ）
作者：F・T・リチャーズ
◆中国をめぐるロシアと日本、イギリス、アメリカの関係を、蜜を狙う熊とそれを守ろうとするミツバチとの関係で表わしている。中国という蜜を狙っているのは、蜜を好物とする熊のロシアである。ロマノフ王朝の王冠をかぶり、背負袋を肩にかけ、弾薬盒を身に付け、サーベルを下げている。鞄にはロマノフ王朝の紋章である双頭の鷲が見える。蜂蜜を狙って、手袋をしている。蜜を盗みにきたロシア熊を迎え撃つのは、三匹のミツバチである。左から、「条約上の権利」を手にしたアンクルサムのアメリカ、ついで「東方の利害」と書かれた銃を手にしたイギリス（ユニオンジャックが腰の辺りに見える）。一番前にいるのは、着物に三度笠をかぶった日本で、日本刀で迎え撃とうとしている。刀には「自己保存」（本能的自衛）と書かれている。

そのような点を示しているのが、『ニューヨーク・タイムズ』紙に掲載された諷刺画（**図１‐42**）である。日英米の三国はロシアの満州占領に対して脅威を抱いておりそれに対抗しようとしているが、英米は武力に訴えてまでロシアを駆逐する気はなく、最終的に武器を取って闘いを挑んだのは「自己保存」を脅かされると認識していた日本だけだったのである。またフランスの諷刺画である**図１‐43**は、英米が自らは戦う気もなく、安全地帯に身を置いて日本をロシアとの戦いへと嗾けているという辛辣な見方を表わしている。

次のイギリスの諷刺画（**図１‐44**）は、戦争の半ばの時期に発表されたものではあるものの、いろいろな意味で示唆的である。イギリスやアメリカはここでも傍観している。一方で、日本は大きな熊のロシアに対してヤマアラシとして表象されている。両国は満州という「丸木橋」の上で対峙している。そのことは満州という地域が限局された戦いであれば、熊のロシアに対してヤマアラシにも勝ち目があることを示唆している。実際、ロシア熊には及ばないまでも、相手に一撃を加えるに足る攻撃力を擁していたヤマアラシ日本は、満州・朝鮮半島とその周辺の海域に限局した戦いであったからこそ、ロシア熊に勝利することができたと言えるのではなかろうか。

図1‐43　「熊の皮」

Capt. :**「イエス、取引決定。私とジョナサンは皮を買いますよ。さあそれでは、あの獣を殺しに行ってくれませんか」**
出典：‘La peau de l’ours,’ cartoon, *La Caricature*, Vol. 25, No. 1264 (19 Mar. 1904), p. 93.『ラ・カリカテュール』（フランス）
◆キャプションの発言はイギリス。ジョナサンはブラザー・ジョナサンことアメリカである。日本に熊（ロシア）を殺させ、イギリスとアメリカはその皮を買うというのである。フランス語では「獲らぬタヌキの皮算用」の意味で、「熊を殺さないうちから皮を売る」Vendre la peau de l’ours avant de l’avoir tué という表現があるので、この画にはイギリスの考えが「皮算用」に過ぎないというニュアンスも込められている。

ヤマアラシと熊の局地戦

図1－44　「東と西」

Capt.：「熊とヤマアラシ（1902年12月出版の『アウティング』のなかのフィリップ・R・グッドウィンの絵に画想を得て）」
出典：F. C. Gould, 'East and West,' *Westminster Gazette*, n.d., rpt. in *Literary Digest*, Vol. 29, No. 18 (29 Oct. 1904), p. 574. 原典『ウェストミンスター・ガゼット』（イギリス）
作者：F・C・グールド
◆熊（ロシア）とヤマアラシ（日本）が丸木橋（満州）の上で対峙している。奥（西洋）の木の陰でライオン（イギリス）、白頭鷲（アメリカ）が闘いの様子を窺っている。

11　君主は戦争を望んだか？

このようにして戦争は起こった。それでは日露両国の君主は戦争を望んだのだろうか。まず戦争を仕掛けられた側、ロシア皇帝ニコライ二世はどうだったか。幾つかの資料が明らかにしていることは、ツアーはこの時点での戦争は欲していなかったことである。ツアーの考えを端的に表わしていると思われるのは、クロパトキンが書き残した、一九〇三年十二月二十九日の極東問題特別協議会でのツアーの発言である。この会議でニコライ二世はこう述べたという。「戦争は無条件で不可能である。時がロシアの最善の同盟者だ。年ごとにわれわれは強くなる」と〔和田、㊦、二〇六頁〕。この発言からすると、ツアーは根っからの平和主義者ではもちろんなく、時が経って状況が変化すれば戦争に訴える可能性も排除していないようであるが、一方で無謀に戦争を望む性格でないことは他の発言からも窺える〔和田、㊦、二〇九頁〕。ロシアの政策決定過程を見ていると、ツアーの意向が重要なファクターとなっており、それは専制的な権力を皇帝が代々保持し続けてきたためである。ニコライ二世が好戦的では決してなく、しかも専制的な権力を握っていたため、結果的に戦争を回避するという方向にロシアは動いていたと言えるだろう。しかし、そのような意思はあっても、それを相手に明確に伝えることがこの国にはできなかった。

一方で明治天皇はどうであったろうか。明治天皇の場合には、代々保持してきた専制的権力があったわけでもなく、立憲君主制下で権力の行使には従来から抑制的で控え目であった。また、伊藤氏が書いているように「明治天皇は、閣員・元老ら権力中枢の人々と比較しても、日露開戦を最も心配し開戦に消極的であった」〔伊藤、新

図1 - 45 タイトル不詳

Capt. ：ミカド「押すなかれ。空けよ」
出典：Maybell, cartoon, *Brooklyn Eagle*, n.d., rpt. in Everett, *Exciting Experiences in the Russo-Japanese War*, p. 414. 原典『ブルックリン・イーグル』（アメリカ）
作者：メイベル

視点、一八頁〕。しかし、権力の行使に抑制的であるため、開戦に消極的であってもその意思を前面に出すということはなかったようである。日露開戦の決定過程においても「天皇は元老・閣僚（御前会議に先立ち閣議で開戦の方針を決め上奏）一致で決められた方針を裁可したにすぎな」かった。その後、内廷で天皇が独り言で言ったという「今回の戦は朕が志にあらず」という言葉は、天皇の気持ちを表わしていたと言えるだろう〔伊藤、新視点、二〇頁〕。

両君主は戦争を望んでいなかったが、戦争に至ってしまった。むろん当時の人々はそのような政策決定の詳細は知らないのであるが、諷刺画家はどう見たであろうか。この点では、一つのアメリカの諷刺画（図１‐45）が示唆に富んでいる。ミカドが日本という家のなかから「日本の好戦派」に押し出されている。手には「戦争」と記された刀を持っている。明治天皇は戦争に乗り気でなかったが、国内の主戦派に押し切られたということを示している。これは明治天皇が戦争に必ずしも積極的でなかったという史実とも合致する。この諷刺画を自著で紹介したなかで同時代人のエヴェレットは、明治天皇が主戦派に押されて戦争に突入したこと、またツアーも同様の主張をしていることはある程度正しいと述べている〔Everett, 414〕。

　君主が戦争を望まなくても戦争は起こり、兵士たちはツアーのため、あるいは天皇のために戦場に赴いたのである。次には個々の具体的な戦況にも触れながら、諷刺画のなかの日露戦争を見て行く。

第2章

戦闘開始！

1　奇襲攻撃――非難と宣戦布告

日本とロシアの間の本格的な戦闘は、一九〇四年二月八日の日本海軍の奇襲攻撃に始まった。戦いは一九〇五年九月五日の講和条約締結まで一年七ヵ月続く。この章ではまず日露が戦端を開いた日本軍の奇襲攻撃に関する諷刺画を紹介し、ついで日露開戦前後の列強や清国・韓国などの動きを諷刺画を通して見てみる。

一九〇四年二月八日から九日にかけての夜間、日本の連合艦隊駆逐隊は旅順港外のロシア艦隊を奇襲し、本格的に日露戦争の火蓋を切って落とした。日本の駆逐艦の放った魚雷は、ロシア側の戦艦「レトウイザン」、「ツェザレウィッチ」に命中し、損害を受けた両戦艦は港口で座礁した。巡洋艦「パラルダ」も魚雷を受けて西岸で座礁した。一方、この攻撃に先立ち、仁川（済物浦）沖では八日午後、ロシア側の砲艦「コレーツ」が日本側の駆逐艦の攻撃を受け、わずかながら応戦したが（最初の交戦である）、本格的な海戦は翌九日であった。日本軍の仁川港退去通告を受けたロシア軍艦は、待ち構える瓜生外吉司令官率いる瓜生戦隊と仁川沖で交戦した。日本艦隊の攻撃により巡洋艦「ワリヤーグ」と「コレーツ」は火災を起して仁川港に戻り、「コレーツ」は自沈、「ワリヤーグ」も転覆・沈没した。

諷刺画家の多くは、日本の奇襲攻撃が成功したのはロシア側が準備不足であったからと考えた。「準備ができてなかった！」と先に紹介したイギリスの『パンチ』（**図序‐1**）でロシア熊は叫んでいるが、同様の見方は他の諷刺画にも見受けられる。アメリカの諷刺画（**図2‐1**）でも、ロシアは「まだ準備ができていなかった」と

奇襲攻撃とロシアの準備不足

図2－1 タイトル不詳

Capt. ：ロシア「まだ準備ができていなかった」
出典：*New York American*, n.d., rpt. in 'Miscellaneous Cartoons,' *Review of Reviews*, Vol. 29 (Mar. 1904), p. xiv.
原典『ニューヨーク・アメリカン』（アメリカ）
◆脇差をした歌舞伎役者（日本）が、「戦争」という玉をロシアにぶつけている。ロシア人が握っている網には、「ロシア艦隊」と記されているが、役に立たない様子である。日本の足元には「さらなる戦争」と記された球が転がっている。

言っている。図2－2はさらにひねりが効いている。ロシアが寝坊をしている間に「早起きは三文の得」とばかりに日本がロシアの軍艦を持ち逃げし、ロシアの油断を突いた日本の夜襲による奇襲攻撃の成功を示している。図2－3はドイツの諷刺画であり、芸者（日本）が投げつけた「日本からの贈り物」（魚雷）が、旅順にいるロシア兵の鼻頭に命中し、ロシア兵をあわてさせている。また、フランスの諷刺画（図2－4）では、サムライ（日本）の攻撃にロシアはあおむけに倒れており、奇襲成功を示していると言えよう。ロシアは武具を備えておらず、無防備で、油断をしていたように見える。次の二点は共に『ニューヨーク・ワールド』紙に掲載されたもので、図2－5は不意打ちを受けた旅順艦隊を示し、図2－6は日露の海戦の様子を描いている。続く図2－7では緒戦での敗北をロシアの現地の将軍が報告しており、日本軍が勝利を収めたことが分かる。

日本がロシアに対して宣戦布告したのは、攻撃後の二月十日のことだった。この日本海軍による宣戦布告前の奇襲攻撃を、ロシアとその同盟国フランスの新聞・雑誌は国際法違反として非難したが、イギリス、アメリカ、さらにはドイツにおいてもそれは問題とされなかった。

当時の国際慣行においては、外交関係の断絶をもって、宣戦布告が行なわれなくても開戦することが容認されていた。先に述べたように日露戦争の場合には、栗野駐ロシア公使が、二月六日、ロシア外相ラムスドルフに交渉中止・国交断絶・日本側の独立行動の「権利留保」を内容とする通告書を提出し、日本の外交使節はペテルブルクから召喚されている。この通告書は、戦争開始の意思を明白に示してはいないので、むろん宣戦布告書とは言えない。また、一定期間内に要求を受け容れない場合に戦争に訴えることを宣言するという意味では最後通牒の形式もとっていない。また現代ではむろん単に外交使節を召還して外交断絶するだけでは開戦とはみなされない（たとえば国連憲章第四十一条にあるように、外交断絶は一種の非軍事的強制措置として機能している）。しかし、当時においては、外交断絶は戦争の前段階と受け取られていた。また、日本側の通告文書は日本側が自由行動を取る意思があることを明示していた。これは日本が敵対的行動を取ることの予告であり、その後の軍事行動

図2－2 タイトル不詳

Capt.：日本「早起きの鳥は虫を捕える［早起きは三文の得］」
出典：J. H. Donahey, cartoon, *Cleveland Plain Leader*, n.d., rpt. in Everett, *Exciting Experiences in the Russo-Japanese War*, p. 158. 原典『クリーヴランド・プレイン・リーダー』(アメリカ)
作者：Ｊ・Ｈ・ドナヘイ
◆掲載時期は不明であるが、日本海軍の奇襲攻撃に想を得たことは間違いないであろう。

図2－3 「日本からの贈り物」

出典：R.G., 'Gruß aus Japan,' *Wahre Jacob*, No. 460 (8 Mar. 1904), p. 4293.『ヴァーレ・ヤコブ』(ドイツ)
作者：R. G.

図2 - 4 「ダモクレスの剣」

出典：Adaramakaro, 'L'Épée de Damoclès,' *L'Assiette au Beurre*, No. 151 (20 Feb. 1904), p. 2532-33.『アシエット・オ・ブール』(フランス)
作者：アダラマカロ
◆図1-38にも登場したダモクレスの剣は、一触即発の危機的状況をいうが、毛髪一本で支えられていた剣が落ちて戦争が始まったことを画では示している。

図2 - 5「ジェルスキー！ しかし、これはあまりにも突然だ！」

出典：'Je-ru-ski! But This Is So Sudden!,' *New York World*, 14 Feb. 1904.『ニューヨーク・ワールド』(アメリカ)
◆旅順のロシア熊を「日本製の魚雷」が攻撃し、ロシア熊は不意をうたれて倒れている。

図２－６「荒馬を乗りこなす者を阻止すること」

出典：'Checking the Rough Rider,' *New York World*, 18 Feb. 1904.『ニューヨーク・ワールド』（アメリカ）
◆荒馬に擬した魚雷を日本人が乗りこなしている。ロシア兵は魚雷を阻止しようとしているが、魚雷は命中している。

図２－７「東洋のブラー将軍」

出典：John T. McCutcheon, 'The Gen. Buller of the Orient,' *Chicago Daily Tribune*, 11 Feb. 1904.『シカゴ・デイリー・トリビューン』（アメリカ）
作者：ジョン・T・マカッチャン
◆画のなかでは、怪我をした右手でロシアの将軍が「私は遺憾ながらツキー報告しまスキー」と報告を書いている（作者は故意にロシアの人名風にスペルを変えているので、訳も工夫した）。ブラー将軍とは、イギリスの軍人レドヴァーズ・ヘンリー・ブラーで、ボーア戦争時にイギリス軍の総司令官を務めたが、作戦失敗で解任された。「東洋のブラー将軍」とはロシアの将軍に対する皮肉な呼び名である。

を「不意打ち」とみなすことに対する反駁の根拠には十分と考えられた。この行動の自由を明言した外交断絶通告をもって、日本側は軍事行動のフリーハンドを握ったと解釈したのであり、当時の解釈では「前例に照らす限り、日本の行動は支持されるであろう」（F・E・スミス、N・W・シブレイ『日露戦争時の国際法釈義』一九〇五年〔Smith & Sibley, 63〕）ものだった。たとえば、イギリス『ザ・タイムズ』紙は、一九〇四年二月二十五日付け社説において「国際法と国際慣習の違反といういずれにおいても日本は無罪である」と主張したのも無理な解釈ではなかったのである。戦争の開始に、宣戦布告もしくは最後通牒が必要と規定されるようになったのは、一九〇七年の第二回ハーグ平和会議で締結された「開戦に関する条約」からであった。

諷刺画の世界でも、奇襲攻撃それ自体を強く非難するようなものは目につかない。第一章でも見たように日本軍の攻撃は十分予測されていた。もっとも、正々堂々と開戦したとも言い難い。たとえば『シカゴ・デイリー・トリビューン』紙の社説（二月十日）は、日本は「単に第一撃を加えたのだ。それは確かに戦争を開始するのには礼儀正しい方法ではないが、これまでもしばしば取られてきた方法である」と報じて、日本を支持しながらも奇襲が礼儀正しいとは言えないと述べている。

そのような奇襲の性質を表わしているのが、アメリカの諷刺画（**図2 - 8**）である。日露はボクシングをしており、日本は「今やれ！」という表示を首に巻いていて、ロシアに殴りかかり、不意のボディブローを受けてロシアは驚きながら「フェアでない！　私は準備ができていなかった」と叫んでいる。地球（右）は試合を見守るレフリーであろう。

二月十日、日本とロシアはそれぞれ相手に対して宣戦を布告した。次に挙げるフランスの諷刺画では日露両国の宣戦の詔勅が紹介されているが、画の内容とともに紹介の仕方には差があり、対比するとさらに興味深くウィットに富んでいる。**図2 - 9**にあるようにロシアは神頼みなのに対して、日本は**図2 - 10**にあるように交戦意欲満々である。

奇襲攻撃はフェアだったか？

図2 - 8 タイトル不詳

Capt. : ロシア「フェアでない！
私は準備ができていなかった」
出典 : Rehse, cartoon, *St. Paul Pioneer Press*, n.d., rpt. in Everett, *Exciting Experiences in the Russo-Japanese War*, p. 320. 原典『セントポール・パイオニア・プレス』（アメリカ）
作者 : リーセ

図2－9　「二つの宣言」

Capt. ：ロシア皇帝の宣言「朕が軍の成功に向けて、全能の神の御恵みのあらんことを」

出典：Adaramakaro, 'Les deux manifestes,' *L'Assiette au Beurre*, No. 151 (20 Feb. 1904), p. 2528.『アシエット・オ・ブール』(フランス)

作者：アダラマカロ

◆この画では、熊（ロシア）が、ロザリオを手にして、聖画像(イコン)に祈りを捧げている。味方らしい軍艦も遠くの海上に見えるだけで、周囲に武器らしいものもない。皇帝の宣戦布告のなかから、神の御恵みを祈る一節をわざわざ引いていることからも、ロシアが神頼みの様相を呈していることを表わしている。その点は、次の日本側を描いた画と比べると、一層際立つ。

図2 - 10 「二つの宣言」

Capt. : ミカドの宣言「帝国が平和の交渉に依り求めんとしたる将来の保障は今日之を旗鼓（きこ）の間に求むるの外なし［旗鼓は、軍旗と太鼓、転じて軍隊。ここは武力に訴えるしかなかったという意味］」

出典 : Adaramakaro, ‘Les deux manifestes,’ *L’Assiette au Beurre*, No. 151 (20 Feb. 1904), p. 2528.『アシエット・オ・ブール』（フランス）

作者 : アダラマカロ

◆サムライ姿で歌舞伎役者のようにも見える日本は、馬に乗って、槍を手にして、小刀を口にくわえて、勇壮で戦意も満々である。サムライであっても、周囲には、砲弾、大砲、軍艦と近代的な軍備があり、祈りを捧げるロシア熊とは対照的である。明治天皇の宣戦の詔勅からも、武力に訴えずにいられなかったという部分が引用されている。

2　戦闘開始と各国における動き

フランスの諷刺画（図2-11）は、開戦後一ヵ月ほどしてから新聞に転載されたものであるが、日露戦争をめぐる世界の動きをよく伝えている。日本とロシアは「日露戦争大劇場」で闘っている。それを眺める観客席には世界中の様々な人々がいる。熱心に観ている者もいれば、劇にはそっちのけで場外乱闘にふけっている人々もいる。円形の観客席は各国の地理関係をおおむね反映しており、観客席の右上最前列では中国・韓国、三列目ではアメリカが観戦している。中国とアメリカは興奮しているようだが、韓国はそうでもない。一方、左上の観客席一列目ではカイザー（ドイツ）が、ピストルを持って見入っている。その後ろの列で、お金の袋をもって駆け付けようとしているのはイギリスであろう。日本の同盟国イギリスが戦費調達で日本を助けようとしている姿が示唆されている。フランスはどうであろうか。カイザーの左隣りにいるのはフランス首相エミール・コンブであるが、日露の闘いに背を向けている。というのもカトリックの自治修道会との争いに忙しいからで、修道士らしき人物に何やら言い聞かせている。当時のフランスのコンブ内閣は、カトリック勢力と、とくに学校教育問題をめぐって熾烈な争いを繰り広げていた。そのフランスの下で片手をサークルに置いてゆったりと観劇しているのはイタリア。さらにおそらくトルコ、次いでアフリカ、インドと続くが、これらの人々は自分たちの戦いに没頭しており、日露の争いを観ていない（実際はトルコ人もインド人も日露戦争に注目し、非白人の日本の勝利に大いに鼓舞されたのだが）。

日露戦争の間、西洋の強国は日露いずれかの支持をめぐって、緩やかであるが二つの陣営に分かれていた。米

日露戦争大劇場

図2 - 11 タイトルなし

Capt.：「日露が決闘している間の様々な国々の態度……。コンブ氏は自治修道会との争いを続けている。それ以外の国々は、もっと実際的で、将来に備えている（ルモの画）」（『ペルラン』より転載）
出典：Lemot, cartoon, *La Croix*, 3 Mar. 1904, p. 4.『ラ・クロワ』（フランス）
作者：ルモ
◆日露が「日露戦争大劇場」で闘っている。真ん中には小銃を背負った熊（ロシア）。その後ろにはシベリア鉄道がつながっている。一方の日本は魚雷を手にしており、山車の形の軍艦が後ろに控えている。日露戦争の火蓋を切った日本海軍によるロシア旅順艦隊に対する奇襲攻撃では、当時まだ新しい兵器であった魚雷が用いられた。ちょん髷の品のない日本人の姿には、フランス流の日本人のステレオタイプが見受けられる。

国の歴史家で、『ローズヴェルトと日露戦争』の著者タイラー・デンネットは、日露戦争当時の国際関係に触れてこう書いた。「ロシアの背後には、同盟国のフランスとロシアを煽動するドイツがあった。日本の背後には、大英帝国があった。その中国における商業上の利害や太平洋地域における平和に対する懸念は、アメリカと似通っていた」〔Dennett,143〕。しかし、前にも述べたようにこの二陣営は、両大戦期や冷戦期の東西ブロックのようなはっきりとした敵対的な関係を持つものではなく、それぞれ陣営を超えて緊密な外交ネットワークで結び付いていた。そうしてそれぞれの国々は、自国の利害に沿う形で関心を持ちながらこの戦争を「観客」として見ていたのである。西洋の世論も、それほど硬直化したものとは言えないが、大まかに言えばこれらの陣営に対応して二つのタイプに分かれていた。第一は、日本を支持しロシアに敵対する世論であり、英米の報道に多く見られた。第二のタイプは、英米の逆で、ロシアを支持し日本に敵対する世論でフランスと、一辺倒ではないもののドイツなどに見られた。

それでは、この時期の諷刺画家はどうであったろうか。実は彼らの多くは、国の如何に関わりなく、かなり反ロシア的である。一九〇四年九月号の『レヴュー・オヴ・レヴューズ』誌はこう指摘している。「奇妙なことのように思えるかもしれないが、世界中の諷刺画家は今やほとんど満場一致でロシアに対して敵意を持っているようである。ちょうど南アフリカでの戦争中にイギリスに対してそうであったように」〔Vol. 30, 242〕。これはいささか誇張もあるようで、フランスの諷刺画家はロシアびいきの諷刺画も描いている。しかし、全体的に日本びいきの傾向が強かったことは言えると思われる。

図2-12は開戦直後に発表されたと思われるイタリアの諷刺画で、日露戦争が動物を主人公とした寓話として描かれている。そのなかで捨て猫の日本は、「保護者を多数見つけてみせる」と述べており、ロシアより日本支持が集まりそうなことを暗示している。

ところで、それぞれの国が公然とあるいは非公然にどちらかを支持したとしても、これらの国々が（韓国を除き）公式には中立の立場を取ったことも明記しておかなければならない。戦闘開始と同時に各国が直面した問題は、中立の問題である。先にも述べたようにこの時代は、国家が戦争に訴える自由を有する無差別戦争観の時代であり、そのことは翻って永世中立国を除けば、各国が戦争に加わるか中立を維持するかを決めることを意味した。つまり、日露戦争においては、日露以外の国々には、戦争に参加して交戦国になるか、中立の地位に立ち中

子猫と熊の戦争

図2－12　「深刻な寓話、戦争する子猫と熊」

Capt. :「勇気のある子猫は熊の到着を待っていました。長い道のりに疲れ果てて。子猫は熊を見つけるや否や、その背中に跳びかかって言いました。『韓国領は僕の家だ。ちょっと歩いても、満州の壁はきっとお前を埋めてしまうよ。僕は哀れな子猫に過ぎないけど、本物の保護者をたくさん見つけてみせるよ。お前、力持ちの熊！　お前の決意は撃退され、まやかしの約束をされるだけだよ』」

出典：'Serious Fable, the Kitten and the Bear in War,' *Il Papagallo,* n.d., rpt. in *Review of Reviews*, Vol. 29 (Mar. 1904), p. 218. 原典『パパガッロ』（イタリア）

◆熊（ロシア）に子猫（日本）が跳びかかっている。「満州」「韓国」と記された壁は不安定で崩れ落ちそうである。ストーリーはキャプションに書かれた通りである。

立国になるか、基本的には二通りの選択しかなかった（一月に中立宣言をしながらも戦争勃発後間もなく日韓議定書の調印を余儀なくされ、日本の事実上の同盟国となった韓国は別である）。そこで日露以外の国々は、中立宣言をするなどして中立国になったが、中立国は交戦国に対して一定の義務を負った。交戦国のどちらかあるいは双方に援助を与えてはならないという義務（回避義務）、自国の領域が戦争遂行に利用されることを防止する義務（防止義務。先の回避義務と合わせて公平義務とも言う）、中立国民が不利益を被ることを一定範囲で黙認しなければならない黙認義務である。そのような義務の履行と解釈をめぐっても、各国はこの後、鎬を削ることになる。そのことは諷刺画家も再三取り上げ、戦時中立の問題は諷刺画のテーマの一つとなって行く。

次にはそれぞれの国の日本支持あるいはロシア支持の世論を諷刺画とともに見て行く。

3　同盟国イギリスの日本に対する支持

日露戦争期のイギリスの世論は、大勢としては日本支持であった。その理由の第一は、言うまでもなく、日本がイギリスの同盟国であったことである。第二の理由としては、両国が互いに島国の立憲君主制の国である類似性から来る親近感があり、さらには小国への判官びいきも理由としてあげられる。

イギリス世論が日本びいきであったように、イギリスの諷刺画家の多くは日本びいきの画を発表した。なかでも『パンチ』誌は戦争の節目節目で、日本を鼓舞したり日本の勝利を称える諷刺画を掲載し続けた。しかし、同時に日露戦争は大半のイギリス国民にとっては遠い世界の向こう側の戦争でもあった。そのことを示していると思われるのが、次の**図２‐13**である。これは、この頃のイギリスを代表する諷刺漫画家の一人Ｆ・Ｃ・グールド

イギリスと日露開戦

図2 - 13　「東方を眺めて」

出典：F. C. Gould, 'Looking Eastward,' *Westminster Gazette*, 11 Feb. 1904, rpt. in *Review of Reviews*, Vol. 29 (Mar. 1904), p. 207. 原典『ウェストミンスター・ガゼット』（イギリス）
作者：Ｆ・Ｃ・グールド
◆崖に立つライオン（イギリス）は、海の先の争いを遠くから眺めている。イギリスにとっては、遠く離れた極東の日露戦争は、ある意味では対岸の火事である。しかし、ライオンは、紛争を注視しているようにも見受けられる。

図2 - 14 タイトル不詳

Capt.：ロシアからジョンブルへ「あなたは理論のため。私は行動のため！」
出典：Leipzigher [pres.], cartoon, *Detroit Evening News*, n.d., rpt. in *Review of Reviews*, Vol. 29 (Jan. 1904), p. xviii. 原典『デトロイト・イヴニング・ニュース』(アメリカ)
作者：ライプツィッガー［推定］
◆小銃を手にしたロシア軍人（右）は、満州で「中国貿易」と記された荷物を山にして抱えている。中国貿易の独占を実施しているのである。一方、右側のジョンブル（イギリス）は、左手に「チェンバレン演説」を持ちながら、新聞閲覧台に向かって頭を悩ませている。置かれた新聞には、「貿易を維持・増進させるのは保護主義か自由貿易か」と書かれており、台の下の書物にはイギリスの政治家で経済学者でもあり、自由貿易を唱道した「コブデン」の名前が記されている。またその隣には保護主義を象徴する「関税」と書かれた書物も置かれている。なお「チェンバレン演説」にあるチェンバレンは、1903年に自治領・植民地からの穀物輸入の特恵関税の問題をめぐって大臣の職を辞した、ジョセフ・チェンバレン元植民相のこと。Ｊ・チェンバレンはもともとは自由貿易主義者であったが、1903年に自由貿易主義を放棄し、大臣辞職後、バルフォア内閣の貿易政策を批判し続け、1906年選挙でバルフォアの統一党（保守党）を惨敗させ、自由党の地滑り的な勝利を生んだ。

の作品である。もっとも後の十月のドッガー・バンク事件では、イギリス世論は「当事者」としてロシアに対して激昂する。

また先にも触れたように、満州貿易を独占しようとするロシアの動きは、イギリスにとっても看過できない問題であった。そのような対外的な貿易問題を抱える一方で、この頃のイギリスでは国内でも自由貿易か保護貿易かという貿易問題をめぐる大論争が展開されていた。**図2-14**はアメリカの諷刺画ではあるが、そのような事情を伝えている。イギリスが論争にふけっているのに対して、ロシアはそのような理論にはお構いなく行動によって中国貿易から利益を得ているというのである。

イギリスの同盟国日本に対する支持は当然ではあったが、先の代理戦争観にも見られたようにイギリスがロシアとの戦いに日本を嗾けたという見方も大陸ヨーロッパを中心に根強くあり、それはアメリカにさえあった。そのことを如実に表わしているのが、アメリカの諷刺画**図2-15**である。

日英の盗み

図2-15「狡猾なペテン師」

出典：'The Artful Dodger,' *New York World*, 10 Feb. 1904.『ニューヨーク・ワールド』（アメリカ）
◆ジョンブルに小脇に抱えられた子供の日本が、ロシアのポケットから「韓国」をこっそりと盗もうとしている。イギリスが日本に盗みをさせているようにも見える。タイトルの「狡猾なペテン師」は日本というよりもイギリスを指すのかもしれない。

4　アメリカの日本支持

図2-16は開戦前のもので、ロシアを張り子の虎ならぬ星座の熊に擬している。作者のジョン・T・マカッチャンは、ピューリツァー賞も受賞したアメリカの著名な諷刺漫画家である。開戦前に日本の勝利は楽観視できなかったが、ロシア恐るるに足らぬと日本を鼓舞しているようにも見える。アメリカでは開戦となった場合、緒戦において日本側が勝利し、海軍でも日本に利があるという観察もあった〔山沢、一二四五頁〕が、一般には日本の方が弱いと見られていた。

アメリカの世論は、日露戦争の期間、おおむね親日的であり、とくに戦争の初期の段階ではその傾向が強かった。その理由をアメリカの外交史家トーマス・A・ベイリーは、こう説明している。開戦後、「アメリカ人の同情は、ただちに日本へ寄せられた。日本人は被保護者で、不利な側（アン

――――星座の熊　ロシア――――

ダードッグ）であるのみならず、門戸開放を支持していると思えた」と。ここには、アンダードッグへの同情、保護者的感情、さらに日本が門戸開放のために戦っていることに対する米国の共感という三つの理由が、簡潔に示されている〔Bailey, 517-18〕。

アンダードッグへの同情と保護者的感情は、**図２‐17**のロシアのセリフに見てとれる。ロシアは言う。「大きすぎるのが最悪っていうのはこういうことなんだな――小さい奴にばかり同情が集まる」と。

ところで、三番目の親日要因である門戸開放について述べれば、この頃、アメリカは西洋列強のなかでは唯一、清国に勢力範囲を持たなかったが、門戸開放・機会均等を対清外交政策の基本として、経済的な浸透を図っていた。この政策は、一八九九年と一九〇〇年の二度にわたって、ヘイ国務長官が中国における商業機会の均等（後に経済的機会も含む）と中国の独立と領土保

図2‐16　タイトル不詳

Capt.：日本からおおぐま座に「キラキラ星よ、小さな星よ。いったい何をたくらんでいるのかなぁ」

出典：John T. McCutcheon, cartoon, *Chicago Tribune*, 6 Jan. 1904, rpt. in *Review of Reviews*, Vol. 29 (Mar. 1904), p. xii. 原典『シカゴ・トリビューン』（アメリカ）

作者：ジョン・T・マカッチャン

◆日露戦争直前のアメリカの日本に対する同情を如実に示す諷刺画で、さまざまな工夫がこらされている。まずはコサック帽をかぶった巨大な熊（ロシア）であるが、日本が「キラキラ星よ、小さな星よ」と唄っているように大きく見えてもただの星座なのである。つまり日本流に言えば、張り子の虎である。熊の尻尾を見ると、北斗七星である。星座のおおぐま座は、北斗七星を含んで、全体で大熊の格好をしている。キャプションを読まなくても、この画の熊がおおぐま座の熊であることが分かる。また北斗七星の位置から画の左上が北となることが分かり、方位もおよそ正しい。朝鮮半島を挟んで、ロシアが熊で、日本が軍人として描かれている。富士山が槍ヶ岳のように尖っているが、これは剣のような鋭さを表わしているとも言えよう。キャプションは「キラキラ星」の替え歌になっているが、この画には「転がれ転がれ、小さな熊よ」というキャプションのものもある。

―― 判官びいき　小国日本への応援 ――

図2 - 17 タイトル不詳

Capt. : ロシア「大きすぎるのが最悪っていうのはこういうことなんだな――小さい奴にばかり同情が集まる」
出典：Ralf Wilder, *Chicago Record Herald*, n.d., rpt. in 'Miscellaneous Cartoons,' *Review of Reviews*, Vol. 29 (Mar. 1904), p. xii. 原典『シカゴ・レコード・ヘラルド』(アメリカ)
作者：ラルフ・ワイルダー
◆満州に居座ったロシア兵が、火薬と記されている小樽に腰を下ろして、小国日本に対する同情を嘆いている。ロシアの占領地域が釘で示されていて、少し韓国北部に入り込んでいるところも見逃せない。

全を、列強各国に通牒として送付する形で示された。前にも述べたように当時の中国は、列強による利権争奪の場と化しており、アメリカだけがこの勢力範囲確保の競争に乗り遅れていたが、アメリカにとって中国の市場としての魅力は大きかった。門戸開放政策は、このようなアメリカの実情を反映したものであった。まず、商業機会の均等では、勢力範囲は認めながら、各地域における通商・航海上の各国間の平等を求めた。また、中国の独立と領土保全の主張は、各国の勢力範囲が公式の植民地へと発展し、ひいては中国が分割されることを阻止するという意図を持っていた。もともとは中国の分割を阻止したいイギリスがアメリカに働きかけたものとも言われるが、とにもかくにもこの政策は、各国のなにがしかの同意（あるいはあからさまに反対しないという意味での消極的な同意）を確保し、列強間の中国政策のフレームワークとなった。この政策は実質的な拘束力は持たなかったが、重要なことは、この政策が極東における英米協調の元となり、さらに米国内で一般的な支持を獲得し、「アメリカの外交行為に高次の道徳的な趣きを与えた」ことである〔松田、六二〜六三頁。Bailey, 480-84〕。そのようなアメリカにとって、ロシアの満州占領は門戸開放政策への挑戦であった。そこでアメリカは中立を表明しながらも、門戸開放政策を支持する日本を暗黙の内に支持していた。

ところで開戦の前年の一九〇三年十月八日に、アメリカは門戸開放政策を具体化したと言える米清通商条約を調印している。アメリカは清国と粘り強く交渉し、恫喝も交えてこの条約の調印に成功した。批准はアメリカでは十一月、清国では翌年の一月になされた。この条約によって中国における通商などの経済権益の確保に成功したアメリカは、門戸開放の立場を強化したと考えられた。次の『ニューヨーク・タイムズ』紙の**図２‐18**は、そのような事情を反映したもので、熊のロシア兵が前よりもアンクルサムが大きく見えると言うのは、そのためである。**図２‐19**は、イギリスの諷刺画で、まさにこの米清通商条約の批准を受けての米露間の対立を表わしている。アメリカの諷刺画（**図２‐20**）では、大きな嘴をもった「アメリカ鷲」が、「米清通商条約」という名称の巣と卵を守っている。巣のなかには「アメリカの利害」「アメリカの権利」「アメリカの通商」という三つの卵がある。鷲に恐れをなしたのか、熊は未練がましく後ろに目をやりながら森に帰って行こうとしている。現状を考えれば、いささか希望的観測を含んでいる。

ロシア側はこの条約に憤慨したが、条約調印を境にしてアメリカは対ロシア政策を軟化させる。日露の均衡をはかりながら、自国の権益擁護に政策の舵を切ったとも言われている〔山沢、二四二頁〕。実際、満州市場への進出という意味で、もっともこの時期成功したと言われるのはアメリカである〔木谷、二二三頁〕。

前にも述べたように、アメリカは門戸開放へのロシアの挑戦を武力に訴えてまで阻止しようとは思っておらず、むしろ**図２‐21**が示すように、戦争に巻き込まれないように抜け目なく用心していたと言える。また、**図２‐22**

図2 - 18 タイトルなし

Capt.：ロシア「おや、あいつも前にはあれほど大きくは見えなかったが」
出典：F. T. Richards, cartoon, *New York Times*, 24 Jan. 1904, p. 2. 日曜版『ニューヨーク・タイムズ』紙（アメリカ）
作者：F・T・リチャーズ
◆この画では、「開かれたドア」とドアに掲げられていて、そのドアが閉まらないように巻かれたマットのようなものが挟まれ、それには「米中条約」（米清通商条約のこと）と書かれている。アンクルサムは、木を削って棍棒を作っている。棍棒が出てくるのは、言うまでもなく、古い諺であり、セオドア・ローズヴェルト大統領の信条でもあった「大きな棍棒を携え、柔らかく話せ、そうすればもっと前に進める」から来ている。画の左隅で三度笠をかぶった日本は、遠くからこの光景を指さしながら、隣の人物（イギリスであろう）と話をしている。

図2‐20　「極東でのアメリカの態度」

出典：'The American Attitude in the Far East,' *Minneapolis Times*, n.d., rpt. in *Review of Reviews*, Vol. 29 (Mar. 1904), p. 210. 原典『ミネアポリス・タイムズ』（アメリカ）

図2‐19　「橋が上がることはないだろう」

Capt.：
ロシア占領軍兵士（黙認されての）「おい、そこの！　吊り上げ橋を上げたいんだ」
アンクルサム「すまんが、ちょうど橋に座る許可を所有者から得たばかりでしてね」
出典：Bernard Partridge, 'Not to Be Drawn,' *Punch, or the London Charivari*, Vol. 126 (20 Jan. 1904), p. 39.『パンチ、あるいはロンドン・シャリヴァリ』（イギリス）
作者：バーナード・パートリッジ
◆満州と書かれた城砦の門に立つロシア兵が、アンクルサムに城砦に渡るための吊り上げ橋を上げたいのでどくように命じているが、アンクルサムは婉曲的に拒絶している。この画に付随している解説が明らかにしているように、ロシアの強力な反対にもかかわらず、清国皇帝はアメリカとの通商条約を批准した。この条約により、アメリカは幾つかの満州の都市において貿易が可能となる。アンクルサムの左手の脇には、「米清通商条約」と書かれた積み荷があり、満州に運ばれようとしている。ロシアはそれを阻止したいのである。

図2 - 21 タイトル不詳

Capt. : アンクルサム「少なくとも、少しは用心をしておくにこしたことはない」
出典 : Maybell, cartoon, *Brooklyn Eagle*, n.d., rpt. in Everett, *Exciting Experiences in the Russo-Japanese War*, p. 31. 原典『ブルックリン・イーグル』(アメリカ)
作者 : メイベル
◆左で「日露の紛糾」という火の手が上がっているので、アンクルサムが「アジアにおけるアメリカの利害」という屋根に上って、火が燃え移らないように用心に水をまいている。水の中身は「軍艦と海兵隊」である。「日露の紛糾」とあるので、時期的には戦争勃発前か、直後の諷刺画であろう。

図2－23 タイトルなし

Capt. ：アンクルサム「彼らは私の平和のための努力に何ら注意を払わなかったようだ」
出典：Cartoon, *New York Times*, 14 Feb. 1904, p. 23. 日曜版『ニューヨーク・タイムズ』紙（アメリカ）
◆画の左上では、日本とロシアが中国を踏みつけて、取っ組み合いをしている。日露開戦である。それを見ながらアンクルサムのアメリカは、たくさんの巻物を抱えながら、キャプションのように嘆いている。足元に落ちている巻物は「外交」であり、外交努力が不成功に終わったことを示唆している。他にアメリカが抱えている巻物は、「仲裁」「通商利害」「門戸開放外交」「条約」「門戸開放討議」「外交」といったものである。

図2－22 タイトル不詳

出典：Bartholomew [pres.], *Minneapolis Journal*, n.d., rpt. in 'A Satirical American View of the necessity of the Open Door … ,' *Review of Reviews*, Vol. 29 (Feb. 1904), p. 138. 原典『ミネアポリス・ジャーナル』（アメリカ）

作者：バーソロミュー［推定］
◆アメリカの対中国政策の基本である門戸開放政策を確固たるものとしたのが、米清通商条約であり、画のなかではドアを開けておくための戸押えに「条約」と記されている。部屋のなかには「戦争」の空気が充満している。アンクルサムのアメリカは、その開かれた門戸から逃げ出そうとしている。門戸開放政策で開かれたドアが、アメリカが戦争に巻き込まれないように逃げ出すためにも役立っているという諷刺である。

では、戦争が起きたらまっ先にアメリカが逃げ出すための開かれた門戸が描かれ、語呂合わせで「門戸開放」が皮肉られている。また、アメリカは戦争を商業的な機会とも位置付けていた。アメリカは日露の戦いを望んでいたとは言えないが、積極的な「平和のための努力」を払ったとも思えない。しかし、『ニューヨーク・タイムズ』紙の諷刺画（図２‐23）では、アンクルサムが「彼らは私の平和のための努力に何ら注意を払わなかったようだ」と嘆いている。

5　フランスのロシア支持

反露親日的な諷刺画が多いなかで異彩を放っていたのは、フランスの諷刺画である。図２‐24は、フランスを代表する諷刺画家カラン・ダッシュが『ル・フィガロ』紙に掲載したものである。キャプションに「本日デヴュー」とあるが、まさにこの画が掲載された二月八日の夜半に日露は本格的な戦闘を開始した。むろん、ダッシュは戦争の報を知る前に、日本のロシアに対する挑戦を「日本の危ないパーフォーマンス」として皮肉ったのである。画の中では、サムライ姿の恐らくは軽業師の日本が「最後通牒」と記された扇を持って、竹の一本橋を渡ろうとしている。対岸では大きな熊のロシアが待っている。熊が少し足を動かすだけで、橋もろとも日本は転落しそうである。

ロシアと同盟関係にあり、金融面でロシアを支えていたフランスは、当然ロシアを支持し、世論の大半は日本に対して敵対的であった。たとえばフランスの新聞は、宣戦布告前の日本の夜襲を「蛮行」と見なし、国際法違反と非難した。また黄色人種の連合の脅威である「黄禍」論を、フランスの新聞・雑誌は戦前から戦中に熱心に

――――― ロシア優位　日本危うし ―――――

図2－24 「向こうでは」

Capt. :「恐ろしい竿――日本の危ないパーフォーマンス（本日デヴュー）」
出典：Caran d'Ache, 'La-bas,' cartoon, *Le Figaro*, 8 Feb. 1904, p. 3.『ル・フィガロ』（フランス）

説いた。

　諷刺画の世界でも、日露双方を諧謔の対象としながらも、どちらかと言えばロシア寄りのものが多い。開戦後もカラン・ダッシュは、幾つかの日露戦争を題材とした諷刺画を発表し、日本を好戦的に描いている。図２‐25は、そのなかでも最たるもので、日本はなんと終いには「全宇宙」の支配者とされる。この六コマ漫画では、日本人のステレオタイプである曲芸師・奇術師が登場する。挨拶に始まり、種も仕掛けもありませんと手を見せながら、次々と軍艦が登場する。さまざまな軍旗を掲げた軍艦が花飾りのように現われる。次には勝利のシャボン玉と月桂冠が示される。最後の「最大の見物」では、地球ばかりでなく宇宙の星々に日章旗が掲げられている。曲芸師・奇術師は「全宇宙は私のもの……それ以外も私のもの！」と叫び、日本の宇宙征服までも示唆している。図２‐26も、カラン・ダッシュの筆になるもので、八個のおもちゃ箱があり、各国がそれぞれ独自の反応を見せる。好戦的な日本と、日本を抑え込みたいロシア。戦争をビジネスの好機ととらえるイギリスとアメリカ。風向きを見る中国。最後のドイツの箱だけが不気味な沈黙を保っていることはフランスらしい。図２‐27も開戦直後のものであるが、ミカドが地球を鷲掴みにしている。ミカドの世界征服と言えば大げさかもしれないが、そのような日本の野望を示唆している。図２‐28では、威勢の良い日本に、老女神エウロペが困惑している。戦争初期の段階で、ユーモアも込めてであるが誇張された日本脅威論がこれだけ現われたことは他にはなく、フランスに特徴的なことである。

　このように日本の力や野望が過大に誇張されて伝えられる一方で、緒戦での日本の勝利にもかかわらずロシアの優位を指摘したり、ロシアに声援を送るような諷刺画も描かれた。図２‐29は、シャンペンの栓によるロシアの逆襲を描いたものである。図２‐30は、戦うしかないロシアの状況を描き、タイトルからするとロシアにエールを送っていると言えよう。図２‐31は、日露の兵士が戦うことが少し前までは信じられないことであったことを示している。タイトルと画からは、日本兵の方が弱そうである。図２‐32では、緒戦の勝利があったにもかか

―― 日本のヨーロッパ・世界・宇宙征服？　好戦的な日本 ――

図2 - 25　「曲芸師・奇術師」

Capt.（抄）: みなさまにご挨拶申し上げます。／何もありませんよ。ポケットにも。種も仕掛けもありません。／１，２，３。はい、花束みたいに獲得した戦艦が手に現われます。／これは色々な国の戦艦からなった飾りです。見えないポケットに入ります。／はいご覧の通り！　無数の勝利が生まれて、虹色のシャボン玉になって浮かんでいます。勝利の月桂冠も出てきますよ。／バーンバン！　さて最大の見物。全宇宙は私のもの……それ以外も私のもの！

出典 : Caran d'Ache, 'Jongleur-prestidigitateur,' cartoon, *Le Figaro*, 15 Feb. 1904, p. 3.『ル・フィガロ』(フランス)

作者 : カラン・ダッシュ

◆日本の曲芸は、明治以降、大道芸や一座としてヨーロッパにも紹介されて人気を博した。また歌舞伎にも取り入れられている。なかでも、あおむけに寝て、足で樽や盥などを回す足芸は、日露戦争期の諷刺画でも多く取り上げられている。曲芸師、あるいは軽業師も、この頃の日本人のステレオタイプの一つである。

図2 - 26 「恐るべき玩具」

Capt.（抄）:

（日本軍人の箱）「一方は『どかん、どかん』と日本語で言っている」

（ロシア熊の箱）「他方は『そいつを閉めてくれ』と答えている」

（ジョンブルの箱）「戦争、それはビジネス！」

（アンクルサムの箱）「それに、お得なビジネスだと思う」

（中国人の箱）「まず、風向きはどうかな」

出典 : Caran d'Ache, 'Les jouets terribles,' cartoon, *Le Figaro*, 22 Feb. 1904, p. 3.『ル・フィガロ』（フランス）

作者 : カラン・ダッシュ

図2 - 27 タイトルなし

出典：Adaramakaro, back cover, *L'Assiette au Beurre*, No. 151 (20 Feb. 1904), p. 2536.『アシエット・オ・ブール』(フランス)
作者：アダラマカロ

図2 - 28 「日本にて」

Capt. : **年老いたエウロペ「まあ、何てことでしょう、日本人の紳士の皆さん、どうしてこんなに欲しがるようになったんですか？　皆さんはまさか毎朝、何杯もオクシジュネ・キュゼニエを飲んでいるのですか」**
出典 : Henriot [pres.], ‘Au Japon,’ cartoon, *Le Journal amusant*, No. 244 (27 Feb. 1904), p. 4.『ル・ジュルナル・アミュザン』(フランス)
作者 : アンリオ［推定］
◆キャプションにあるオクシジュネ・キュゼニエはリキュールの一種。日本の男たちが、酒の勢いで老女神エウロペ（ヨーロッパ）に乱暴狼藉をはたらきかねないという意味合いがある。

――――― ロシアの逆襲と優位、日本への妥協の勧め ―――――

図2 - 29 「『瓶詰め』」

Capt. ：ロシア人「あ、お前、栓を縛るのを忘れたな」
出典：Lourdey, 'La «Mise en Bouteilles»,' cartoon, in 'Les Dialogues de la Semaine,' *La Presse*, 1 Mar. 1904, p. 3.『ラ・プレス』（フランス）
作者：ルルディ
◆日本兵がシャンパンの栓を針金で縛っておくことを忘れたので、コルク栓が飛び出して日本兵にぶつかっている。

図2 - 30 「我々の友ロシア人のために」

Capt. ：「誰も平和の声を聞きたがらないのだから、賽は投げられたということだ。前進！」
出典：Ladislas Loevy, 'Pour nos amis les Russes,' cartoon, *La Presse*, 19 Feb. 1904, p. 3.『ラ・プレス』（フランス）
作者：ラディラ・レーヴィ
◆「賽は投げられた」というのは、よく知られているように、カエサル（シーザー）がルビコン川を渡る時に言ったとされるフレーズであり、事ここに至っては断行するしかないという意味である。ロシアも戦うしかないという状況を示していると言えようか。

図2 - 31 「ドン河のコサック騎兵と半分ミカド兵」

Capt. :「なあ、お前さん。1900年のパリのトロカデロの小さなカフェの中で私たちが隣り合っていたとしたら、誰が一体こんなことを想像しただろうね」
出典：Luc, 'Cosaque du Don et soldat Demi-kado,' cartoon, *Le Journal amusant*, No. 244 (27 Feb. 1904), p. 7.『ル・ジュルナル・アミュザン』(フランス)
作者：リュック
◆タイトルでミカドの兵士（soldat de Mikado）と言うべきところを、わざと（Demi-kado）として、半分（demi）で中途半端であることを示している。日本人がサムライ姿であるところにも、フランス流のステレオタイプが反映していると言えよう。

— Attention, Zoé, ça doit être un Russe ; fais des concessions, ou il ne marchera pas !

図2 - 32 「日本」

Capt. :「気をつけなさいよ、ゾーイ、ロシア人に違いない。譲歩してやりなさいよ、でなきゃ同意しちゃくれないよ」

出典：C. Léandre, ‘Le Japon,’ cartoon, *Le Journal amusant*, No. 244 (27 Feb. 1904), p. 8.『ル・ジュルナル・アミュザン』(フランス)

作者：C・レアンドル

◆店の売り子のゾーイに後ろのお婆さんがアドバイスをしている。ロシア人はまけないと話に乗らないというのである。ロシア人への対処法を示している。日本に譲歩を促していると解釈すべきであろう。売り子は着物を着ているが名前はゾーイで、後ろでアドバイスをしているお婆さんは西洋人の顔をしているのでイギリスと思われる。

ロシアの真の盟友とは？

Encore le plus fidèle des alliés des Russes
Le général Hiver!

図2－33　タイトルなし

Capt.：「ただし、最も忠実なロシア人の盟友がいる——冬将軍だ！」
出典：Henriot, cartoon, in ‘Revue Comique,’ *La Croix*, 28 Feb. 1904, p. 4.
『ラ・クロワ』(フランス)
作者：アンリオ
◆盟友（allié）と訳したが、同盟国・連合国という意味もある。ロシアには最後には「冬将軍」という盟友のなかでも最も忠実な盟友がいることを示している。

EN MANDCHOURIE
Un allié puissant pour les Russes :
« Le général Hiver attendant tranquillement les Japonais. »

図2－34　「満州にて」

Capt.：ロシア人にとっての強力な盟友「静かに日本人を待つ冬将軍」
出典：Henriot, ‘En Mandchourie,’ cartoon, in ‘Échos,’ *Le Journal amusant*, No. 245 (5 Mar. 1904), p. 8.『ル・ジュルナル・アミュザン』（フランス）
作者：アンリオ
◆ナポレオンも破ったとされるロシアの「冬将軍」が、強力な盟友として日本を待っているというのである。

わらず、日本にイギリスが譲歩を勧める様子が描かれている。

図2-33・34の二点は同一の作者によるもので、かつてロシアに攻め込んで敗退したフランスならではの実感のこもった諷刺画である。フランスという同盟国がありながら別の「盟友」をフランスの諷刺画家が挙げていることは、そこまで意図したかどうかは別としても、それ自体皮肉であるとも言えるだろう。

6　ドイツの二面性

図2-35は、ドイツを代表する諷刺漫画雑誌『クラデラダーチェ』に掲載されたもので、真ん中にいるのは二面をもったドイツ帝国宰相フォン・ビューローである。傷つき怪我をしたロシア（左）には悲しみの表情を、無傷で勝ち誇った日本（右）には喜びの表情を示している。日露戦争においてドイツは表面上は「厳正中立」の立場をとったが、水面下では様々な動きをし、ある意味ではどちらにもいい顔をしていたが、そのことをこの画は如実に示している。

ドイツにとって日露戦争は、おそらくどのように進展したとしても「望ましい戦争」であったろう。普仏（独仏）戦争に敗れて領土の一部を失い対独復讐心を抱いていたフランスと、その同盟国ロシアに挟まれたドイツにとって、ロシアが極東での戦争に忙殺されることは、ヨーロッパにおけるロシアの脅威を相対的に減ずるという意味で歓迎すべきことであった。

このような事情をロシア側から見て、コサック兵の迷いとして描いたのが、フランスの諷刺画（**図2-36**）である。コサック兵は、鴨緑江流域にいるべきか、ライン河流域にいるべきか、迷っている。フランスとしては、

ドイツの二面性

図2－35「ドイツの哀悼 歓喜」

Capt.：「ドイツ帝国宰相の推奨する厳正中立の模範」
出典：'Deutschlands Trauer Freude,' *Kladderadatsch*, Vol. 57, No. 21 (22 May 1904), p. 294; 'Germany's Sorrow with Russia / Joy with Japan,' *Kladderadatsch*, n.d., rpt. in *Review of Reviews*, Vol. 29 (June 1904), p. 546.『クラデラダーチェ』（ドイツ）

コサック兵の行き場　東か西か？

図2－36 「コサック兵の熟慮」

Capt.：「鴨緑江流域にいるのと、ライン河流域にいるのとでは、どちらがいいだろうか」
出典：Tiret-Bognet [pres.], 'Réflexion cosaque,' cartoon, *La Caricature*, Vol. 25, No. 1264 (19 Mar. 1904), p. 93.
『ラ・カリカテュール』（フランス）
作者：ティレ－ボニェ［推定］

ロシアの対ドイツ防衛が手薄になることはもちろん望ましいことではない。

また、黄色人種の勃興が西洋に害を及ぼすという「黄禍」論を喧伝していたドイツ皇帝ヴィルヘルム二世にとっては、アジア勢力の日本とロシアとの戦いは、「黄禍」対白人国家の戦いでもあった。カイザーはこのような「黄禍」論を用いて従兄弟であるニコライ二世を教唆し、ロシアを極東での冒険に駆り立てようとした。ロシア側もカイザーの意図は承知していたので、そのような教唆の影響を過大評価はできないが、戦闘でロシアの敗北が続くと、そのつど同情の言葉の裏で、たとえば独露通商協定を有利な形で改定するなどドイツはロシアの敗北を利用した。

ドイツ政府は中立の立場を取りながらも、どちらかと言えばロシア寄りであった。そのような姿勢は、たとえばバルチック艦隊への給炭におけるドイツの協力などにも表われている。しかし、ドイツの世論が一方的にロシア支持であったかというとそうでもない。『レヴュー・オヴ・レヴューズ』誌（一九〇四年二月号）は、開戦前か後かどちらの時期を指してかは分からないものの、ドイツの新聞にはロシアに対する支持はそれほど多くないと指摘している〔Vol. 29, 115〕。

実際には、ドイツでは議会第二党である社会民主党が日本を支持し、日露戦争をめぐる世論は分裂していた。ドイツ社会民主党の党首ベーベルは、カイザーが中立義務に違反してロシアを支持していると非難した上で、「私の考えでは、ドイツの同情はロシアの側よりもはるかに日本の側にある」と述べた〔*New York Times*, 10 May 1904.〕。ベーベルの発言には、幾分誇張もあるかもしれないが、『ニューヨーク・タイムズ』は一九〇四年五月に、ドイツの世論について、「農民、ユンカー層はロシアびいきである。自由主義者、社会主義者は、日本びいきであるに違いない」と述べ、「ドイツの人々は日本に同情しているが、政府はロシアに同情している」と分析している〔11 May 1904.〕。

ドイツにとって日露戦争は「望ましい戦争」であったと言えるだろうが、誤算もあった。その典型は、日露開戦により英仏接近の動きが加速し、開戦二ヵ月後の一九〇四年四月に英仏協商がむすばれたことである。その点は後に触れる。

7　オーストラリアにおける初期の日本支持

イギリスの移住植民地として発展したオーストラリアは、一九〇一年にオーストラリア連邦を結成し国家体制を整えた。一方、この頃のオーストラリアはアジア人を始めとする有色人種を排斥する白豪主義を推進していた。白豪主義は、十九世紀半ばのゴールドラッシュによって人口が急増し、労働力が過剰となったことから、低賃金労働を厭わない中国人労働者が排斥されたことに由来する。これはあらゆる有色人種の締め出しへと進み、有色人種の入国・移住が禁止されるに至った。

そのような「国是」があり、地理的近接性から「黄禍」が懸念されたものの、オーストラリアでは**図2-37**が示すように開戦当初には黄色人種の国日本につく志願兵の申し込みが殺到した。また、**図2-38**では、大きな剣を手にした日本兵が、穴の中に落ちて身動きができないロシア人に警告を与えており、日本の脅威を示しているとも解釈できようが、時期的に見ると日本を支持していると考えられる。しかし、オーストラリアでは後に日本脅威論が高まる。

オーストラリアの日本支持

図2 - 37 「丁重に鼻であしらわれて」

Capt. :（左端の顔は、頬を染めている白豪［ホワイト・オーストラリア］である）
「おい、黄色がかった奴！　白い奴と戦うのを手伝うぜ」
「ありがとうございます！　『外国の方』の助けは要りません」
出典：'Properly Snubbed,' *New South Wales Bulletin*, n.d., rpt. in 'Miscellaneous Cartoons,' *Review of Reviews*, Vol. 29 (Mar. 1904), p. xiv. 原典『ニューサウスウェールズ・ブレティン』（オーストラリア）
◆右端にロシア人が剣を手にして立っており、その隣で刀を振るっているのが日本である。日本に向かってお辞儀をしているように見える三人は、オーストラリアの兵士らで日本側に付いて日露戦争に志願しようとしているのである。左上の顔は白豪主義のオーストラリアで、そのような事態に頬を染めている。この諷刺画には関連記事が付いており、『デイリー・ペーパー』紙によれば、駐オーストラリア日本代理総領事に対して、ボーア戦争に従軍したオーストラリアの士官や兵士、医療関係者、看護婦などから、手紙、電報、あるいは直接訪問するといった形で志願の申し出が殺到したということである。代理総領事の意見では、日本政府は申し出に感謝はするが、外国人の徴募をする気はないだろうということである。この画では、このようにオーストラリアの志願兵らが、黄色人種の側に付いて、白人側と戦うと申し出て、丁重に鼻であしらわれたことに、白豪主義を取っていたホワイト・オーストラリアは恥じ入って頬を染めているのである。実際に日露が開戦すると、オーストラリアのみならずアメリカからも、日本に志願兵の申し出はあったのだが、日本政府はこれを断っている。日露戦争に外国兵が志願した動機には、金銭的なものもあるが、日本側の「正義」に共感したという側面も否定できない。

図2－38 「大物食い（巨人の殺し屋）ことジャップ」

Capt.：ジャップ「さて、いいか、お前を穴の中にとらえたぞ。今から、首を取られないように気をつけろよ」
出典：'Jap the Giant-killer,' *Melbourne Punch*, n.d., rpt. in *Review of Reviews*, Vol. 29 (Mar. 1904), p. 221. 原典『メルボルン・パンチ』（オーストラリア）

8　社会主義者たちの反戦と日本支持

二十世紀初頭のこの時期には、欧米においては労働者が組織化され、社会主義政党が各国において影響力を発揮するようになっていた。たとえばドイツでは一八七五年に結成され九〇年に改称した社会民主党が、この日露戦争期には第二党となっており、労働者・社会主義者の国際組織である第二インターナショナルで主導的地位を占めるようになっていた。各国の反応とも関連するが、社会主義者たちの動きも見逃せない。

一八八九年に結成された第二インターナショナルは、一八九一年の大会で「戦争に対する戦争を！」というスローガンを採択しており、インター事務局は、日露戦争勃発の直前に、戦争が起きた場合には各国の社会主義者、特にフランス、イギリス、ドイツの社会主義者に、戦争の拡大を阻止し平和の維持に努めるよう声明を発した。戦争中に開かれたアムステルダム大会でも、同様の内容の決議がなされ、両交戦国の代表、日本の片山潜、ロシアのプレハーノフは大会議場で満場の拍手の中で握手をした。それは、第二インターの反戦平和の立場を象徴するような光景であったが、実際には社会主義者の多くは、日本を支持し、ロシアの敗北を願っていた。

次に掲げる諷刺画は、いずれもドイツのものである。**図２‐39**は、労働者系の雑誌『ヴァーレ・ヤコブ』に掲

社会主義者たち

図2‐39　「二つの世界」

出典：H.G.J., ‘Zwei Welten,’ *Wahre Jacob*, No. 496 (25 July 1905), p. 4759.『ヴァーレ・ヤコブ』（ドイツ）
作者：H. G. J.
◆上段では独仏の軍人たちが諍いをしている。左がフランス軍人、右がドイツ軍人である。一方で、下のホールでは、独仏を代表する社会主義者たちが、女性たちと楽しげにダンスに興じている。右でドイツ帝国の象徴である女神ゲルマーニアと踊っているのは、フランス社会党のジャン・ジョレスである。左で足を上げているフレンチカンカン娘と踊っているのは、ドイツ社会民主党の党首アウグスト・ベーベルである。

図2 - 40 「未来の国家における西暦2500年」

Capt. :「偉大な三人の大聖人に対する公然の崇拝」
出典 : ‘Anno 2500 im Zukunftsstaat,’ *Jugend*, No. 36 (25 Aug. 1904), p. 744; rpt. in *Review of Reviews*, Vol. 30 (Oct. 1904), p. vii.『ユーゲント』(ドイツ)
◆西暦2500年の社会主義国家では、マルクス（中央)、エンゲルス（左)、ベーベル（右）が、それぞれ聖人となっているという将来図である。宗教を民衆への阿片や麻薬と考えた共産主義者や社会主義者が、聖マルクスなどとされているところに皮肉が込められている。

図2 - 41 「ロシアの双頭の鷲」

Capt. :「内と外の敵の戦いにて」
出典 : ‘Der russische Doppeladler,’ *Wahre Jacob*, No. 485 (21 Feb. 1905), p. 4611.『ヴァーレ・ヤコブ』(ドイツ)
◆ロシアのロマノフ王朝の紋章である双頭の鷲が、内外の敵と戦う姿が描かれている。向かって左では、サンクト・ペテルブルクで人民を足で鷲掴みしている。右は東アジアで、旅順と名付けられた大きな羽が落ちている。鷲の両方の頭の間から、「社会主義」という太陽が昇り、王冠が宙に浮いている。

載されたもので、軍人たちの争いと対比して社会主義による平和な世界を表わしている。実際には、第一次世界大戦では、各国の社会主義者は戦争反対で連帯することはできず、それぞれの国々のナショナリズムに呑み込まれて行ったのであるが。**図２‐40**は同じドイツでも保守的な『ユーゲント』誌に掲載されたもので、宗教を批判したマルクス、エンゲルスなどが将来に社会主義聖人として崇拝されるとして、たっぷりと皮肉っている。このような個人崇拝は、実際にその後のソビエト連邦などで起こっている。その意味では予言的な画であったと言えよう。**図２‐41**は、ロシアにおける第一次革命期の社会主義の台頭を示している。この十数年後、ロシアではロマノフ王朝が倒れ、社会主義国家が誕生するのである。これも予言的と言えるが、ある意味では後に見るようにこういう諷刺画が積み重なって人々の意識に影響を与え、変革の要因を形作ったとも言えるだろう。その意味では、こういう諷刺画は、自己達成的な予言を示していると言えよう。

9　清国と中立問題

諷刺画「三匹の怪物」（**図２‐42**）では、日露以外の第三のプレイヤー、すなわち三匹目の怪物として清国が挙げられている。「日露戦争研究に役立つ地図」（キャプション）に登場していることからも分かるように、清国の存在は無視できない重要性を持っている。

日露戦争の陸戦は、そのほとんどが清国領の満州で戦われた。従って、清国政府あるいは満州の地方政府や現地の人々が日露のどちらかにつくことは、勝敗の帰趨を左右する重要な問題であった。また海戦においても、中国沿岸部の中国領水内の中立港にロシアの艦船が逃げ込み、しばしば中立法の適用をめぐって問題が起こった。

三匹目の怪物

LES TROIS MONSTRES, — par GEORGE-EDWARD

CARTE POUVANT SERVIR À L'ÉTUDE DE LA GUERRE RUSSO-JAPONAISE.

図2 - 42 「三匹の怪物」

Capt. :「日露戦争研究に役立つ地図」
出典 : George-Edward, 'Les trios monstres,' cartoon, *La Caricature*, Vol. 25, No. 1261 (27 Feb. 1904), p. 65.『ラ・カリカテュール』(フランス)
作者 : ジョージ - エドワード
◆三匹の怪物で極東の地図を描いている。上がロシアを示す熊、その下の巨人が清国で帽子が満州になっている。日本は不気味な顔をした魚である。諷刺の効いた地図に仕上がっている。作者名は英語読みでジョージ - エドワード。フランス語読みならエドワード（仏語エドワール）は Édouard になるので、英語読みとした。歴代のイギリス王の代表的な名前であるジョージとエドワードを用いたペンネームである。

実は日露戦争に先立つ時期に、ロシアと清国の間には、対日戦を想定した「密約」が存在しており、日本が中国（満州）、朝鮮、ロシアの東アジア領を侵略した場合には、共同防衛に当たることが取り決められていた。一八九六年に締結された別名李＝ロバノフ協定とも呼ばれるこの密約に従えば、日露開戦の場合、清国はロシアを助けて共同防衛を実行し、戦時には中国の港湾をロシア海軍に開放するといった義務があった。ただその推進者であり調印者でもあった李鴻章が一九〇一年に亡くなり、この秘密軍事同盟を定めた協定の効力は曖昧なままになっていた〔川島、歴読、一三〇頁〕。さらに清国がロシア側に付いて参戦すれば、日英同盟の規定に従ってイギリスが日本側に付いて参戦することを招来するので、これは清国にとってもまずあり得ない選択であった。

それでは清国が日本側について参戦する可能性はどうであったろうか。その点については、「黄禍」論の影響が見て取れる。日本政府は、清国が日本に付けば「黄禍」論を惹起すると考え、一九〇三年十二月三十日の閣議で、清国に中立を守らせるという決定をした。

このような決定の背景にある清国の中立と「黄禍」の問題を如実に示しているのが、**図2-43**である。日露の本格的な開戦後二日してから、二月十日にアメリカは中国中立化要請通牒を日本・ロシア・清国に発した。その二日後の二月十二日に、清国政府は中国全土の中立化宣言をし、日露「両国の友国である清国は、（国際的）中立諸法をまもるべきである」と宣明した〔山沢、二四二～四五頁〕。

次の**図2-44**は、アメリカの中国中立化要請を受けて発表されたと思われるもので、ヘイ国務長官が偉人に祭り上げられている。続く**図2-45**では、ヘイが中国での日露の争いをやめさせようとしているように見える。

それでは清国の厳正中立の中身はどのようなものであったろうか。この宣言により清国の臣民は、戦争に関わったり、参加してはならないことになったが、そのことは「満州に既得権益を有するロシアに不利に作用した」と川島真氏は分析している。人馬の移動にさえ清国側の施設を使えなくなり、中立が「ロシアの権益の縮小を実質的に意味していた」からである。清国官憲は、ロシア側と衝突を繰り返すようになったが、同じようなことは

図2 - 43 「日本とロシアにジンを警戒させよ！」

出典：Bartholomew [pres.], ‘Let Japan and Russia Beware the Gene,’ *Minneapolis Journal*, n.d., rpt. in *Review of Reviews*, Vol. 29 (Mar. 1904) p. 251. 原典『ミネアポリス・ジャーナル』（アメリカ）
作者：バーソロミュー［推定］
◆ジン（ジニーとも言う）は、イスラム神話に登場する霊鬼。瓶（中国）の栓（「中国の中立」と書かれている）が抜かれて、「黄禍」と言う名前の霊鬼が登場して、右側のロシアを驚かせている。左にいる日本は、「黄禍」をけしかけているようにも見えるが、タイトルでは両国にジンに対して警戒するように呼びかけている。

中国中立化要請とヘイ国務長官

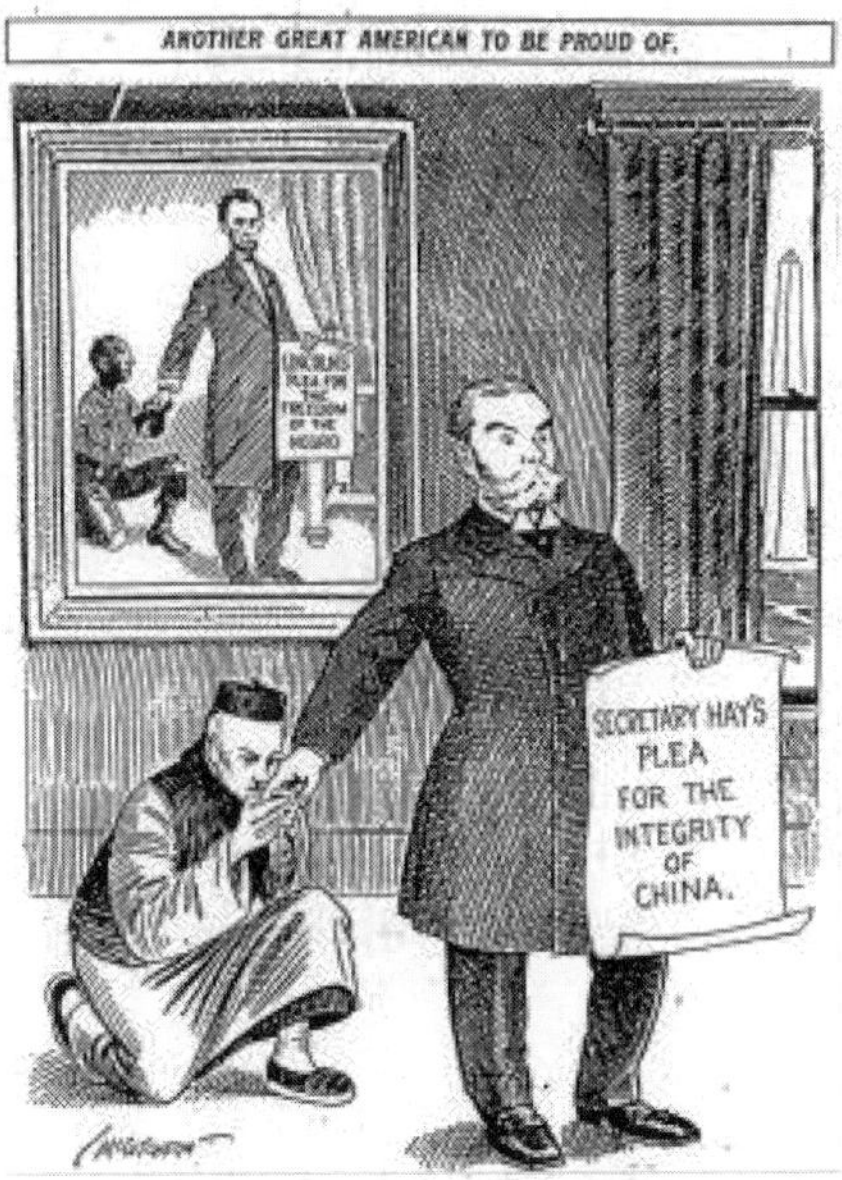

図２－44「誇るべきもう一人の偉大なアメリカ人」

出典：John T. McCutcheon, 'Another Great American to Be Proud of,' *Chicago Daily Tribune*, 12 Feb. 1904.『シカゴ・デイリー・トリビューン』（アメリカ）
作者：ジョン・T・マカッチャン
◆立っている人物はヘイ国務長官で「ヘイ長官の中国の保全要請」を手にしている。それに感謝して、中国人がヘイの左手を取って跪いている。画の左上の絵画ではリンカーンが「リンカーンの黒人の自由の要請」を手にし、黒人が跪いている。タイトルに「もう一人」とあるのはこのためである。

図２－45「中国の店で喧嘩をしてはならない」

出典：'Mustn't Scrap in the China Shop,' *New York World*, 13 Feb. 1904.『ニューヨーク・ワールド』（アメリカ）
◆中国の店で日露が立ち回りをくりひろげている。ヘイ国務長官（左）が止めに入っている様子である。

日本軍が満州を占領すると日本側とも起こる〔川島、歴読、一三一～一三二頁〕。

ところで先に述べた、自国領域が戦争遂行に利用されることを防止する中立国の義務からすれば、清国は満州を戦場にしないようにすることができたろうか。それはそもそも満州が事実上ロシアに軍事占領されているという事態から考えて、無理であろう。さらにアメリカの中国中立化要請通牒の内容では、清国の「行政的一体性の尊重」を日露に要請するとともに、「交戦地域があたうかぎり局地化され制限されることを希求する」として、交戦地域を狭めることを要請してはいるが、交戦地域そのものの存在を否定してはいない。

諷刺画の世界ではこのような状況をどのように描いていただろうか。**図２‐46**は、日露が戦った場合、その影響が清国や韓国に及ぶという予想を示している。

次に挙げる諷刺画は、中国とその中立をめぐるものである。**図２‐47**では、日本（左）とロシア（右）がそれぞれボクサーの姿で、リングの上に立っている。その間のリング中央では、「中立」という椅子に座って大人《たいじん》風の中国がゆったりとお茶を飲んでいる。タイトルが示すように、日露には中立の中国が闘いの邪魔になっているようである。**図２‐48**では、もともと満州が中国の領土であることを忘れているのではないかと中国人が嘆いている。**図２‐49**は、タイトル「中立」で、まさに中立と戦争の問題を諷刺している。**図２‐50**は、オランダの諷刺画であるが、戦いの場を提供したのであるから「後はほおっておいてほしい」という清国の本音らしきものが垣間見える。しかし、交戦地を抱えた清国にとって、中立を維持することは難しい問題であることを、**図２‐51**は示しており、後に見るように黄海開戦後には、上海に逃げ込んだロシア軍艦をめぐって、中立国の義務の問題が浮上する。

戦場としての清国

図2 - 46 「彼らが闘ったら、中国はどうなるか？」

出典：'If They Fight, What Will Happen to China?,' *Minneapolis Times*, n.d., rpt. in 'Miscellaneous Cartoons,' *Review of Reviews*, Vol. 29 (Mar. 1904), p. ix. 原典『ミネアポリス・タイムズ』(アメリカ)
◆日本（右）とロシア（左）が腕まくりをして、今にも闘いを始めようとしている。場所はパントリー（食器室）のようである。棚の上には、左から「満州」「中国北部」「韓国」といった食器が並んでいる。日露が戦争になれば、中国や韓国がめちゃくちゃになることを示している。

中国と中立問題

図2 - 47 「中国はちょっと邪魔なように見える」

出典：'China Appears to Be Slightly in the Way,' *Minneapolis Times*, n.d., rpt. in 'Miscellaneous Cartoons,' *Review of Reviews*, Vol. 29 (Mar. 1904), p. ix. 原典『ミネアポリス・タイムズ』(アメリカ)
◆日本の足元には「韓国」と記され、中国の椅子の下からロシアの足元には「満州」と記されている。日本は小さいが、筋骨隆々である。観客席には、アンクルサム、その隣でどっしりと腰をおろしたジョンブルなどの姿が見える。ボクシングでは1867年には「クイーンベリールール」が採用され、グローブの使用やリングの規定などが定められ、当時はすでに現代と同じような形で試合がなされていた。

図2 - 48 タイトル不詳

Capt. : 中国人（読みながら）「『日本がロシアの要地を取った』……中国の要地っていうのが正確じゃないかなぁ」
出典 : *Pasquino,* n.d., rpt. in *Review of Reviews,* Vol. 30 (July 1904), p. 37. 原典『パスクイーノ』（イタリア）

図2 - 49 「中立」

Capt. :
デーム・エウロペ「ジョン、あの殴り合いの好きな連中をあなたのお店のなかにかくまっていないと聞いて嬉しいわ」
中国人「それはお気の毒に、マダム。やつらはうちの裏庭で、この６ヵ月闘い続けておりますよ」
出典 : L. Raven-Hill, 'Neutrality,' *Punch, or the London Charivari,* Vol. 127 (31 Aug. 1904), p. 147.『パンチ、あるいはロンドン・シャリヴァリ』（イギリス）
作者 : L・レイヴン＝ヒル
◆エウロペは、ギリシャ神話でゼウスに愛されたフェニキア王の娘で、ヨーロッパの語源となった。この画のエウロペはヨーロッパのことで、貴婦人のヨーロッパが中国の屋敷に入ろうとしている様子を描いている。壁には「満州ティー・ガーデン（茶店のある公園）はこちら」という看板がある。ヨーロッパは国際法と書かれた巻紙を右手に持って、中国人男性ジョンに言う。「ジョン、あの殴り合いの好きな連中をあなたのお店のなかにかくまっていないと聞いて嬉しいわ」。しかしジョンの答えは、「それはお気の毒に、マダム。やつらはうちの裏庭で、この６ヵ月闘い続けておりますよ」である。闘いとは日露戦争のことである。ジョンはこの頃の中国人の蔑称ジョン・チャイナマン（John Chinaman）から来ている。一方、デーム・エウロペのデームはイギリスのナイトやバロネットの婦人に用いられる、男性のサーに相当する正式の敬称である。デームの後には姓でなく名前がくる。

図2‐50 タイトル不詳

Capt.：中国「あなた方には戦う場として満州を与えたのだから、私をここで平安なままにしておいてくれませんか」

出典：*Amsterdammer Weekblad voor Nederland*, 26 Aug. 1904, rpt. in *Literary Digest*, Vol. 29, No. 12 (17 Sept. 1904), p. 360. 原典『アムステルダンメル・ウィークブラット・フォール・ネーデルラント』（オランダ）

◆日本とロシアの何かの要求に、ほおっておいてほしいと中国が主張している。

図2 - 51 「中国の中立性」

Capt. : 中国「彼ら［日本とロシア］は私が平穏を望んでいることを信じたくないのである」

出典 : Camara, ‘La neutralité de la Chine,’ *L’Assiette au Beurre*, No. 184 (8 Oct. 1904), p. 3062.『アシエット・オ・ブール』(フランス)

作者 : カマラ

◆日本とロシアの軍人に、「満州」と書かれた辮髪を引っ張られて、中国人が引き摺られている。日露戦争下で、中国が中立を保持しようとしても難しいことを表わしており、また中国に中立的立場を取らせにくくしているという意味では日本もロシアも同じであることを示唆している。

10　韓国の中立政策の破綻と保護国への道

韓国は一九〇四年一月二十一日、戦争が起こった場合の戦時中立宣言を発した。これは日本側の妨害を受けないようにわざわざ清国の芝罘から各国政府に打電したものだった。イギリス、ドイツ、イタリア、フランス、清国はこれに好意的に回答したと言われるが、当事者の日本とロシア、さらにアメリカは回答を寄せなかった。**図2 - 52**はこの頃の韓国の苦しい立場を如実に表わしている。

韓国の中立宣言

図2 - 52 「困難な状況にあって」

出典：Bernard Partridge, ‘In a Tight Place,’ *Punch, or the London Charivari*, Vol. 126 (3 Feb. 1904), p. 75.『パンチ、あるいはロンドン・シャリヴァリ』（イギリス）
作者：バーナード・パートリッジ
◆この画には、『デイリー・ペーパー』紙からの引用で、「韓国政府は、日本とロシアの間で戦争が勃発した場合には、厳正中立の立場を取ることを決定している」という解説がある。しかし、中立を宣言したところで、韓国の苦しい立場が改善された訳ではないことは見ての通りで、まさにサムライ姿の日本とロシア兵からロープで締めあげられることになった。タイトルには「進退きわまって」という意味合いも込められている。

日露戦争は、先にも述べてきたように日本の韓国支配をめぐる戦争でもあり、韓国も戦場となった戦争であった。さらにこの戦争は、韓国の運命を大きく変えた。しかし、韓国としても事態を手をこまねいて見ていたわけではない。この頃の韓国は、中立政策を模索していた。ここでの中立政策とは、戦時中立ではなく、スイスのような中立化の実現を目標とする政策である〔李、二八五〜八九頁〕。また、中立化政策がすぐには実現できないため、戦時中立の維持も図ろうとしていた。

日露交渉開始後、一九〇三年八月下旬に、大韓帝国皇帝の高宗（李太王）は日露にそれぞれ韓国を中立国として扱うよう要求することを決めた。要求を受けた日本政府は戦争を回避する努力をしているので戦時中立を語るのは好ましくないとその要求をはぐらかしたが、交渉が進むにつれて政府内では機先を制して韓国を軍事占領する計画も取りざたされるようになった。ロシア側も同年九月から十月にそのような日本が韓国を軍事占領するという情報を信じて警戒したこともあった。日本がこの時期に韓国を実力で軍事占領していたら、むろん口では反対したであろうが、ニコライ二世には実力行使をしてまでそれを阻む意思はなかったようであるので、容認される可能性が高かったと言えるかもしれない〔和田、一一〜一三頁、㊦一五六〜五七頁〕。むろん、そうなれば日露戦争は起こらなかったか、起こったとしても先のことであったろう。

高宗は日露のはざまにあってロシアを選んだ。十一月四日、高宗はニコライ二世に密書を送り、日露間の交渉が決裂し戦争になった場合、ロシアの軍隊に協力すると伝えた。高宗は中立を模索しながらもロシアに依存する政策をとったので、李盛煥氏はこれを「親ロシア的中立政策」と呼んでいる〔李、二八九頁〕。

十二月半ば過ぎ、アメリカ、イギリスの駐韓公使から日本の軍事行動が迫っていることを聞かされた高宗は、ロシア公使館への避難や、ロシア領内への脱出もロシア側に打診した。日清戦争後、一時期、高宗はロシア公使館に逃げ込みそこで施政を行ったことがある（露館播遷《ろかんはせん》）。この露館播遷は、一八九六年二月から約一年に亘ったが、高宗のロシア依存政策の失敗や、ロシアが満州進出に集中し、韓国への関心を失って日本側に譲歩したこと（山県＝ロバノフ協定）などで終止符を打たれた。日露戦争前のロシア側への避難は実現はしなかったが、ロシアの極東太守アレクセイエフはその場合の公使館への受け入れはやむをえないと思っていたようである〔和田、㊦一三～一四頁、㊦二〇一～二〇二頁〕。翌一九〇四年一月初めになって、アメリカ、イギリス、ロシアはソウルに警備目的の兵を少数ながら入れた。日本側は高宗がアメリカ、ロシアあるいはフランスの公使館に逃げ込むことと、韓国が中立化されることを懸念した。

本節冒頭で述べたように韓国は一月二十一日、戦争が起こった場合の戦時中立宣言を発した。しかし日本とロシアはこれを無視した。そうしているうちに日露戦争はまずは韓国に対する軍事侵攻として始まった。和田氏は近著でこれを朝鮮戦争と呼んでおり、日本が二月六日のロシアとの国交断交後、すぐに韓国の軍事占領に着手したことを明らかにしている〔和田、㊦三〇二～三〇三頁〕。

開戦後も高宗はロシアに期待していたようであり、戦争初期には「韓国北部の地方官に対して、ロシア軍に協力するように命じた」と言われる〔李、二八九頁〕。中立宣言を発した後であるので、事実とすれば先に述べた公平義務違反に該当するとも言えるだろうが、そもそも日本側は韓国の中立宣言自体を事実上黙殺していたので、どっちもどっちである。ソウルを占領され、情勢不利を悟ったのか、二月十三日という早い段階で、高宗は日本軍に便宜を供与することを十三道の監察使に命令した。そうしながらも高宗はロシアの次にはアメリカに頼ろうとした。二月二十日、高宗は駐韓アメリカ公使アレンに会い、アメリカ公使館に匿って欲しいと要請したが拒絶された。韓国全土の軍事占領を果たしつつあった日本側は、二月二十三日には日韓議定書を締結させ、韓国を日本側につかせた。この議定書により「韓国は日本の同盟国となってしまい、中立政策は破綻した」のである〔李、二八九頁〕。日韓議定書の調印は非難はおろか、英米の新聞では歓迎さえされた〔村島、三五六頁〕。

この後、八月二十二日の第一次日韓協約、次いで戦後の第二次日韓協約（一九〇五年十一月十七日）を経て、日本による韓国の保護国化が進むのである。

図２－53「スキラとカリュブディスに直面して［前門の虎、後門の狼］」

出典：'Up Against Scylla and Charybdis,' *Boston Herald*, 13 Feb. 1904.『ボストン・ヘラルド』(アメリカ)

◆スキラとはイタリアのシシリー島と本土の間のメッシーナ海峡にある岩である。画では、スキラ岩にはロシアと書かれている。左下の渦巻は、この海峡の巨大渦巻カリュブディスであり、日本と書かれている。韓国と記された帆を上げた船が、この海の難所に差し掛かっている。韓国の苦しい立場が、明瞭に示されている。

図２－54「鞭打たれて列につかされて」

出典：'Whipped into Line,' *Boston Herald*, 28 Feb. 1904.『ボストン・ヘラルド』(アメリカ)

◆牽引されている大砲の砲身の上で鞭をふるっているのは日本で、その鞭には「日本の侵略」と記されている。鞭打たれている韓国人は、「満州行き」の列につかされている。

さてこのような韓国の状況を当時の諷刺画家はどのようにとらえていただろうか。図２-53は開戦後一週間弱の時期のアメリカの諷刺画で、日露の間での韓国の困難な立場を表わしている。続く図２-54は日韓議定書が締結されてからのもので、韓国が日本に強制的に従わされる姿が描かれている。アメリカの諷刺画としては珍しく、日本の行動を「侵略」と位置付けていることも注目される。他には韓国をめぐる情勢は、高宗を中心として表象された。図２-55はフランスの諷刺画で、韓国皇帝の顔を描いているが、タイトルが示しているように日露両国のどちらが勝つにしろ確実に「餌食」となるのは韓国である。次の二点はいずれもドイツの諷刺画で、図２-56では、女性の日本とロシアがそれぞれ食べ物を持って近づき、甘言を弄して、男性の韓国（高宗のようである）を味方につけようとしている。図２-57では、韓国は剣を手にしているが、襲いかかってくるバッタの日露両国に手を焼いている。

続く諷刺画は、韓国との関係から日露の対立とを描いたものである。図２-58は、ロシアが力づくで日本を倒して、韓国を支配下に置くことを示しているように見えるが、実際にはそうはならなかった。フランスの諷刺画（図２-59）「冗談好きの韓国人」は開戦後間もなくして掲載されたもので、大男の韓国人が韓国にトドメを刺すのは日本でないと言い聞かせている。それはロシアということであろうか。図２-60は、開戦後一ヵ月半を過ぎてのものであるが、このなかでは未だにロシアは韓国に居座っている。しかし、そろそろ動きそうである。図２-61は、戦況が日本に優位に進展していた八月のものであるが、韓国に野心を持ったロシアを日本がうまくはめて、ロシアに一撃をくらわせたことを寓意的に描いているユーモラスな諷刺画である。

先にも述べたように、清国は厳正中立の義務をめぐって、しばしば日露双方から非難され、一方で韓国の厳正中立は無視された。交戦国と非交戦国の義務と権利をめぐって発展してきた国際法上の中立法も、パワーポリティクスの世界においては、力の裏付けがない国には実効性のあるものではなかったのである。

ところで日露が韓国・清国で戦うことについて、韓清両国はどう考えていただろうか。一つの答えを示してい

図2 - 55 「確実な餌食」

Capt. :「韓国皇帝」
出典 : Adaramakaro, 'Proie certaine,' *L'Assiette au Beurre*, No. 151 (20 Feb. 1904), p. 2534.
『アシエット・オ・ブール』(フランス)
作者 : アダラマカロ
◆キャプションから韓国皇帝を表わしていることが分かる。皇帝の顔は、怒っているようにも、苦悩で歪んでいるようにも見える。

図2 - 56 「韓国に甘言を弄するロシアと日本」

出典 : 'Russia and Japan Cajoling Korea,' *Ulk*, n.d., rpt. in' 'Miscellaneous Cartoons,' *Review of Reviews*, Vol. 29 (Mar. 1904), p. ix.
原典『ウルク』(ドイツ)
◆ロシア(左)が持ってきているのは、豚の丸焼きのようである。日本(右)は、果物を差し出そうとしている。顔つきは西洋人だが、着物を着ていることとタイトルから日本と分かる。図1 - 2や図1 - 3と比べるとジェンダー関係が逆転しており、日露が女性で、韓国が男性である。男性は高宗のようである。

図２－57「韓国での食料」

Capt.：「右にも左にもバッタの群れが大地に飛びついて、食料不足を生じさせるまで、すべてを草木がなくなるまでむさぼり喰う」
出典：‘Die Verpflegung in Korea,’ *Kladderadatsch*, Vol. 57, No. 16 (17 Apr. 1904), p. 229; *Kladderadatsch*, n.d., rpt. in ‘Korea from the Korean Point of View,’ cartoon, *Review of Reviews*, Vol. 29 (May 1904), p. 462.『クラデラダーチェ』（ドイツ）
◆『レヴュー・オヴ・レヴューズ』誌の解説によれば、一方から来る日本ともう一方から来るロシアが、国土を無防備な状態にしているという。日露両国は、払っても払いきれないバッタの群れである。中央の人物は高宗のように見える。『クラデラダーチェ』誌の附録からの画である。

図2 - 58 「韓国の愉快な姿勢」

出典：'Korea's Pleasant Position,' *Ulk*, n.d., rpt. in 'Miscellaneous Cartoons,' *Review of Reviews*, Vol. 29 (Mar. 1904), p. x. 原典『ウルク』（ドイツ）
◆大男のロシアがスケート靴を履いて滑っており、和服姿の日本はバランスを崩して倒れそうになっており、子供のように小さい韓国は氷の上に倒れている。

図2 - 59「冗談好きの韓国人」

Capt. :「おいお前、ナポレオン一世の言葉を借りて言おう。『私を殺す砲弾は、日本製ではない』」
出典：Tiret-Bognet, 'Farceur, le Coréen,' cartoon, *La Caricature*, Vol. 25 No. 1259 (13 Feb. 1904), p. 51.『ラ・カリカテュール』（フランス）
作者：ティレ - ボニェ
◆キャプションにあるナポレオンの元もとの言葉は「私を殺すに足る砲弾など、この世にはまだないぞ（まだ鋳造されていない）」である。その末尾を言葉遊びで捻って「日本製」としている。

図2 - 60 「その熊」

Capt. :「出て行ってほしいなら、まあいいさ。別の巣穴を探そうよ」

出典：Alex, 'L'ours,' cartoon, *La Caricature*, Vol. 25, No. 1265 (26 Mar. 1904), p. 99.『ラ・カリカテュール』（フランス）

作者：アレックス

◆韓国に居座るロシア熊の様子を示している。この諷刺画が掲載された三月下旬には韓国はすでに日本軍に占領されていた。

図2 - 61 「賢いハンスへの算数の問題」

Capt. :

（ロシア）「その仔馬の値段はいくらかな？　ハンス」

（日本）「値段は蹄にある通りだよ」

（ロシア）「では——牙が！」

出典：'Die Rechenaufgabe für den klugen Hans,' *Kladderadatsch*, Vol. 57, No. 35 (28 Aug. 1904), p. 497; 'A Korean Version of the Old Nursery Tale,' *Kladderadatsch*, rpt. in *Review of Reviews*, Vol. 30 (Oct. 1904), p. 359.『クラデラダーチェ』（ドイツ）

◆左の図で、オオカミ（ロシア。右下）が馬（日本。左）に、仔馬（韓国。中央奥）の値段を尋ねる。蹄に書いてあると言って油断させ、右の図では馬がオオカミに蹴りを喰らわせて倒している。

図2 - 62 「日本からヨーロッパに」

Capt. :「お前ら、忌み嫌われている犬たちよ。私がロシアをネズミで悩ませている間も、お前らは私を苦しませる。ロシアが行ってしまったら、お前らの利益になるのに」
出典 : 'Japan to Europe,' *Il Papagallo,* 2 Oct. 1904, rpt. in *Review of Reviews*, Vol. 30 (Nov. 1904), p. 467. 原典『パパガッロ』(イタリア)
◆日本兵（左）がネズミを使って、手前の婦人（ロシア）を追い立てている。その日本に向かって楯突くように吠えている中央の犬は「韓国」。右下隅の犬は「満州」である。その様子を遠巻きにヨーロッパ諸国が眺めている。なかでも中央近くで頭を抱えているのはロシアの同盟国フランスである。日本は犬たち（韓国・満州）にロシアが去ることが利益になると説得しているようだが、うまく行かないようである。

るのが、**図２‐62**である。一九〇四年の十月になってからのものであるが、ロシアを去らせることが両国の利益になると日本が言っても、両国は日本を悩ませている。両国の本音を示しているものとも言えよう。

11　戦争拡大の懸念

日露戦争は一大スペクタクル、それも悲惨な死のスペクタクルの始まりだった。ポルトガルの諷刺画である**図２‐63**では、まさに死神がそれを告げている。

このスペクタクル（見世物）の観客は世界である。ただ、この見世物は観客も舞台に引きずり込まれる危険性を孕んでいるものであった。また、それでなくても、世界には日露以外にも火種はいくつもあった。**図２‐64**では、そのような様子を死神がクルピエを務めるルーレットで示している。

開戦初期に欧米の諷刺漫画家の想像力をいたく刺激したのは、日露戦争が拡大する危険性である。極東は「世界の火薬庫」と見なされ（**図２‐65**）、日露のそれぞれの同盟国を中心にその他の国々も含めて、この戦争に巻き込まれる懸念、とくにヨーロッパに戦争が飛び火する懸念が指摘されたのである。**図２‐66～69**も、それぞれ戦争拡大の危険性を巧みに描いている。

アルゼンチンの諷刺図（**図２‐70**）は、解釈は難しいが、日本がジャグリングをやめないと世界もろとも破滅するという警告と解するのが自然であろう。アルゼンチンの諷刺画は珍しいが、中南米独特の視点は感じられない。むしろヨーロッパの視点から描かれているようである。その点は、アルゼンチン人に今もあるというヨーロッパ人意識を想起させる。作家のボルヘスが言ったように、アルゼンチン人はヨーロッパを出て、未だにどこに

図2－63 「日露戦争」

Capt.：「紳士の皆様、さあスペクタクルが始まりますよ」
出典：'The Russo-Japanese War,' *Lisbon Parodia*, n.d., rpt. in *Review of Reviews*, Vol. 29 (Apr. 1904), p. 322. 原典『リスボン・パローディア』(ポルトガル)
◆日露戦争の開戦を受けて、骸骨がスペクタルの始まりを告げている。骸骨が始めようとしているのは、死の舞踏であろう。手にした幕には「紳士の皆様、さあスペクタクルが始まりますよ」と書いてある。いろいろと大義名分はあっても、とどのつまり戦争が死をもたらすものであるという本質を表わしており、転載した『レヴュー・オヴ・レヴューズ』でも高く評価された作品である。

死神のルーレット

図２ - 64「赤と黒」

Capt. :「紳士の皆さん、ゲームを始めなさい」
出典 : 'Rouge et noir,' *Kladderadatsch*, Vol. 57, No. 8 (21 Feb. 1904), p. 110; 'Faites votre jeu, Messieurs,' *Kladderadatsch*, rpt. in *Review of Reviews*, Vol. 29 (Mar. 1904), p. 218.『クラデラダーチェ』(ドイツ)
◆ルーレットのゲーム場で、レイアウト盤にチップの兵隊を出しているのは今のところ日本（右から三人目）とロシア（ニコライ。左手前）だけである。中央の死神がクルピエ（ゲーム進行の補佐）として、他の紳士たちにも賭けるように促している。日本の右側はトルコでお断りの様子であるが、その隣のマケドニアはチップを手にしている。日本の背後のドイツ帝国宰相ビューロー、左側のアメリカ大統領ローズヴェルトも、共にゲームを傍観している。一方、ニコライの右側はイギリス国王エドワード七世で、その隣はフランス共和国第七代大統領ルベ。エドワードは葉巻をくわえたままで手も出さず、ルベもゲームに参加する気はないようである。タイトルはルーレット盤の区画の赤・黒を示しているのであろう。

図2 - 65「『決闘するのに素敵な場所』」

Capt. :「世界の火薬庫」
出典 : "'A Nice Place to Fight a Duel",' *Bulletin*, 11 Feb. 1904, rpt. in *Review of Reviews*, Vol. 29 (Apr. 1904), p. 349. 原典『ブレティン』(オーストラリア)
◆画の上には「世界の火薬庫」と記されており、部屋のなかには弾薬が置かれている。そのなかで、日本(右)とロシア(左)が拳銃を抜いて対峙している。決闘が始まって、撃ち合いになれば、弾丸が火薬に命中して「世界の火薬庫」が爆発し、世界大の大戦になる恐れがあることを示している。

図2 - 66 「用心なさいよ、あんたたち。落ちないように」

出典 : 'Look Out Boys, Don't Fall in,' n.p., n.d., rpt. in *Review of Reviews*, Vol. 29 (Apr. 1904), p. 322. 原典不詳
◆身を乗り出して井戸のような「戦争の穴」を覗いている国々に対して、落ちて戦争に巻き込まれないようにと警告を発している。左から、辮髪の中国、ストライプのズボンのアメリカ、尻にユニオンジャックの模様があるイギリスと続く。

図2 - 67 タイトル不詳

Capt. :「この『現状維持』像は、抑圧者と被抑圧者の間の憎しみの爆発をすべて監視するために創り出されてきた。いつでも火が付きかねないこれらの爆弾によって、平和は深刻な危機にある。もしも、極東の暗雲が、稲妻となれば、『現状』像はヨーロッパの大火（戦争）の深みへと揺すり倒されることとなろう」

出典：*Il Papagallo,* n.d., rpt. in *Review of Reviews*, Vol. 29 (June 1904), p. 544. 原典『パパガッロ』（イタリア）

◆真ん中に立っているのが「現状維持」という名の像である。左上に暗雲として浮かび上がっているのは、熊（ロシア）を猿のような動物（日本）が叩きのめしている様子で、日露戦争を示している。像の向かいには爆弾がある。長いキャプションにあるように、極東の争いが稲妻となって飛び火すれば、現状維持は破綻し、ヨーロッパは戦争に突き進むというのである。像の名称は現状もしくは現状維持を意味する status quo と、像を意味する statue の語呂合わせになっている。

図2 - 68 タイトル不詳

Capt. :
「この戦争はどのくらい続くんだろう？」
「７月まで。その頃には、列強諸国は軍備を整え終えているだろうから」
出典 : *Le Grelot*, n.d., rpt. in *Review of Reviews*, Vol. 29 (Apr. 1904), p. 325. 原典『ル・グルロ』（フランス）
◆鴨緑江を挟んで、頭に雪を載せた日露両軍の兵士が対峙している。右がロシア兵、左が日本兵である。両者とも深い雪に足が埋まっている。一方の「この戦争はどのくらい続くんだろう？」という問いかけに、他方が列強諸国が軍備を整え終える７月までと答えている。７月に戦争が終わるのでなく、日露戦争が拡大して世界規模になることを示唆しているのである。この画では、日露双方の陸軍が鴨緑江を挟んで対峙する事態が長続きすることが予想されていたようにも見えるが、戦況を見ると、日本陸軍第一軍は、５月１日に鴨緑江渡河作戦を開始し、渡河に成功し、敵の陣地を攻略した。

図２‐69「戦争＝プッシュゲーム」

Capt.：「［プッシュ］ボールがあまりにも速く転がり出したら、その時には……」
出典：'Das Kriegs=Pushspiel,' *Kladderadatsch*, Vol. 57, No. 28 (10 July 1904), p. 405; 'Push-Ball in the East,' *Kladderadatsch*, rpt. in *Review of Reviews*, Vol. 30 (Sept. 1904), p. viii.『クラデラダーチェ』（ドイツ）
◆プッシュボールは、直径６フィートの大きなボールを相手チームのゴールに押し込む団体球技である。この画では、地球をボールに見立てて、馬に乗った日本兵（右側）とロシア兵（左側）がそれを押し合いしている。キャプションにあるように、球が速く転がり出したら、収拾がつかなくなる危険性があることが示唆されている。７月の時点でも、そのような懸念があったのである。『ニューヨーク・タイムズ』紙（1904年６月５日）によれば、この頃、馬によるプッシュボールはベルリンで人気で、イギリスの軍関係者にも広がり始めていたという。

図2 - 70 タイトル不詳

Capt. :
ヨーロッパ「あなた方、そこでのジャグリングをやめないと、我々はみんなしてそこに落ちてしまうかもよ」
出典：*Caras y Caretas,* n.d., rpt. in *Review of Reviews,* Vol. 29 (June 1904), p. 534. 原典『カーラス・イ・カレタス』(アルゼンチン)
◆巨大な地球儀の上に乗ってバランスを取っているのは衣装を見る限りは日本のようで、その地球儀を銃剣付き小銃が三叉になって支えている。それを揺すっているのも、猿のように見えるが日本であろう。日本イメージの一つにジャグリングを始めとする曲芸があることからも、このように理解して差し支えないかと思う。日本が上下から世界を動揺させ続けると、みんなして破滅に到る恐れがあるという警告と思われる。『カーラス・イ・カレタス』はブエノスアイレスで発行されている。

英仏が戦争に巻き込まれる懸念

図2 - 71 「彼らは重圧に耐えられるか？」

出典："'Can They Stand the Strain?",' *Brooklyn Eagle*, n.d., rpt. in *Review of Reviews*, Vol. 29 (Apr. 1904), p. 322. 原典『ブルックリン・イーグル』（アメリカ）

◆「戦争」と書いてある崖の下で、日本軍人（左）とロシア軍人（右）がロープで支えられながら闘っている。日本軍人と「同盟」というロープでつながっているのはイギリスで、ロシアとつながっているのはフランスである。英仏ともに「戦争」の崖下に落ちないように必死に「平和の小道」の岩にしがみついている。タイトルは、英仏が張りつめたロープからの重圧に耐えられるかと問いかけて、日露それぞれの同盟国が戦争に巻き込まれる危険性を示している。

図2 - 72 タイトル不詳

Capt. : アンクルサム（遠く離れて）「連中は一緒になって倒れるように見える」

出典 : Maybell, cartoon, *Brooklyn Eagle*, n.d., rpt. in Everett, *Exciting Experiences in the Russo-Japanese War*, p. 428. 原典『ブルックリン・イーグル』（アメリカ）

作者 : メイベル

◆「戦争」という名の氷の上で、一人が倒れれば、他のみんなも倒れそうな状況である。先頭は日本、次いでロシア、イギリス、フランスである。掲載時期は不明であるが、開戦前か開戦後初期の段階であろう。

図2 - 73 「バランスの問題」

Capt. :「戦争と運任せのゲーム」

出典 : H. de Sta, 'Question d'équilibre,' cartoon, *La Caricature*, Vol. 25, No. 1262 (5 Mar. 1904), p. 74. 『ラ・カリカテュール』（フランス）

作者 : H・ド・スタ

◆左がイギリスでその前の板に乗っているのが、日本。右で板を持っているのはフランスでその前で板に乗っているのはロシアであろう。戦争する日露の背後に英仏がいて危険な均衡を取っていることを示している。それを傍観しているのが、右奥のカイザーのドイツである。またイギリスの右の背後にはアメリカがいる。

も到着せずに漂流を続けているのであろう。

多くの諷刺画家が日露戦争が世界大戦に拡大する危険性を指摘していたものの、もっとも戦争に巻き込まれる可能性があったのは、日露のそれぞれの同盟国であるイギリスとフランスである。そのことを一目瞭然に示しているのが**図２‐71**である。英仏とも巻き込まれないように必死に岩にすがっている。**図２‐72**は、同様の懸念をスケートで表わしている。いずれもアメリカの諷刺画である。最後のフランスの諷刺画の**図２‐73**では、日露の同盟国の英仏が、危機のなかでバランスを保とうしているようである。

12　戦争拡大回避への動き――英仏協商

諷刺画家の戦争拡大に対する懸念は、そのまま読者の懸念でもあり、それをテーマに多くの諷刺画が描かれたことはそれだけ関心が高かったことを示していると言えよう。それでは、実際には戦争拡大の可能性はどの程度あったのだろうか。アメリカ大統領のセオドア・ローズヴェルトは、開戦に際して外交ルートを通して水面下でフランス、ドイツに対して、ロシア側に立って参戦した場合にアメリカが日本の側について参戦する可能性を示唆して、第三国の参戦を抑止したと言われる。また、先に見たように中国中立化要請通牒においては、日露に「交戦地域があたうかぎり局地化され制限されることを希求する」旨を伝えている。拡大の懸念を示しながらも、そのようなアメリカの戦争局地化の努力を描いているのが、**図２‐74**である。

戦争の局地化は、戦争拡大の芽を摘むという点でも効果的であったろう。現実問題として、日露両国が韓国・満州の支配をめぐって争っている限りは、ヨーロッパ列強は自国の勢力範囲に危険が及ぶことはないと安心する

図2 - 74 タイトル不詳

Capt. : ヘイ国務長官「パゴダへ火事が広がらないようにしよう。できることなら」
出典 : Maybell, cartoon, *Brooklyn Eagle*, n.d., rpt. in Everett, *Exciting Experiences in the Russo-Japanese War*, p. 408. 原典『ブルックリン・イーグル』(アメリカ)
作者 : メイベル
◆ヘイ国務長官（右）が鞭を振るって「中国の領土保全政策」という馬に溝を掘らせている。堀の名称は「戦闘の局地化」で、犂には「アメリカの対外関係」と記されている。日露戦争の火事は、すでにパゴダ「中華帝国」に迫っており、人々が助けを求めている。

極東をめぐる国際政治

図2 - 75 「国際政治」

Capt. :「ヨーロッパ列強にとって果実があまりにも高い所にぶら下がっている場合には、自分たちの勢力範囲は侵犯されないと彼らは言っている」
出典：'Weltpolitik,' *Wahre Jacob*, No. 459 (23 Feb. 1904), p. 4286.『ヴァーレ・ヤコブ』（ドイツ）
◆諷刺画の表現では、国々が動物として象徴されることは珍しいことではない。日露戦争期、ロシアを象徴する動物は圧倒的に熊である。日本はこの画では猿である。わざわざ猿に「日本」という鉢巻をさせているのは、猿が日本であることを示すためで、日本を象徴する動物が一定していないことを示している。ロシアと日本は、樹上で「朝鮮」という木の実を争っている。樹下には、ライオンのイギリス、RF（フランス共和国）と頭に描いてある鶏のフランス、「独露協定」で足首を縛られた鷲のドイツがいる。独露協定とは、1894年に結ばれ、この年に満了を迎える独露通商協定のことである。

図2 - 76 「明日！」

出典：Adaramakaro, ‘Demain!,’ *L’Assiette au Beurre*, No. 151 (20 Feb. 1904), p. 2535.『アシエット・オ・ブール』（フランス）
作者：アダラマカロ
◆倒れたロシア人の上に乗った雄鶏（フランス）が、小さな王冠（イギリス王室）を頭に載せた虎と向かいあっている。虎はおそらくベンガル虎で、インドを支配していたイギリスであろう。ロシアは手を伸ばして、助けを求めているように見える。ロシアの窮状を見かねて、フランスがイギリスに仲介を持ちかけているのか。それとも、何か言い争いを始めたところなのだろうか。フランスがロシアを踏み台にして物を言っているようにも見える。

図2－77 「英仏協商」

Capt. :「エドワードとマリアンネは『ぬかるみ』ステップでダンスをしている」
出典 : 'L'Accord franco-anglais,' *Le Grelot*, 24 Apr. 1904, rpt. in Roy Douglas, *'Great Nations Still Enchained': The Cartoonists' Visions of Empire 1848-1914* (London: Routledge, 1993), p. 157. 原典『ル・グルロ』（フランス）
◆イギリスのエドワード王とフランスを象徴する女性マリアンネが、英仏協商成立を祝ってダンスをしている。つま先を立てて、それぞれエジプトとモロッコの上のぬかるみでステップを踏んでいる。

図2－78 タイトル不詳

Capt. :ガリアの雄鶏「おやおや、もしも彼らが同時に正反対の方向に動き出したら！」
出典 : *Budilnik*, n.d., rpt. in *Review of Reviews*, Vol. 29 (June 1904), p. 545. 原典『ブディールニク』（ロシア）
◆真ん中が「ガリアの雄鶏」ことフランスで、その脚はそれぞれ熊（ロシア）とブルドック（イギリス）に紐で結ばれている。フランスの懸念は、ロシアとイギリスが正反対の方向に進むことで、そうなればフランスは股裂き状態になってしまう。ロシアの諷刺漫画家は英露が対立すれば複雑な事態が生じることを表現したのである。

ことができるからである。**図2-75**では、英仏独がそのような考えを持っていると述べられている。この画では、すべての国が動物で表象されていることも目を引く。

しかし、何よりも戦争拡大の懸念を振り払ったのは、前年より密かに進められていた交渉がまとまり、一九〇四年四月八日にイギリスとフランスの間に協商が成立したことである。この英仏協商自体は、両国のとくにアフリカにおける勢力範囲を調整する内容であったが、日露の両同盟国間の緊張を全般的に緩和した。これにより英仏の対立が日露戦争の拡大へと結びつく可能性は著しく低下したと言える。

諷刺画を見てみよう。**図2-76**はフランスの諷刺画で、協商成立前の三国の関係を表わしている。フランスはイギリスに抗議をしているのか、話しかけているのか、画だけでは分からない。**図2-77**は、英仏協商成立後のもので、イギリスがエジプト、フランスがモロッコにおけるそれぞれの優越権を確認した姿を表わしている。**図2-78**は、ロシア側から見た英仏協商の矛盾点を指摘しているが、英仏協商が矛盾を孕みつつも日露戦争の拡大を抑止したのは間違いない。

ところでこの英仏協商の成立によりヨーロッパで孤立感を深めたのがドイツである。このドイツの孤立は、一九〇七年の英露協商でさらに深まり、後の第一次世界大戦につながってゆく。そのような英仏協商によるドイツの孤立を描いたのが、最後のフランスの諷刺画（**図2-79**）である。カイザーの嘆き「なんてことだ！　汝らは最後には余をまったく一人にするのだろう」は、ある意味では現実化したと言えるだろう。

次には、しばし政治外交的側面から離れて、軍事的展開に注目してみたい。

ドイツの孤立

図2 - 79 「申し分のない合意」

Capt. :（今日は合意、明日は提携）
ヴィルヘルム「なんてことだ！　汝らは最後には余をまったく一人にするのだろう」
出典：George-Edward, ‘Accord parfait,’ cartoon, *La Caricature*, Vol. 25, No. 1272 (14 May 1904), p. 153.『ラ・カリカテュール』（フランス）
作者：ジョージ - エドワード
◆英仏協商の成立で、イギリスのブリタニア（中央左）がフランスのマリアンネ（中央右）に手を握られて仲間に入るようである。マリアンネの後ろには他の国々も集っている。一番右奥の女性は、髪形から日本のようである。ドイツ皇帝ヴィルヘルム二世（左）は、そのような状況を苦々しく眺めている。作者名の下には小さく「今日は合意、明日は提携」と書かれている。

第3章

日露戦争の軍事的展開

——緒戦から黄海海戦まで

1　緒戦における日本優位

二月八日の日本軍の仁川上陸作戦と旅順港外のロシア艦に対する夜襲、翌九日の瓜生戦隊の仁川沖海戦、連合艦隊の旅順口攻撃など日露の本格的な戦いは矢次早に展開した。第一章で見たように、具体的な日時の特定は無理ではあるにしても、ロシア側は日本の奇襲攻撃をある程度は予期できた筈である。実際、日本駐在のロシア情報将校は、日本の戦闘開始を二月と特定する情報を伝えていたが、そのような情報は無視されるか、過小評価されていた。また、アレクセイエフ極東太守も軍備増強をたびたび進言しているが、取り合ってもらっていない。ロシア側は、仮に戦争となっても、ロシアは勝つことができると日本の軍事的実力を過小評価していた。一方、日本側はロシア側の準備が十分に整わない間に、着々と作戦を遂行し、ロシア側の強い抵抗を受けることなく、緒戦での戦闘を優位に進めた。

日本軍が優位に戦況を進めることができた要因の一つには、ロシア側の混乱も挙げられる。**図3‐1**は、ロシア側が混乱による事故で二隻を失い、日本側が労せずして敵の力を削ぐことができたことを表わしている。**図3‐2～5**はフランスの諷刺雑誌に掲載された、諷刺画家アダラマカロの一連の諷刺画のうちの四点である。二月二十日という開戦後二週間の段階での日本軍の優位を物語っている。熊のロシアは、調教されたり、飼いならされたり、籠の中に入れられたり、蹴飛ばされたりしている。また**図3‐6**は、日本の評価がうなぎ上りに高まったことを描いている。

一方、**図3‐7**は前の諷刺画とほぼ同じの開戦後二週間ほどの時期にドイツの雑誌に掲載されたもので、自国

ロシア旅順艦隊の事故

図3 - 1 タイトル不詳

Capt. ：日本「どうも何人か味方がいるらしい」
出典：F. I. Leipzigher [pres.], cartoon, rpt. in Everett, *Exciting Experiences in the Russo-Japanese War*, p. 289 [pres.].
作者：Ｆ・Ｉ・ライプツィッガー［推定］
◆日本海軍により夜襲を受けた後、2月11日、ロシア海軍の仮装汽船「エニセイ」は旅順港への接近路に機雷を敷設し始めたが、荒海のため自らの機雷が舵にかかり爆沈した。その「エニセイ」の動向を調べに来た駆逐艦「ボヤーリン」も触雷し、放棄された〔コナフトン、63頁〕。図の右上では「ロシアの機雷」によって吹き飛ばされた二隻が描かれている。さらにその左では、北国の神「ボレアス」がロシア陸軍に寒風を吹きかけている。日本（左手前）はそれで悠然とお茶を飲んでいるのである。作者は恐らくＦ・Ｉ・ライプツィッガーで、掲載紙は『デトロイト・ニュース』（アメリカ）であろう。

図3-2「調教！」

出典：Adaramakaro, 'Dressage!,' *L'Assiette au Beurre*, No. 151 (20 Feb. 1904), p. 2526.『アシエット・オ・ブール』(フランス)
作者：アダラマカロ
◆日本の軍人が、口輪をはめて、鞭で熊（ロシア）を調教している。日本軍の優位を示唆している。

図3 - 3「飼いならされて！」

出典：Adaramakaro,'Apprivoisé!,' *L'Assiette au Beurre*, No. 151 (20 Feb. 1904), pp. 2524-25.『アシエット・オ・ブール』(フランス)
作者：アダラマカロ
◆歌舞伎役者（日本）が熊（ロシア）の上に乗って、馬のように熊を飼いならして、野戦砲を引かせている。軍事的に日本が優位に立っていることを示しているとも言えよう。歌舞伎役者も典型的な日本人のステレオタイプである。

図3 - 4「鳥籠のなか！」

出典：Adaramakaro, ‘En cage!,’ *L’Assiette au Beurre*, No. 151 (20 Feb. 1904), p. 2523.『アシエット・オ・ブール』(フランス)
作者：アダラマカロ
◆芸者（日本）が、恐ろしげな形相をして籠の小熊（ロシア）を持ち上げている。「籠の鳥」ならぬ、「籠の子熊」で、日本軍の手中に落ち、手も足も出ないようなロシアの窮状を表わしていると言えよう。ただ、小熊とは言え、鳥籠を破る力はあるかもしれない。隣では籠に入るはずの雄鶏が見ている。雄鶏はフランスで、フランスの傍観的姿勢を示唆していると言えるかもしれない。芸者も日本人のステレオタイプの一つである。

図3 - 5「曲芸師！」

出典：Adaramakaro, ‘Le jongleur!,’ *L’Assiette au Beurre*, No. 151 (20 Feb. 1904), p. 2530.『アシエット・オ・ブール』(フランス)
作者：アダラマカロ
◆曲芸師（日本）が、両手に剣を持ちながら、足で小熊（ロシア）を蹴り上げて翻弄している。ロシアの苦戦を表わしている。

図3－6 タイトルなし

Capt.：「15フランだって？　昨日は30サンチームって書いてあったのに」
「これは日本について書かれた本です。……戦争が始まってから日本は値上がりしたのです！」
出典：Cartoon, in 'Échos,' *Le Journal amusant*, No. 243 (20 Feb. 1904), p. 9.『ル・ジュルナル・アミュザン』（フランス）
◆戦争で日本の評価が高まったことを、日本関連の本の値上がりで示している。１フランは100サンチームなので、50倍の値上がりである。

予想もしなかった苦戦

図３－７「遠くでの効果」

Capt.：［ニコライ皇帝］「フレー！　行け、余の勇敢なる者たちよ。どうしてそんなに大きく咳き込むのじゃ。一言も分らん」
出典：'Wirkung in der Ferne,' *Kladderadatsch*, Vol. 57, No. 8 (21 Feb. 1904), p. 115; *Kladderadatsch*, rpt. in *Review of Reviews*, Vol. 29 (Mar. 1904), p. xii.『クラデラダーチェ』（ドイツ）
◆電話で戦況を問い合わせて負けていると思っていないロシア皇帝ニコライ二世は、現地司令部が日本軍に攻撃されて破壊されている音とも知らず、咳き込んでいると勘違いしている。安全な場所にいて、鞍馬のような鞍に跨り、サーベルを振りかざしている皇帝の姿もどこか滑稽である。電話は19世紀の終わりには実用化されていたが、むろん満州とヨーロッパ・ロシアを直通で結ぶ電話回線はまだなかった。

図3‐8「食欲満々！」

出典：'Guten Appetit!,' *Wahre Jacob*, No. 461 (22 Mar. 1904), p. 4303.『ヴァーレ・ヤコブ』(ドイツ)
◆フォークを振りかざして、皿の上に乗った「満州」を食べようとしているロシアを、日本がピストルで撃っている。日本の一弾が顔面に命中して、ロシアは鼻血を出しているが、なおも食欲は旺盛なようである。鉄道が朝鮮半島の近くまで延びている。一方、日本は右足を日本列島に、左足を朝鮮半島に置いている。緒戦の日本の攻撃と、迅速な韓国占領を示唆している。

軍の苦戦に気づいていないニコライを諷刺している。

緒戦で日本側は海陸で優位に戦いを進めたが、ロシア側も当然、態勢を整えて反撃をすることが予想された。ドイツの諷刺画（**図３‐８**）は三月二十二日付けのもので、日本の攻撃に鼻血を出しながらも、満州に向かって「食欲満々」の好戦的なロシアの姿を描いている。実際にはこの後も、ロシア側は苦戦を続ける。

2　マカロフ提督の戦死と機雷の恐怖

日露開戦時のロシア太平洋艦隊の司令長官はスタルク中将であった。日本連合艦隊の旅順港外攻撃時にはパーティを開催中で、攻撃の報を受けてもパーティを中断しなかったというエピソードで知られているがこれは作り話である〔和田、㊦三二五頁〕。スタルク自身は日本海軍の攻撃を疑ってはいたが、アレクセイエフの指示を上回る効果的な攻撃に対する防御措置を取ることはなかった。ロシアは開戦後、慌ただしく軍関係の人事を動かした。まず二月十一日には、アレクセイエフが極東陸海軍最高司令官に任命された。陸軍では二月二十日、クロパトキンが正式に満州軍総司令官に任命された。また海軍では、スタルクに代わってマカロフが太平洋艦隊司令長官に任命された。マカロフが旅順に到着したのは、三月上旬である。

マカロフは世界的にも著名な提督であり、その長い顎鬚をたくわえた特徴的な容貌もあって、「鬚オヤジ」と呼ばれ部下に慕われていたともいう。マカロフの登場でロシア太平洋艦隊の士気は上がったとも言われる。マカロフはスタルクと異なり、積極的に戦いを挑む姿勢を示した。ロシア側にとって不運であったことは、そのマカロフが赴任後一ヵ月あまりで戦死してしまったことである。四月十三日、ロシア太平洋艦隊の旗艦「ペトロパブロフスク」は出撃後、要塞砲の射程内に戻るために反転した後、旅順港外で触雷して爆沈した。マカロフも艦と運命を共にした。触雷後、わずか一分間の出来事だったという。

このとき「ペトロパブロフスク」には、皇帝の従兄弟キリール公爵、著名な画家ヴェレシチャーギンが乗っており命を落とした。比較的最近出された本のなかで山室信一氏は、ヴェレシチャーギンを「非戦画家」として評

図3－9「例のよくある話」

Capt.：政府高官（無線電信で）「ロシア海軍は日本殲滅を夏の終わりまで延期した。その頃には、日本列島に大挙して上陸する予定である」
出典：'Same Old Story,' *Minneapolis Journal*, n.d., rpt. in *Review of Reviews*, Vol. 29 (May 1904), p. 461. 原典『ミネアポリス・ジャーナル』（アメリカ）
◆爆発で吹き飛ばされた長い髭の人物は、マカロフ太平洋艦隊司令長官である。帽子には「ロシア海軍」とある。右下のロシア海軍旗には触雷して爆沈したロシア太平洋艦隊の旗艦「ペトロパブロフスク」の名称が記されている。この爆発でマカロフ提督が戦死したにもかかわらず、キャプションでロシア政府高官は負け惜しみを言っている。そのことをタイトルでは「例のよくある話」と皮肉っている。

価しているが〔山室、二二二〜二二五頁〕、その評価にはいささか疑問がある。彼は「重要な海戦を見越して、それを記録するために」乗船していた〔Connaughton, 60〕。言論と表現の自由が著しく制限されていた当時のロシアに、本当の意味での「非戦画家」を同行させる度量があったとは思えない。開戦初期のロシアではそれまで反体制的であった自由主義者や学生までを含めて愛国心が一時的に高まったと言われるので、彼もそのような愛国心に動かされた一人ではなかったろうか。そして、生きていれば従軍戦争画家として愛国的な戦闘の絵を残したのではなかろうか。

アメリカの諷刺画（図３‐９）はマカロフの戦死を描いているが、同時にそれでも強気を崩さないとしてロシア政府を皮肉っている。

ところで、日露戦争における海戦では、魚雷は期待されたほどの戦果をあげなかったが、機雷は日露両海軍に

機雷禍

図3‐10「黄海のエーギル――機雷禍」

出典：‘Ægir in the Yellow Sea --- the Mine Peril,’ *Lustige Blätter*, n.d., rpt. in *Review of Reviews*, Vol. 29 (June 1904), p. 544. 原典『ルスティヒェ・ブレッター』（ドイツ）

◆海底にいるのは、北欧神話に登場する海神エーギル（アエギル）である。エーギルがつかんでいる紐の先には機雷が浮かんでいる。エーギルの足元の骸骨は、機雷の犠牲者であろう。

甚大な被害を与えた。日本側も、五月十五日に戦艦「初瀬」と「八島」が触雷して沈没するなど多大な損害を被っている。

図3-10はそのような日露両海軍にとって脅威となった機雷の威力を伝えている。

3 開戦後の陸戦の展開——鴨緑江会戦から遼陽会戦前まで

二月六日の韓国への日本軍の軍事進攻の開始〔和田、㊦三〇二～三〇三頁〕に次いで、日本陸軍の韓国臨時派遣隊は、二月八日に韓国仁川に上陸した。次いで十六日には第十二師団が仁川上陸を開始した。無事上陸を果たした部隊は、ソウルに集結した後に、平壌に向けて進撃し、二月下旬にはロシア軍の抵抗をほとんど受けることなく平壌に入城した。その後、三月十日より第一軍の主力が大同江河口に上陸を開始し、第一軍は四月二十一日頃には、鴨緑江左岸に集結し、対岸のロシア軍東部支隊と対峙したが、そこに至る行軍は苦闘と言えるものだった。

日本軍の進軍の障害となったのは、冬から春に至る時期の過酷な自然であった。フランスの諷刺画（**図3-11**）は、自然との戦いを題材にしたものだが、実際に日本軍を悩ませたのは、この画にあるロシア軍でも雪でもなく、寒冷な風雨とぬかるんだ道であった。

一方、ロシア側では、満州軍総司令官クロパトキンが三月二十八日に満州に到着した。クロパトキンは立派な軍歴の持ち主であったので、妥当な人選と思われた〔コナフトン、八四頁〕。

フランスの諷刺画（**図3-12**）は、四月初めに発表されたもので、ロシアが勝利する姿を描いている。この時点でまだ日露の陸軍は本格的な戦闘をしていなかったので、このような想像もできたのであった。

自然との戦い

図3 - 11「日露戦争」

Capt.：「満州での最初の対戦（我々の特派員によるスケッチから）」
出典：'La guerre russo-japonaise,' cartoon, in 'Échos,' *Le Journal amusant*, No. 243 (20 Feb. 1904), p. 9. 'The Russo-Japanese War,' *Le Journal amusant*, n.d., rpt. in *Review of Reviews*, Vol. 29 (Mar. 1904), p. x. 『ル・ジュルナル・アミュザン』（フランス）
◆日露両軍が雪のなかに埋もれて、顔だけを出している。銃剣付き小銃が突き出ているが、自然の前には戦争どころではないようにも見える。左手前には、軍靴だけが顔を出している。

ロシアの勝利

図3 - 12「われらがリトル・ファーザー、ツアーに」

Capt.：良く知られた節「《友よ、歌おう。道は美しい》《こっちへ来て、われらの飯盒の味を楽しんでください》」
出典：D'Ostoya, 'A notre petit Père le tzar,' cartoon, *La Caricature*, Vol. 25, No. 1266 (2 Apr. 1904), p. 105.『ラ・カリカテュール』（フランス）
作者：ドストヤ
◆ロシア人が日本人を小脇に抱え、日本兵を鎖でつないで歩かせ、ツアーの下に連れて行くという内容である。馬の上の将軍は、クロパトキンのようにも見える。このドストヤの画は、『アシエット・オ・ブール』の1904年２月20日号に寄稿したアダラマカロの画によく似ている。

ロシアの情報収集

図3 - 13「偵察――鴨緑江の畔にて」

Capt. :
コサック兵「それで日本軍はここからずっと遠いところにいるのか？」
韓国人「ええ、もちろんです、旦那。聞いたところでは、あいつらはまだウラジオストクの水雷艇の射程距離にはとどかないそうですよ」
出典 : ‘Reconnaissance sur les bords du Yaloue,’ cartoon, *La Caricature*, Vol. 25, No. 1267 (9 Apr.1904), p. 115.
『ラ・カリカテュール』（フランス）

鴨緑江を挟んで日露両軍は対峙したが、ロシア側は情報から日本軍が五月中旬までは攻撃作戦に出ないと見ていた。フランスの諷刺画（図３-13）は、ロシアの韓国人からの情報収集の様子を面白おかしく描いている。

しかし、第一軍は、五月一日に鴨緑江渡河作戦を開始し、高台の敵を攻撃するという不利な状況にもかかわらず渡河に成功し、敵の陣地を攻略した。この戦闘は、満州のロシア軍と日本陸軍の最初の本格的な戦闘となった。ロシア軍は大切な緒戦を落として、敗走を強いられた。同盟国イギリスの『パンチ』誌の諷刺画（図３-14）は、その様子をユーモラスに描いている。

一方第二軍は、五月五日に塩大墺に上陸をし、五月下旬には南山攻撃を開始し、多大の損害を出しながらも二十六日にはこれを占領した。第二軍は、三十日に大連を占領した。アレクセイエフは南山攻撃の前に、遼陽に逃れていた。

敗走するロシア軍の言い訳

図3 - 14「ある戦略家」

Capt. : ロシア熊（悪賢く）「逃げている？　いや、全然そうじゃないよ。やつらをおびき寄せているんだよ」
出典：E. Linley Sambourne, 'A Strategist,' *Punch, or the London Charivari*, Vol. 126 (11 May 1904), p. 335.『パンチ、あるいはロンドン・シャリヴァリ』（イギリス）
作者：E・リンリー・サンバーン
◆ロシア軍の敗走を皮肉っている。銃や弾丸を抱えての敗走で、弾丸がこぼれおちている。

図3－15 タイトルなし

Capt.：「新聞記事によると、北朝鮮の道路はひどい状態にあるそうである」
出典：A. Fiebiger, *Jugend*, No. 15 (31 Mar. 1904), p. 297; rpt. in 'The Russian Situation in North Korea,' cartoon, *Review of Reviews*, Vol. 29 (May 1904), p. 462.『ユーゲント』（ドイツ）
作者：A・フィービガー
◆ロシア兵が足を踏み出す先には、日本刀が所狭しと突き出していて、剣の原っぱである。転載誌の表題には「北朝鮮でのロシアの状況」とある。ロシア軍が北朝鮮に集結した日本軍を攻めあぐねている様子が見て取れる。

図3－16「ある鷲の最後」

出典：'The End of an Eagle,' *Le Grelot*, 5 June 1904, rpt. in *Review of Reviews*, Vol. 30 (July 1904), p. 38. 原典『ル・グルロ』（フランス）
◆マサカリを持った金太郎（日本）が、双頭の鷲（ロシア）の首の一つをつかまえて刎ねようとしている。

── 小猿のような日本兵との戦い ──

図3－17 タイトル不詳

Capt.：ロシア「いやな小さな生き物たちめ！　最後の一人まで殺す必要があるだろう」

出典：*La Silhouette*, 5 June 1904, rpt. in *Review of Reviews*, Vol. 30 (July 1904), p. 38. 原典『ラ・スィルウェット』(フランス)

◆大きなロシア兵が小猿のような日本兵に襲われて苦戦している様子が描き出されている。

図3・15・16は、この頃のロシア軍の苦戦を背景に描かれたドイツとフランスの諷刺画である。

ロシア軍の敗因は色々とあったが、その一つには「日本兵をとるに足らない〝サル〟と見て」過小評価していたことが挙げられる〔コナフトン、八五頁〕。**図3・17**は、ロシアの同盟国フランスでこの頃掲載されたもので、そのような見方を反映しているとも言えよう。他の敗因の一つは、イギリスの新聞などを情報源として、ロシア側が早い時期の渡河作戦がないと思い込んでいたことである。

その後、日本陸軍は、遼陽と海軍の強い要望もあって旅順の二つの目標に向かって進撃を開始する。日本軍は六月十五日の特利寺の戦いで勝利した後、六月三十日の摩天嶺の戦いに始まり、橋頭・大石橋といった戦闘でも勝利を収め、八月には旅順攻囲戦と遼陽会戦に向けて態勢を整えるに至った。

ところで特利寺の戦いの前、五月末から六月初めにかけて、ロシア側はシベリア・コサック騎兵による衝撃作戦に出た。迎え撃ったのは、第二軍の騎兵第一旅団の騎兵第十三連隊第二中隊である。この旅団長は秋山好古少将である。満州軍総司令官クロパトキンは、前年の六月に陸相として日本を訪問した際に寺内正毅陸相と会談し、日本側の弱点の一つとして「騎兵の弱さとその組織が完成していないこと」を挙げている。対して寺内はロシアから種馬を取り寄せたことなどを明らかにしている〔広野、三七頁〕。果たして、この騎兵の突撃作戦では、ロシア側はそれなりの戦果をあげたという。

図3‐18は、丁度この戦いの頃、日本軍騎兵の馬について触れた諷刺画である。

ところで、一九〇三年六月のクロパトキンと寺内の両陸相の会談の際、クロパトキンがさらに日本軍の欠点として指摘していたのは下士官不足であったが、また彼はこの日本滞在中に日本人が宗教心に欠けることも日本軍の大きな弱点と見ていた。宗教なしでは「戦争の厳しい試練に耐え抜くことは」大衆からなる一般の兵にはできないというのである〔和田、六～七頁〕。実際には、宗教がなかったわけではなく、また日本軍には宗教と共に強烈なナショナリズムがあり、クロパトキン自身、身をもってその威力を体験することになる。次の二点の諷刺画（**図3‐19・20**）はいずれもドイツのもので、逆に苦戦が続く中でロシア兵が宗教に頼る姿を諷刺的に描いている。

4　旅順封鎖作戦

六月十五日号の『パンチ』誌に掲載された**図3‐21**では、昇る朝日の日本に照らされて、旅順と名付けられた

日本軍騎兵と馬

THE SEAT OF WAR IN THE FAR EAST.

(Drawn from Imagination by our Specially Lively Artist in the Very Far Out West.)

["It is said that the Japanese Cavalry have recently been provided with excellent Australian horses full of staying power."

図3 - 18「極東の戦場」

出典：G. Denholm Armour, 'The Seat of War in the Far East,' *Punch, or the London Charivari*, Vol. 126 (8 June 1904), p. 411.『パンチ、あるいはロンドン・シャリヴァリ』（イギリス）
作者：G・デンホウム・アーマー
◆タイトルは「極東の戦場」だが、「戦場」(seat of war) の seat にわざわざ下線が引いてある。絵の様子から、「戦争の乗りこなし方」という意味合いもある。解説には、「日本軍騎兵隊は最近、スタミナ十分の素晴らしいオーストラリア産の馬を供給されたと言われる」とある。そのオーストラリア産の馬を乗りこなすのに苦労している様子が、極東の戦場の様子とからめて描かれている。説明文によれば、「特別真に迫った絵を描く我々の画家によって、インスピレーションに基づいて描かれた」とある。

図3－19「ロシア人の戦争の仕方」

Capt.：前線にて「『弾薬か？』『いや、聖画像（イコン）を！』」
出典：'How the Russians Wage War,' *Simplicissimus,* n.d., rpt. in *Review of Reviews*, Vol. 30 (July 1904), p. 38. 原典『ジンプリツィシムス』（ドイツ）
◆ロシアの最前線では、必要なのは弾薬でなく聖画像であるとして、ロシアの苦戦を表わしている。

図３－20「日本人の魔術」

Capt.：「ロシア人たちは、倒れた日本兵の背嚢から櫛・石鹸・歯ブラシを見つけ、彼らからしばしば勝利を奪っている邪悪な魔法から自らを守るためにすぐに処置を施す」
出典：'Japanische Zauberei,' *Kladderadatsch*, Vol. 57, No. 32 (7 Aug. 1904), p. 459; 'Japanese Magic,' *Kladderadatsch*, rpt. in *Literary Digest*, Vol. 29, No. 11 (10 Sept. 1904), p. 330.『クラデラダーチェ』（ドイツ）
◆ロシア人神父（左）が日本兵からの鹵獲物に対して悪魔払いをしている。ロシア兵は一人は敬礼をし、他は神妙に帽子を取っている。ユーモラスな作品である。

旅順に追い詰められたロシア軍

図3 - 21「融解」

出典：E. Linley Sambourne, 'Melting,' *Punch, or the London Charivari*, Vol. 126 (15 June 1904), pp. 424-45.『パンチ、あるいはロンドン・シャリヴァリ』（イギリス）
作者：E・リンリー・サンバーン

氷の山が溶け出して、ロシア熊は心細げに氷の淵にいる。タイトルMeltingには、氷がとける「融解」の他に、形容詞で「哀れな」という意味もある。旅順に追い詰められたロシア軍の苦境を表わしている。この諷刺画を見ると、旅順陥落も間近なような印象を受けるが、実際は容易ではなかった。

奇襲攻撃とその後の海戦で、ロシア旅順艦隊を殲滅することができなかった日本海軍は、旅順艦隊を旅順港内に封じ込めるために、一九〇四年二月二十日、三月二十七日、五月三日と三度に亘り閉塞作戦を実施した。しかし、完全に港口を閉塞することはできず成功とは言えなかった。次に取られたのが、旅順封鎖作戦であり、東郷長官は五月二十六日、同地域の戦時封鎖を宣言した〔遠藤、一〇二頁〕。一方、陸軍は先にも述べたように五月三十日に大連市を占領し、陸からの旅順攻略の準備を整えた。しかし、陸からの旅順攻略も容易ではなかった。

旅順港口閉塞と旅順封鎖は、カリカチャリストの想像力を刺激したようで、図3-22~26に見るように「投獄」されたり「瓶詰め」にされたロシア軍のイメージが流布している。しかし、旅順でのロシア軍の頑強な抵抗は長く続くのである。

—— 投獄、瓶詰め、消化不良
旅順封鎖 ——

図3-22「旅順にて——投獄」

出典：W. Lehmann, ‘In Port Arthur: Hinter Schloß und Riegel,’ *Wahre Jacob*, No. 466 (31 May 1904), p. 4369.『ヴァーレ・ヤコブ』（ドイツ）
作者：W・レーマン
◆この諷刺画では、入口に檻を設けられて、旅順という獄に投獄されたかのように悲しげな表情でロシア軍人が、軍艦を糸で縫い合わせている。隣には怪我をして包帯を巻いた熊（ロシア兵）が小さくなっている。檻の向こうでは、ちょん髷の人物が檻を閉めている。

図3 - 23「瓶詰めされて」

出典：'Bottled Up,' *Daily Despatch*, n.d., rpt. in *Review of Reviews*, Vol. 29 (June 1904), p. 571. 原典『デイリー・ディスパッチ』(南アフリカ)
◆瓶の中にはロシア兵がいる。瓶の上にまたがった日本兵は、槌でコルクの栓を押し込んでいる。旅順の陸海からの封鎖、とくに海側からの封鎖を象徴していると言えよう。

図3 - 24「瓶詰めされて！」

出典：'Bottled Up!,' *New York American*, n.d., rpt. in *Review of Reviews*, Vol. 30 (Aug. 1904), p. 153. 原典『ニューヨーク・アメリカン』(アメリカ)
◆旅順封鎖。同じモチーフである。

図3 - 25「目論見」

出典：'The End in View,' *Judy*, 17 Aug. 1904, rpt. in *Review of Reviews*, Vol. 30 (Sept. 1904), p. 246.原典『ジュディー』(イギリス)
◆「旅順」と記されたボトルのなかの怪我をした小熊を日本兵が捕まえようと目論んで、必死に手を伸ばしている。

図3 - 26 タイトル不詳

出典：*Il Papagallo,* 7 Aug. 1904, rpt. in *Review of Reviews*, Vol. 30 (Sept. 1904), p. 245. 原典『パパガッロ』(イタリア)
◆解説によればロシア人の巨人が日本軍の砲弾を腹に受けて、消化不良のものを吐き出している。それが「旅順」という文字を成している。

5　黄海海戦と日本軍の優位

ロシア側は戦況の逆転を目指して、通称バルチック艦隊と呼ばれる太平洋第二艦隊の編成を四月に開始した。派遣決定は六月。しかし、編成を終えて準備を整えて、バルチック艦隊の主力がレーヴェリ（現在のタリン）を出たのは十月のことだった。

一方、封鎖された旅順から、ロシア旅順艦隊はウラジオストクへの脱出を試みる。強力な要塞砲で守られたウラジオストクに戦力を結集するためである。六月二十三日、旅順艦隊は最初の脱出を試みたが、日本の連合艦隊に発見されて、艦隊決戦を実施せずに旅順港に舞い戻ってしまった。陸軍のみならず、海軍も「退却」をしたのである。

日本陸軍の旅順総攻撃が間近に迫っているとの情勢分析もあって、皇帝の命令を受けて、旅順艦隊が二度目の旅順脱出を試みたのは八月十日である。連合艦隊もこれを迎え撃つべく出動した。旅順艦隊と砲火を交えながらも、いなされるような形で先を行かれてしまった連合艦隊はこれを追尾し、捕捉して夕刻に海戦に至った。戦死したマカロフの後任として旅順艦隊臨時司令長官になっていたウィトゲフトは、旗艦である戦艦「ツェザレウィチ」に座乗していたが、三笠の砲弾を受けて戦死した。艦隊司令を失った旅順艦隊は統制を欠き、当初の目的であったウラジオストクへの回航を諦めて、戦艦五隻、巡洋艦一隻、他に駆逐艦などが旅順港に逃げ帰った。そのほかは、膠州湾、上海、サイゴンに逃げ込んで抑留されたり、ウラジオストクを前に破壊された。

しかし、旅順艦隊主力を取り逃がしたことは、日本側にとっても大きな打撃であった。旅順艦隊に回航してくるバルチック艦隊が加われば、日本側には大きな脅威となるからである。バルチック艦隊が回航してくる前に旅順艦隊を殲滅することが、日本の戦略目標となり、そのために海軍は陸軍の旅順攻略を督励し、そのことにより多大な犠牲を払って陸軍が旅順攻略を急ぐことになった。

ところでこの海戦で旗艦「ツェザレウィッチ」は駆逐艦とともにドイツの租借地である膠州湾に逃げ込み抑留された。その艦名が意味する「皇太子」と、海戦二日後の八月十二日にニコライ待望の皇太子アレクセイが誕生したことと相まって、「ツェザレウィッチ」は**図3-27**のように諷刺画の題材となった。皇太子アレクセイは、この後も諷刺画に主役や脇役として度々登場することになる。

また、この海戦で、巡洋艦「アスコルド」は駆逐艦一隻とともに上海に逃げ込んだ。そのことは清国の中立義務の問題を喚起した。当時はすでに後の「海戦中立条約」（一九〇七年ハーグ平和会議で採択）の内容に沿うような慣行が定着していたので、中立国である清国の領水内で、ロシア艦船が戦闘能力の増加をするなど領水内を違法に利用して、しかも清国がこれを阻止することができないか怠った場合、日本側は軍事上必要な作戦を取ることができた。要するに中立港内であるが、日本側が攻撃を開始する可能性もあったのである。日本側は戦時中立法が守られているかを監視するために艦艇を上海に派遣した。

この事件はアメリカの利害とも関係していたので、アメリカの諷刺画家の多くが取り上げた。次の四点はいずれもアメリカの諷刺画である。**図3-28・29**はまさにこの事件に触発されて描かれたものである。また**図3-30**も、中立問題をめぐる当時の清国の困難な立場を表わしている。さらに事態を複雑にしたのは、「アスコルド」がアメリカのスタンダード・オイル社の倉庫前に接岸したことだった。日本海軍が攻撃をすれば、アメリカの主要な中国進出企業である同社にも被害が及ぶおそれがあった。**図3-31**は、そのような事情を背景に描かれている。最終的に、「アスコルド」と駆逐艦は武装解除に応じた〔コナフトン、二四三頁〕。

緒戦の勝利に始まって、八月中旬の黄海海戦まで、日本軍は苦戦を強いられたこともあったものの戦勝を重ね

旗艦「ツェザレウィチ」と皇太子誕生

図3 - 27「眠れ、ツェザレウィチ［小さき者］よ、眠れ」

出典：'Sleep, Little One, Sleep,' *Ulk*, 26 Aug. 1904, rpt. in *Review of Reviews*, Vol. 30 (Oct. 1904), p. xxx; 'Sleep, Czarevitch, Sleep,' *Ulk*, n.d., rpt. in *Literary Digest*, Vol. 29, No. 12 (17 Sept. 1904), p. 356. 原典『ウルク』（ドイツ）

◆ツェザレウィチはロシアの皇太子の意味であるが、旅順艦隊の旗艦の名称でもある。ロシア皇帝には、8月12日に待望の皇太子アレクセイが生まれている。一方、皇太子誕生の二日前の8月10日、ロシア旅順艦隊は黄海海戦で敗れ、旗艦ツェザレウィチは膠州湾に逃げ込み、終戦まで抑留された。これらを踏まえて、この画では、黄海海戦の戦闘のさなかにロシア皇帝は赤ん坊をあやし、一方で旗艦ツェザレウィチが巻き込まれた海戦が鎮まることを願っているのであろう。

図3 - 28 タイトル不詳

Capt.：小さいジャップ「中国人さん、誰かがあんたの風呂桶にいるよ」
出典：Mahony, cartoon, *Washington Evening Star*, n.d., rpt. in *Literary Digest*, Vol. 29, No. 10 (3 Sept. 1904), p. 277. 原典『ワシントン・イヴニング・スター』（アメリカ）
作者：マーオニー
◆風呂桶「上海」にいるロシア艦をめぐって、日本（左）が中国（中央）に抗議している。ロシア（右）は軍艦を見守っている。

図3 - 29 タイトル不詳

Capt.：[中国]「わたちい、みなぁ、おなちい、とっていも中立ある」
出典：Rehse, cartoon, *St. Paul Pioneer Press*, n.d., rpt. in *Literary Digest*, Vol. 29, No. 10 (3 Sept. 1904), p. 277. 原典『セントポール・パイオニア・プレス』(アメリカ)
作者：リーセ
◆中国（中央）が日本（左）に鼻を、ロシア（右）に辮髪を引っ張られている。中立問題で責められている様子を表わしている。キャプションはブロークンな英語で、それに合わせて訳した。

図3 - 30「中国にとっての難しい立場」

出典：Bartholomew [pres.], 'A Difficult Position for China,' *Minneapolis Journal*, 8 Sept. 1904, rpt. in *Review of Reviews*, Vol. 30 (Oct. 1904), p. vii. 原典『ミネアポリス・ジャーナル』（アメリカ）
作者：バーソロミュー［推定］
◆中国（中央）が「中立」という塀の上にいて、日本（右）とロシア（左）のそれぞれに足を引っ張られて、股裂き状態になっている。日露の交戦国を前に、中国が中立を守ることの難しさを表わしている。

図3 - 31 タイトル不詳

出典：Ralph Wilder, cartoon, *Chicago Record-Herald*, n.d., rpt. in 'Scean at Shinghai on August 21 ... ' *Literary Digest*, Vol. 29, No. 10 (3 Sept. 1904), p. 278.　原典『シカゴ・レコード＝ヘラルド』（アメリカ）
作者：ラルフ・ワイルダー
◆黄海海戦後、「上海港」に逃げ込んだロシアの巡洋艦アスコルド（上）を攻撃しようとした日本海軍（下）を、アメリカ艦船が遮って邪魔をしている。攻撃を妨げた理由は、スタンダード・オイル社の倉庫の近くにロシア艦が接岸したためとも言われる。1904年8月21日のことと見られる。アスコルドは最終的には清国により武装解除された。

た。次に紹介する諷刺画は、いずれも日本軍の優位を物語るものである。そのうち図３‐32～34は、アメリカのものである。まず、図３‐32は、前進することもままならない、ロシアの陸海両軍の苦境を表わしている。図３‐33は、ジョナサン・スウィフトの『ガリバー旅行記』のパロディである。図３‐34では、日本に翻弄されるロシアの姿が、日本人のステレオタイプである曲芸師の技とともに描かれている。図３‐35では、日露戦争が日露の西洋剣術の試合に擬せられている。

緒戦での勝利の要因の一つは、前にも述べたロシア側の日本の軍事力に対する過小評価に帰することができるだろう。むろん日本の軍事力が侮れないと認識して、過小評価を戒める意見もあったが、最終的には勝利ができると楽観していたようである。最近のサルキソフ氏の研究は、そのようなロシアの「幻想」に近いとも言える戦略構想を明らかにしている。それによれば、ロシアは日本を占領して弱体化させ、極東の諸海域で制海権を確保して講和条約を結び、韓国を支配するとある〔サルキソフ、七七～八〇頁〕。

―― 連戦連勝の日本軍 ――

図3‐32「ロシアの前進」

出典：'The Russian Advance,' *St. Paul Press*, n.d., rpt. in *Review of Reviews*, Vol. 30 (July 1904), p. ix.
原典『セントポール・プレス』（アメリカ）
◆熊（ロシア）が崖を降りながら前進しようとすると、「陸軍」と記された岩（左）と「海軍」と記された岩（左）が次々と崖下に落ちて行こうとしている。

図3 - 33「現代のガリバー」

出典：'The Modern Gulliver,' *Minneapolis Journal*, 2 Aug. 1904, rpt. in *Review of Reviews*, Vol. 30 (Sept. 1904), p. 246. 原典『ミネアポリス・ジャーナル』（アメリカ）
◆小人国リリパットに漂着したときのガリバーにロシアを見立てている。小人たち（日本兵）に捕まったガリバー（ロシア）は身動きもできない。『ガリバー旅行記』（1726年刊）自体が強烈な諷刺の書である。

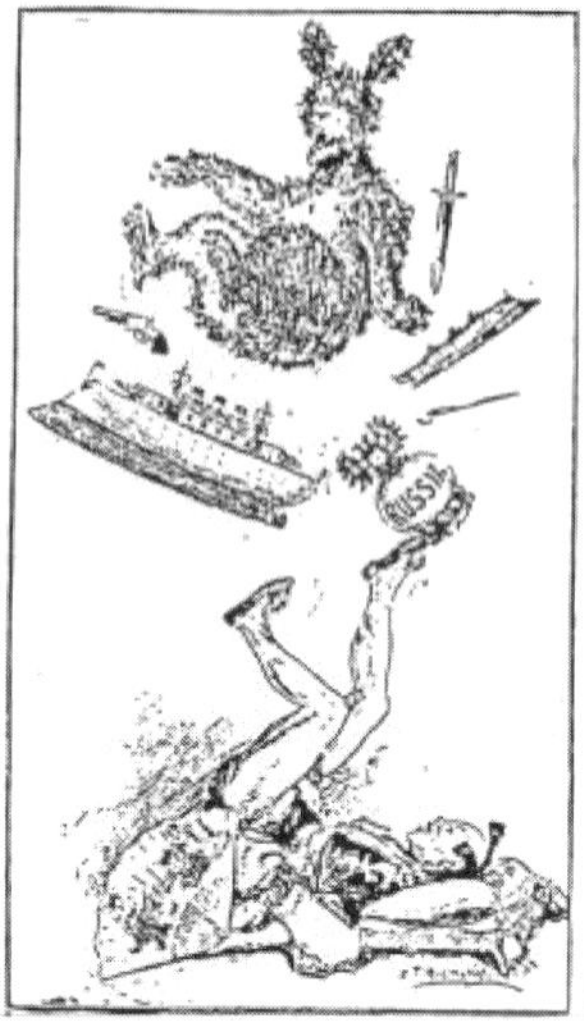

図3 - 34「続く演技」

出典：'A Continuous Performance,' *Life*, n.d., rpt. in 'An American View of the War,' *Review of Reviews*, Vol. 30 (Sept. 1904), p. 273. 原典『ライフ』（アメリカ）

◆日本人曲芸師が、足芸を披露しており、熊・軍艦・剣・銃や「ロシア」と記された双頭鷲の王冠が足で操られている。その演技は続いているのである。

図3 - 35「三枚の画のなかの日露戦争」

説明：「ドイツの諷刺画家が表現したもの」

出典：'The Russo-Japanese War in Three Pictures,' *Ulk*, n.d., rpt. in 'Miscellaneous Cartoons,' *Review of Reviews*, Vol. 30 (Aug. 1904), p. vii. 原典『ウルク』（ドイツ）

◆一枚目（左）ではロシアが優勢で日本は手しか見えないが、二枚目（真ん中）では日露が拮抗しており、三枚目（右）では日本が逆に押し込んでいる。画の下の解説は判読できないが、恐らく左から過去（開始）、現在（途中）、未来（結果）を表わしていると思われる。西洋の武器であるサーベルで両者が戦っていることも象徴的である。

図３-36は、そのようなロシアの夢想に近い計画とは直接関係はない、カリカチャリストの想像力の産物である。むしろロシアの敗北が続くなかであてこすりとして描かれたとも言えよう。ロシア人が日本化していることもおもしろい。ただ、ロシア側の認識のなかでは、日本占領が現実化することも考えられていたし、日本側もそのようなことがないように強い危機感を抱きながら戦争に臨んでいたのである。

―――皮肉としてのロシアの日本征服―――

図3 - 36「もしロシア人が日本を征服するとしたら」

Capt. :（ロシア人は東京でいかにして楽しむか！）
出典：E. T. Reed, ‘If the Russian were to conquer Japan,’ *Punch, or the London Charivari*, Vol. 127 (7 Dec. 1904), p. 409.『パンチ、あるいはロンドン・シャリヴァリ』（イギリス）
作者：E・T・リード
◆ロシア人が日本を征服したらという仮定で、ロシア人がサムライの鎧兜を身に付けて、人力車で東京を巡っている。後ろの人物は、軍配団扇を手にしている。

第4章

メディア戦争としての日露戦争

1　メディア戦争

日露戦争は、近代的な武器を双方が使用した二〇世紀では最初の本格的な近代戦争と言われるが、もうひとつの近代戦争としての側面を持っている。それは、日露戦争がメディア戦争であったことである。メディア戦争には二通りの側面がある。一つはメディアを通して戦争が、数日の間隔はあるもののリアルタイムに近い形で報道されるようになったことである。欧米の戦争報道に対する関心は高く、戦闘のニュースは当時飛躍的に発達しつつあった近代的な通信手段、たとえば無線通信などを通して、欧米には数日を経ずして伝えられた。世界中の人々が戦争の帰趨に注目し、新聞などのメディアは戦争報道を通して発行部数を伸ばし成長した。また、メディア戦争というときのもう一つの側面は、戦争報道の即時性と大衆への訴求力が強まったため、メディアが戦争の帰趨を左右しかねない影響力を持ち始め、戦争をする側もメディアの影響力にこれまで以上に注意を払わなければならなくなったことである。さらに問題を複雑にしたのは、戦争当事者は、国内のメディアばかりでなく、海外のメディアも何らかの形で操作する必要性が強まったことである。政府や軍は、国内ばかりでなく海外も含めて、メディアを統制・制御したり、利用しようとしたのである。

図4-1では次々と届く戦争報道を基に「戦争ゲーム」に興じる紳士が描かれ、皮肉なオチが用意されている。**図4-2**では、聞きなれない人名・地名が飛び交い、情報過多の状況が浮き彫りになっているとも言えそうである。

二〇世紀初頭のマス・メディアは、新聞や雑誌によって代表されていた。これらの定期刊行物は、日露の対立

戦争報道に熱狂する人、うなされる人

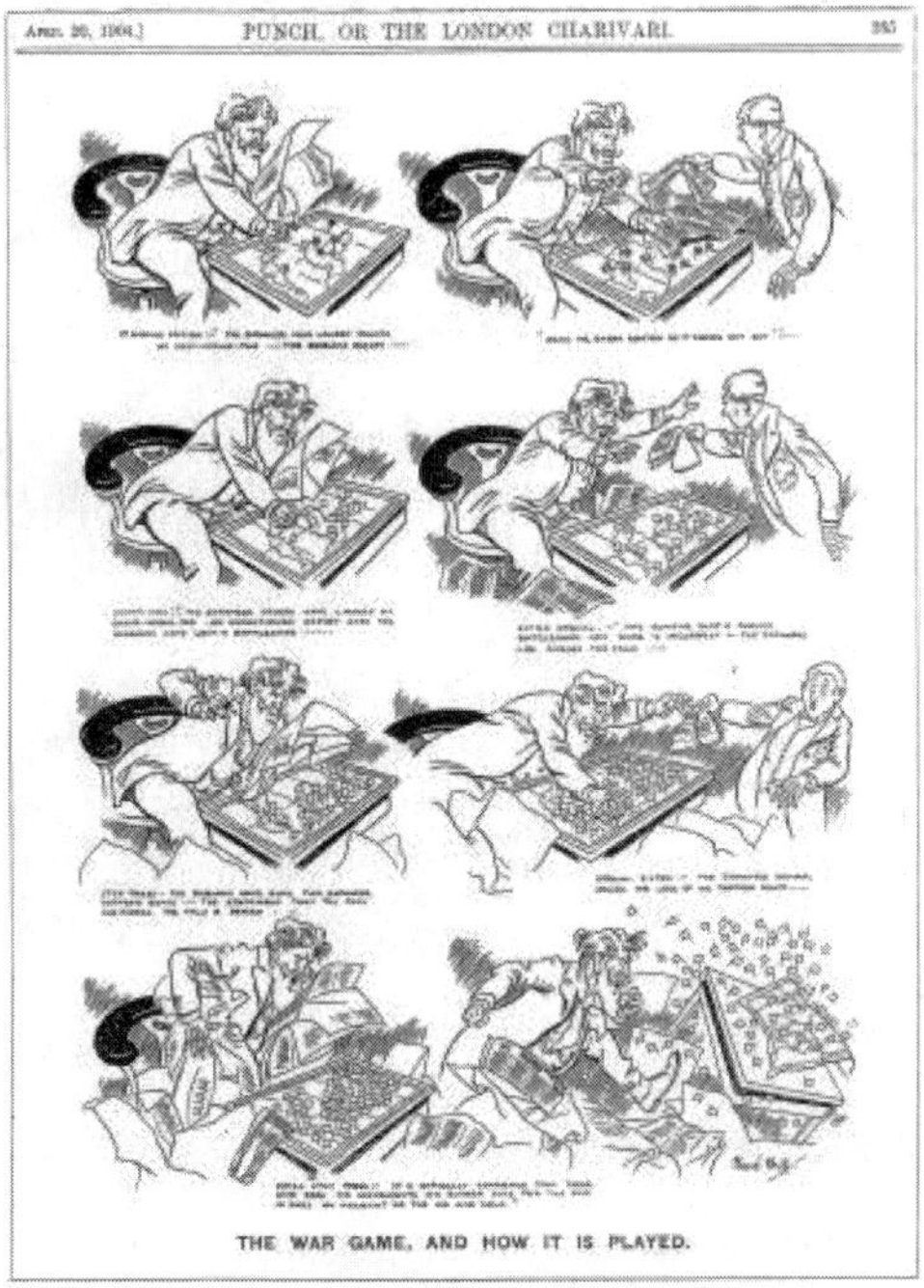

図4－1「戦争ゲーム、そしてそれはいかにプレイされるか」

Capt.：解説参照のこと。

出典：Réné Bull, 'The War Game and How It Is Played,' *Punch, or the London Charivari*, Vol. 126 (20 Apr. 1904), p. 285.『パンチ、あるいはロンドン・シャリヴァリ』(イギリス)

作者：ルネ・ブル

◆紳士が新聞を見ながら「戦争ゲーム」に興じている。日本軍が上陸した地点に旗を立てたりしながら、ボーイに新聞の最新版を持って来させる。次から次へと情報がもたらされる。日本軍は上陸せず。ロシアの軍艦四隻が沈没したとの未確認情報。四隻の沈没は誤り。日本軍が鴨緑江を渡河。日本の水雷艇二隻をロシアが撃沈。日本軍の鴨緑江渡河を否定する声明。日本海軍提督、水雷艇を失ったことを否定。最後のオチにはこう書かれている。「特別最新ニュース――公式に確認されたところによれば、氷と寒さのため、この10日間、どちらの側にも動きはなし」。紳士は怒って、戦争ゲームのテーブルを蹴飛ばして、ひっくり返してしまう。

図4 - 2「ただの悪夢に過ぎない」

Capt. :「この市民は最新の戦争についてのニュースを読んでいる間に寝入ってしまった」
出典 : Frederick Burr Opper, 'Merely a Nightmare,' *New York American*, n.d., rpt. in 'Miscellaneous Cartoons,' *Review of Reviews*, Vol. 29 (Mar. 1904), p. xiv. 原典『ニューヨーク・アメリカン』(アメリカ)
作者 : フレデリック・B・オッパー
◆このアメリカ市民は、次々と報じられた戦争のニュースを読んでいるうちに眠ってしまったのである。ベッドサイドには最新記事を載せた「日刊紙」「夕刊紙」が散らばっていて、男の夢のなかには、聞きなれない日本・ロシア・中国の人名・地名・新聞名などが浮かび上がっていて、男はうなされているのである。夢に現われた人名・地名・軍艦名・新聞名などには、スペルをわざと間違えていると思われるものもあるが、幾つか挙げてみると、地名では「ウラジオストク」「ニコライエフスク」(ニコライエフスク・ナ・アムーレ)「ペトロパブロフスク」(カムチャッカ半島にある港湾都市ペトロパブロフスク・カムチャッキー)「遼東」「シャンハイコワン」(山海関)など。軍艦では「ナヒモフ」「磐手」(日本海軍第二艦隊第二戦隊の一等巡洋艦)などの名前が見える。人名では「クロパトキン」「上村」(上村彦之丞。第二艦隊司令長官)、「末松」(末松謙澄)。新聞では、「ノーヴォエ・ヴレーミア」と「時事新報」の名前が見える。耳慣れない名称に溢れていることは、ある意味でこの戦争がアメリカにとって遠い戦争であることも暗示している。

平和の鳩を殺す戦争特派員

図4 - 3「それを殺すことに決定」

説明：（状況についてのアメリカの見方）
出典：'Determined to Kill It,' n. p., n.d., rpt. in *Review of Reviews*, Vol. 29 (Feb. 1904), p. 139. 原典不詳
◆こぞって平和の鳩を叩いたり、突いたり、石を落そうとしているのは、戦争特派員である。画の左上、双こぶの山の上で対峙している日本とロシアも、思わずその騒ぎに見とれている。戦争を前にしたメディアの過熱報道と平和よりも戦争を望むような姿勢を批判的に諷刺しているのであろう。原典は分らないが、「状況についてのアメリカの見方」という説明があるので、アメリカの新聞もしくは雑誌から転載したものであろう。

戦場の写真　決定的瞬間を求めて

図4 - 4「旅順――探照灯を利用した日本のカメラマン」
Capt.：「おい、そこの……負傷した人……動かないでくださいね」
出典：Henriot, 'Port-Arthur---Photographe japonais profitant des projecteurs,' cartoon, in 'Échos,' *Le Journal amusant*, No. 275 (1 Oct. 1904), p. 5.『ル・ジュルナル・アミュザン』（フランス）
作者：アンリオ

PORT-ARTHUR — PHOTOGRAPHE JAPONAIS PROFITANT DES PROJECTEURS
— Eh là-bas... le blessé... ne bougeons plus s. v. p.

そして戦争を大きく取り上げたが、問題がなかったわけではない。

一つは戦争を煽る扇情的な新聞雑誌、すなわちイエロージャーナリズムの問題である。とくに日露戦争の六年前のアメリカ＝スペイン戦争（一八九八年）において、アメリカのハースト系諸新聞は、反スペイン感情を煽って国民を開戦へと誘導したことが知られている。それだけにアメリカではイエロージャーナリズムの問題に敏感であり、**図４‐３**はそのような報道の持つ問題を明らかにしている。

日露戦争では写真も頻繁に新聞・雑誌に掲載された。また軍も写真を作戦策定や記録のために利用している。ただ、その後の写真技術の発達を考えれば、技術的には未熟であった。**図４‐４**は、旅順攻略戦の様子を写真に収めようとしている日本人のカメラマンを描いているが、キャプションには辛辣な皮肉が込められている。

2　日露両国政府による報道規制

開戦後、日本に押し寄せた外国特派員に対して、日本政府はなかなか従軍の許可を出さなかった。まずは、直接的な記事に対する検閲ではなく、外国人記者の統制を実施して、不利な報道がなされないようにしたのである。しかし、そのような統制によって、記者たちが逆に反日感情を持つようになってしまったとも言われている。たとえば、アメリカのハースト系新聞から派遣されたアメリカ人作家ジャック・ロンドンもそのような特派員の一人で、一九〇四年二月には、無許可で小倉に赴き、軍港を撮影してカメラを没収され、勾留されている。この事件が直接この**図４‐５**に反映しているかどうかは分らないが、記者の帽子はテンガロン・ハット（いわゆるカウボーイ・ハット）のように見えるし、肩にかけているのは当時のカメラバッグであり、いわゆるイエロー・ペー

「東洋の知恵」　報道規制

図4 - 5「東洋の知恵」

Capt. ：日本の将校（報道特派員に）「卑しくも私たちは、名誉ある新聞記者を名誉ある記章で見分けたいのです」
出典：Bernard Partridge, 'The Wisdom of the East,' *Punch, or the London Charivari*, Vol. 126 (16 Mar. 1904), p. 183.『パンチ、あるいはロンドン・シャリヴァリ』（イギリス）
作者：バーナード・パートリッジ
◆日本の将校が、「検閲」と書かれた布で、報道特派員を目隠ししている。開戦後、日本に押し寄せた外国特派員に対する統制を表わしている。

パーであるハースト系新聞から派遣されたロンドンは、決してキャプションにあるような「名誉ある新聞記者」とは見なされなかったであろう。ロンドンはその後、勝手に朝鮮半島に渡り、従軍許可を得るが、数々のトラブルの後に本国アメリカへと強制送還されてしまう〔橋本、二二五頁〕。

外国人記者はなかなか従軍を許されず報道統制を受けたが、一部の記者は従軍を許され、日本軍と共に戦場に赴き、戦争報道を行なった。その中に日本側が衝撃を受けた報道があった。それは、イギリスの『ザ・タイムズ』紙に掲載された済物浦からの日本軍の上陸と進軍に関する二月末の記事であった。何の変哲もない記事のように読めるが、当時の日本軍が軍事機密としていた情報が、かなり詳細に報じられてしまっていた。イギリスの新聞に載った情報は、ロシア軍にもそのまま筒抜けになって伝わってしまう。これを境に日本軍は厳格な報道管制を実施し始めたと言われる〔コナフトン、八二頁〕。

一方、ロシア軍は開戦当初は外国人記者の統制を始めとする報道管制に比較的無頓着であったようである。これはロシア側が報道の自由に配慮したというよりも、単にその弊害に無自覚であったからと言うべきであろう。ロシア側も四月三十日には、外国人記者を奉天まで引き揚げさせて、報道管制を実施する〔コナフトン、八二頁〕。**図4-6**はロシア軍の報道管制や検閲の厳しさを諷刺している。日本側の報道管制が欧米の記者の不興をかったということもあったが、この画を見る限り、報道管制という点ではロシアも変わらなかったと言えるであろう。

日露双方とも外国の報道、とくにイギリスの報道には強い関心を持っていた。コナフトンによれば、ロシア側は特にイギリスの新聞の情報を重視し、駐英ロシア大使館からペテルブルクでの情報分析を経て前線まで情報を送ったという。しかし、そのためにロシア軍は「イギリスの新聞からひどい情報操作を受けることになる」のである。先の鴨緑江渡河作戦の時期の予測を誤ったことも、これらの報道に由来するという〔コナフトン、八三頁〕。

一方、旅順攻略戦において日本の第三軍に従軍した新聞記者たちは、「旅順陥落後まで、一語も本社に報告を送らないとの協定」により従軍を認められたとも言われているが、そうせずに八月の旅順要塞第一回総攻撃にお

ロシアの報道管制

図4 - 6 タイトルなし

Capt.：「『ノヴィ・クライ』紙に掲載されたロシア陸軍に従軍する戦争特派員に対する規則」[その他は解説参照のこと]
出典：*Kladderadatsch*, Vol. 57, No. 19 (8 May 1904), p. 267;
Kladderadatsch, rpt. in '*Review of Reviews*, Vol. 29 (June 1904), p. xii.
『クラデラダーチェ』(ドイツ)
◆ロシアにおける新聞記者に対する圧力や検閲を諷刺している。記者は、手錠をかけられたままで、解説によれば「身分証明や写真を示さなければならない」(コマ１)。また、「必要なテストに合格した者を牢に入れるか否かを決定するのは司令官の権限である」(コマ２)。「検閲官はすべてのニュースを本部で発表する」のであり、記者会見ではメモを取る記者の両隣りでロシア兵が小銃を持って監視している（コマ３)。「ロシア参謀本部は、軍事行動の計画に関して記者を管理する」(コマ４) というが、どうも画からは、鞭打ちで脅されているようにも見える。さらに「記者は、見分けるためにを包帯をしている」が、包帯は目隠しの役目も果たしている（コマ５)。

ける日本側の手ひどい敗北が報道されていたとしたら、次の第五章で論じる国際金融市場での外債発行にも影響を与えたのは間違いなかったろう〔コナフトン、二五五〜二五六頁〕。

諷刺画家はこのような状況をどう見たか。図４‐７は、戦争報道の問題を諷刺している。また、図４‐８のように戦争報道をめぐる検閲を批判する諷刺画もあったし、続く図４‐９では報道内容についての日露両国の相次ぐ「公式の否認」が取り上げられている。さらに報道規制によって、戦争特派員は図４‐10のように「没落産業」とまで評されるようになった。

しかし、この頃、両交戦国だけが報道管制や検閲を行なっていたわけではむろんない。本書で多くの諷刺画を紹介したドイツの『ジンプリツィシムス』誌は、この頃ドイツ政府から弾圧をうけていたし〔*Reviews*, Vol. 29, 325〕、次に見るように諷刺画にも報道管制が及んでいる。

―― 戦争報道の問題と規制 ――

図4‐7「好評」

Capt.：
「お菊さん、野蛮な新聞は、今日は何を吹聴しておるのかな」
「そうねぇ、素敵な桃の花さん、昨日50万人のロシア人が殺されたそうよ。他紙には50万人の日本人が死んだとあるわ、そして今日は……」
「まったく！　今日、新聞が報道することは何も残っていないじゃないか」
出典：'Bonne presse,' cartoon, *La Caricature*, Vol. 25, No. 1269 (23 Apr. 1904), p. 131.
『ラ・カリカテュール』(フランス)
◆日露共に過大な戦死者が報道されている。タイトルには、そのような戦争報道が好評を博していることに対する皮肉が込められていると思われる。

図4‐8「戦場からのニュースの不足」

出典：'The Lack of the News from the War,' *Review of Reviews*, Vol. 29 (May 1904), p. xii. 原典不詳
◆新聞・雑誌などの「報道の検閲」の手が顔（地球）を覆っており、「戦争のニュース」を読めなくしている。報道の検閲を諷刺している。出典は、おそらく『セントポール・プレス』であろう。

図4‐9「インク戦争」

出典：'The Ink War,' *Ulk*, n.d., rpt. in *Review of Reviews*, Vol. 29 (May 1904), p. 460. 原典『ウルク』（ドイツ）
◆大砲から「公式の否認」と記された紙が、次々と撃ち出されて、空を落ちて行く。日露とも報道には気を配り、自国に有利となるように相手側寄りの報道に対して「公式の否認」を繰り返した。

図4 - 10「もう一つの没落産業」

Capt. ：オセロー（戦争特派員）「さらばだ、いななく駿馬、喨々たるラッパの音、……／輝かしい戦場における／その誇り、壮絶な光景！／それに、ああ、破滅を呼ぶ大砲、そのすさまじい砲声は／不滅の雷神ジュピターの怒号にもまさるおまえ、／さらばだ！　オセローの生涯の仕事は終わってしまった！」〔シェイクスピア、小田島雄志訳、129頁〕『オセロー』第３幕第３場
出典：E. Linley Sambourne, 'Another Ruined Industry,' *Punch, or the London Charivari*, Vol. 127 (21 Sept. 1904), p. 209.『パンチ、あるいはロンドン・シャリヴァリ』(イギリス)
作者：E・リンリー・サンバーン
◆記者の後ろには「記者への告示――戦場に近寄らないこと！　命令による」という看板がある。戦争特派員の嘆きを、シェイクスピアの悲劇『オセロー』における主人公オセローの嘆きに重ね合わせている。

次の二点の諷刺画（図4・11・12）は、当時、実際にあった報道管制の実例を示しているものである。諷刺の文化においては、報道管制それ自体もまた諷刺の素材となるのである。

ある諷刺画の報道管制の実例

PUNCH, OR THE LONDON CHARIVARI. 355

KINDRED SPIRITS OF THE "STRENUOUS LIFE."

(*The Kaiser and President Roosevelt.*)

図4 - 11「『精力的な人生』という同類の精神（カイザーとローズヴェルト大統領）」

出典：E. T. Reed, 'Kindred Spirits of the "Strenuous Life",' *Punch, or the London Charivari*, Vol. 127 (16 Nov. 1904), p. 355.『パンチ、あるいはロンドン・シャリヴァリ』（イギリス）
作者：E・T・リード
◆右がアメリカ大統領セオドア・ローズヴェルト、左がドイツ皇帝ヴィルヘルム二世である。「精力的な人生」という点で二人には共通点があり、この画では似たもの同士という評価を下している。ローズヴェルトの髭を、わざわざ立たせていわゆるカイゼル髭にするなど、画の中では意図的に二人を似させている。諷刺画としてとくに過激とは思えないが、この画の載った頁はベルリン警察によって没収の憂き目に合う。ページの他の記事には特に問題はないので、この諷刺画がよほど琴線に触れるものだったのだろう。

図4 - 12「ベルリン警察が没収処分」

Capt. :「彼らはなぜ恐れるのか？　それってこれ？」
出典：E. T. Reed, 'Confiscated by the Berlin Police,' *Punch, or the London Charivari*, Vol. 127 (30 Nov. 1904), p. 391.『パンチ、あるいはロンドン・シャリヴァリ』(イギリス)
作者：E・T・リード
◆ベルリン警察は、先の『パンチ』誌11月16日号の諷刺画「『精力的な人生』という同類の精神」が載ったページを没収処分とした。そのこと自体をこの画は諷刺している。人々がいる通りの名称は、皇帝陛下を侮辱したという意味での「不敬罪通り」。何かを見ながら、一番前のシルクハットの紳士は「すばらしい」とドイツ語で言い、一番後ろの軍人も「すごい」とドイツ語で言っている。視線の先にあるものが何であるかは分らないが、ベルリン警察に没収された問題の諷刺画は、茶目っけたっぷりに壁の正面に貼ってある。

3　プロパガンダと情報操作

報道を規制したり検閲したりするばかりでなく、近代において政府はメディアを巧妙に利用しようともする。政府はメディアを介して情報操作をして、意図的に自国に有利な情報を流したり、不利な情報を隠す。また、メディアを通して政治宣伝を行い、士気を高めようとすることもある。

ユリア・ミハイロバ氏の研究が明らかにしているように、日露戦争では反日プロパガンダの方法として「視覚メディアがよく使われた」。とくにロシアにおいて特徴的なのは、「文盲の農民や庶民の洗脳のために」民衆版画が使われたことである〔ミハイロバ、一六八頁〕。**図４‐13**はその一例で、「人気のあるロシアの戦争漫画」としてイギリスの雑誌に掲載されたものである。戦意高揚を意図したものであるため、諷刺性には乏しいように思われる。**図４‐14**は、自国の被害を過小に報告したり、相手の被害を過大に伝えるロシア側の情報操作を思わせる戦争画である。諷刺画ではないが、一例として紹介する。

ところでこのようなロシアのプロパガンダ用のポスターの一つに、フランスの諷刺画家ジョルジュ・ビゴーの作品と思しきものがある。日本に滞在して日本を描いた西洋の諷刺画家としてビゴーは日本ではつとに著名であるが、この日露戦争期にはフランスに帰国し、『イリュストラシオン』誌や『ル・プチ・パリジャン』紙に挿絵を寄稿していた〔清水、二二一～二二頁〕。その他にフランスの絵葉書にビゴーの作品を見ることができる。絵葉書は当時の最新流行のメディアであり、日本でも学生の間で絵葉書ブームがあったと言われ、戦争を題材とした印象的な絵葉書が幾つも出されている〔Sharf参照のこと〕。そのようなビゴーの絵葉書の作品とほぼ同じものが、

ロシアの戦意高揚のための画

図4 - 13「人気のあるロシアの戦争漫画」

出典：'Popular Russian War Cartoon,' *Review of Reviews*, Vol. 29 (May 1904), p. 433. 原典はロシアの戦争版画

◆ロシアでは文盲の人民に戦争の意義を伝えるために戦争版画が広く用いられたが、これはそのようなものの一枚で、街頭で安価で売られて、とくに人気のあったものである。巨大なコサック兵が、日本兵を手につかまえて、対馬海峡の日本海軍軍艦を蹴散らして、日本に迫ろうとしている。実際にはそうはならなかったが。

図4 - 14「旅順の砲撃と日本巡洋艦の沈没。我々の損害はほとんどなし」

出典：'The bombardment of Port Arthur and the sinking of a Japanese cruiser. Our losses almost nil,' in *Russia and Japan* (London: Hisotorical Company, 1906), p. 41. 原典はロシアの戦争画

ロシアでプロパガンダ用のポスターとして流布していたことが分かっている。たとえばビゴーの絵葉書に「日本兵をひっつかんでいる巨大なロシア兵」という作品があるが〔Sharf, 7〕、ロシアのポスター「日本兵を海に投げ込むコサック兵」は細部に若干の相違はあるものの、これに酷似している。この画は巨大なロシア兵が日本兵をひっつかんで怒鳴りつけて放り投げようとしているのだが、コサック兵の口が大きく開いていることから「コサックの朝食」というタイトルで紹介されてもいる〔読売新聞取材班、七頁にロシアの雑誌『ロジーナ』からの転載あり。出典は雑誌『ロジーナ』二〇〇四年一号七一頁〕。ただし、恐らくこのタイトルは後に付けられたものであろう。ビゴーのデザインがどういう経緯を経てロシアのポスターに使われたのかは分からないが、露仏が同盟関係であったことからロシアで利用されたとしても不思議はない。ちなみに『ル・ジュルナル・アミュザン』誌（一九〇四年三月二日号）の広告には、この頃のビゴーの消息を知る手がかりがある。そこでは「二十年間日本に住んだ才能豊かな画家ジョルジュ・ビゴー」が持ち帰ったエッチング、水彩画、絵画などが宣伝されている〔No. 246, 6〕。

さて、次にはロシアの雑誌に掲載された諷刺画を集めてみた。本書では日露の諷刺画は海外で再掲載されたもののみを紹介することにしているが、そのうちの四点である。政治宣伝と情報操作を感じさせるが、巧みな諷刺も見受けられる。**図4-15**は、日本が最終的勝利を得るには兵士が不足していることを表わしている。日露の陸軍力を比較すると、あながち誇張とも言えない。**図4-16**は、日本の「最後の手段」として、ミカドが木馬に乗って前線に赴くという内容であり、この時点では正しくないイメージをロシアの民衆に与えようとしており、政治宣伝の一種と言えよう。**図4-17**は、大山巌と児玉源太郎の会話でもって、旅順攻略に当たって日本側が損失の過少報告をしようとする様子を描いている。これもロシアの政治宣伝の一つと言えよう。**図4-18**では、日本は子羊の皮をかぶったオオカミで、やがてヨーロッパを襲うことを訴えている。

メディア戦争では、自国に不利な報道内容を否定することも重要である。インドの雑誌に掲載された諷刺画

図4 - 15 タイトル不詳

Capt. : 芸者「ダメ！　私の夕食はまだ料理できていない。薪が足りないわよ」
出典 : *Razvletchenie*, n.d., rpt. in ‘A Russian War Cartoon,’ *Review of Reviews*, Vol. 30 (Nov. 1904), p. 467. 原典『ラツヴレッチェニー』（ロシア）
◆芸者（日本）が夕食を料理している。オーヴンには「戦争」と記されていて、その上のポットには「最終的勝利」と書かれている。芸者は薪が足りないと言っているが、薪はよく見ると兵士の人形である。

図4 - 16「最後の手段」

Capt. : ミカド「ロシア人は余が友の大山には手に負えないので、余自身が前線に赴く。皆の者、気をつけよ！」
出典 : ‘The Last Resource,’ *Budilnik*, n.d., rpt. in *Review of Reviews*, Vol. 31 (Jan. 1905), p. 18. 原典『ブディールニク』（ロシア）
◆子供用の揺り木馬に乗って、ミカドが前線に行くと叫んでいる。当時の戦況を考えると、ロシア版「大本営発表」と言えよう。

図4 - 17 タイトル不詳

Capt. :
大山元帥「どんな報せか？」
児玉将軍「厳しい戦いがありまして、２万名を失いました」
大山元帥「我々の損失は１名で、もっと兵士が欲しいと東京に打電せよ」
出典 : *Budilnik*, n.d., rpt. in 'As the Russian Cartoonist Would Have It,' *Review of Reviews*, Vol. 31 (Jan. 1905), p. 19. 原典『ブディールニク』（ロシア）
◆左が大山元帥。右が児玉将軍。

図4 - 18「子羊の皮をかぶったオオカミ」

Capt. :「そのジャップのオオカミは傷ついた子羊のふりをしている。しかし、オオカミがその皮を脱ぐときがやってくるだろう――そしてヨーロッパの皮も剝されるだろう」
出典 : 'A Wolf in Lamb's Clothing,' *Budilnik*, n.d., rpt. in *Review of Reviews*, Vol. 30 (Nov. 1904), p. 470. 原典『ブディールニク』(ロシア)

図4 - 19「実態を暴くこと！」

Capt. :「2万8千から3万の日本兵の大規模な全滅という突拍子もない話があるが、それは現在、公的に完全に否定されている」
出典：'Bursting the Bubble!,' *Hindi Punch*, 28 July 1904, rpt. in *Review of Reviews*, Vol. 30 (Sept. 1904), p. 246. 原典『ヒンディー・パンチ』（インド）
◆浮かんでいる気泡には「３万人の日本兵の惨敗」と記されている。その気泡を日本兵が破裂させ、日本兵の絶滅を否定している。「実態を暴く」（burst the bubble）という熟語表現は、直訳すれば「泡を破裂させる」で、熟語表現と日本兵の行動を掛け合わせているのである。日本兵がまたがっているボトルは「旅順」で、その中には熊（ロシア）が閉じ込められている。この画が掲載された７月28日時点では、３万名もの日本兵が死傷するような戦闘はなく、惨敗の話は誤報であって否定されてしかるべきであった。しかし、その後の旅順攻略戦と遼陽会戦では合計でこれをはるかに上回る死傷者が出ている。

戦果の過大報告

図4 - 20「公式電報」

Capt.：

［左］「戦艦３隻撃沈、駆逐艦10隻座礁、ロシア兵捕虜200名。我が『至上の支配者、天帝、天子さま』に、この完璧な勝利をご報告申し上げます」

［右］「戦艦３隻撃沈、駆逐艦10隻座礁、日本兵捕虜200名。皇帝閣下に、この完璧な勝利を謹んでご報告申し上げます」

出典：George-Edward, 'Télégrammes officiels,' cartoon, *La Caricature*, Vol. 25, No. 1270 (30 Apr. 1904), p. 143.『ラ・カリカテュール』（フランス）

作者：ジョージ - エドワード

（**図４ - 19**）は、ロシアの情報操作によるのかは不明だが、日本軍惨敗の「誤報」を日本兵が否定している姿を描いている。

それでは情報操作はなかったと言えるのだろうか。むしろ、戦争において情報操作は当たり前のことである。たとえば、日本側は開戦時、国内の新聞に厳重な報道管制を布いたし、先に述べた機雷の威力によって、五月に六日間で七隻の艦艇を失ったときも、国民向けには三隻と発表しただけだった。

図４ - 20は、日露両海軍が公式電報において戦果を過大報告する姿を描いている。

4　娯楽としての諷刺画

休日の朝、ゆっくりと新聞をめくり、関連の記事を読みながら目を落として楽しむ――そのような娯楽としての要素も諷刺画は持っている。娯楽と言っても、一目瞭然のものもあれば、画で引きつけてタイトルやキャプションで笑わせるものもある。なかにはパズルのように読者の知性を試すようなものもある。日露戦争をめぐる諷刺画にも、むろんそのような娯楽の要素が見られる。次には娯楽としての要素が特に顕著な幾つかを紹介してみよう。

図4-21はバレンタイン・デー、**図4-22**はクリスマスの時期に引っかけた作品である。

次は戦争を使って国内の問題を諷刺したものである。アメリカ大統領選挙も、日露戦争を素材として諷刺されているが（**図12-26**）、ここでは当時、激しい政争に巻き込まれていたイギリスのバルフォア内閣を諷刺している**図4-23**を紹介しよう。

諷刺画の中には謎かけをしているものもあれば（たとえば**図10-15**）、なかには「だまし絵」とも言える作品もある。何を描いているか、当時の読者も一瞬首をひねったのではないかと思う。**図4-24**は、その一つである。最後の**図4-25**は、一見すると何でもないような風景画であるが、よく見ると巧みな寓意が込められている。なかなかの傑作と言えよう。

バレンタイン・デー、クリスマスと日露戦争

図4 - 21「前線からのバレンタイン・デー特報」

出典：John T. McCutcheon, 'A Valentine's Day Special from the Front,' *Chicago Daily Tribune*, 14 Feb. 1904.『シカゴ・デイリー・トリビューン』（アメリカ）［日曜版のため紙名は *Chicago Sunday Tribune*］

作者：ジョン・T・マカッチャン

◆バレンタイン・デーにかけて、ハート形をした韓国を間に日露が剣で戦っている。下に続く語句は、頭文字を取ると、STVALENTINESDAY（聖バレンタイン・デー）となる。語句の意味は「トリビューンへの特報。ウラジオストク、シベリア。遼東半島よりの恐ろしい噂が伝えるところによれば、信ずべきニュースとして、ピョンヤン近郊の朝鮮北部で恐ろしい交戦が差し迫っているという。動員可能な者はすべて戦場に急いでいる。詳細は不十分で、鴨緑江からのさらなるニュースを待っている」である。語句の右に並ぶ四人は、上からフランス、イギリス、ドイツ、アメリカである。

図4 - 22「友への同情」

Capt. : 小さい坊や「エーン、エーン。あいつサンタクロースに何をしているの？」
出典：Reynolds, 'Sympathy for a Friend,' *Tacoma Ledger*, n.d., rpt. in *Literary Digest*, Vol. 29, No. 26 (24 Dec. 1904), p. 869. 原典『タコマ・レジャー』(アメリカ)
作者：レイノルズ
◆子供が父親の新聞の日露の戦いの様子を見て、日本にやられているロシアをサンタクロースと思い込み泣いている。父親が驚いている。クリスマス近くの小ネタである。

攻撃を受けるバルフォア内閣

図4 - 23「激戦後、港に戻る英国軍艦『報復』号」

出典：E. T. Reed, 'H. M. S. "Retaliation" Coming into Port after Heavy Fighting,' *Punch, or the London Charivari*, Vol. 127 (17 Aug. 1904), p. 115. 『パンチ、あるいはロンドン・シャリヴァリ』(イギリス)
作者：E・T・リード
◆激しい政争に明け暮れたバルフォア内閣を、旅順のロシア艦隊になぞらえている。「政府」と書かれた船は、攻撃を受けてぼろぼろで、船の近くには「不信任投票」という大きな水柱が上がっている。それでも、「休会」という名の港に接岸して、ひとまず沈没は避けられそうに見える。

――― だまし絵　ロシア艦隊？ 日本艦隊？ それとも…… ―――

THIS IS NEITHER THE RUSSIAN NOR THE JAPANESE FLEET DURING A STORM; IT IS MERELY A VIEW OF OUR NEIGHBOURS' ROOFS AND CHIMNEY STACKS THROUGH THE BAD PANE OF GLASS PUT IN OUR TOMMY'S BEDROOM WINDOW THE OTHER DAY.

図4－24 タイトルなし

Capt.：「これは嵐の中のロシア艦隊でも、日本艦隊でもない。実は我々のお隣さんの屋根と一群の煙突を、先日、我々のトミーの寝室の窓にはめ込まれた歪んだ窓ガラスを通して見たものである」

出典：F. Lewin, cartoon, *Punch, or the London Charivari*, Vol. 126 (16 Mar. 1904), p. 196.『パンチ、あるいはロンドン・シャリヴァリ』（イギリス）

作者：Ｆ・ルーイン

◆だまし絵の一種だが、キャプションで謎が解ける。トミーは男性の名前だが、イギリス陸軍の兵卒（Tommy　Atkins）も意味する。艦隊の写真は、当時のグラフ雑誌や新聞を賑わせていたので、ついそのように見えてしまうのである。ユーモラスである。

──── 隠された寓意 ────

図4 - 25「アジアの光」

出典：'The Light of Asia,' *Life*, 9 June 1904, rpt. in *Review of Reviews*, Vol. 30 (July 1904), p. 38.
原典『ライフ』(アメリカ)
◆雲の切れ間に旭日（日本）の光が射している。よく見ると、それぞれの雲は熊（ロシア）の形をしていて、旭日を避けるように四方に逃げ出そうとしている。昇る朝日と雲が晴れる様子から、日本の勃興によってロシアがアジアから追い出されるという寓意を込めたものであることが分かる。

第5章　金融戦争《マネーウォー》としての日露戦争

1 財政と外債と戦費の関係

戦争にはお金がかかる。とくにアジアのミドルパワーであった日本にとって、大国ロシアとの戦いの費用は財政上、大きな負担であった。一方、ロシアもこの戦争で予定外の多大な出費を強いられることとなり、戦況が不利に展開したこともあって、戦後には金本位制の維持が危ぶまれるところまで追い込まれた。戦争は「戦場」だけで戦われたのではなくてマネーを巡っても戦われ、図5-1が示しているように、一歩間違えれば両国とも国家財政破綻に陥る危険性があったのである。

それでは戦費はどのように調達されたのだろうか。この頃、戦費は通常は増税とか国債発行などによる国内における歳入増加で賄われた。それだけでは足りない、あるいは足りないと予測される場合には外国で公債を発行して資金調達をしたり、借款の提供を受けたりした。また、戦勝により賠償金を得て、戦費によって膨らんだ政府債務を軽減することもある。

戦争に際しては、通常、政府は特別会計を組み、戦費の支払いに充てる。日露戦争における日本の場合、支出ベースでは臨時軍事費特別会計（一九〇三年十月～〇七年六月）で約十五億八百五十万円が支出された。狭い意味での戦費はこれに該当する。他に一般会計から、臨時軍事費特別会計閉鎖後の臨時軍事費約九千六百二十万円と臨時事件費（一九〇三～〇七年度）約二億二千百六十万円が支出され、さらにこれ以外にも一般会計の陸海軍費も広い意味で戦費に加えることができるだろう〔小野、一〇四頁〕。どう定義するかによるものの、日露戦争における日本の戦費は約十九億八千六百万円と言われている。

国家財政破綻の危機

図5 - 1「とどのつまり」

出典：Leo, ‘Das Ende vom Lied,’ *Wahre Jacob*, No. 460 (8 Mar. 1904), p. 4299.『ヴァーレ・ヤコブ』（ドイツ）
作者：レオ
◆日露が「東アジアの主導権」というリボンを付けた葉の輪（ガーランド）を得ようと、手を伸ばして崖の角で争っている。ガーランドは、豊穣や勝利を象徴している。崖の下では、「国家財政破綻」という名のドラゴンが口を開いて待ち構えている。結局は主導権を獲得するか、財政破綻に陥るかである。

それでは収入ベースでみるとどうであったろうか。日本の場合、臨時軍事費特別会計では、内債七億二千九百三十万円、外債六億八千九百六十万円、一般会計からの繰り入れ約一億八千二百四十万円などにより、合計で約十七億二千百二十万円の収入があったとされる。注目されるのはこの特別会計では収入の方が支出よりも二億一千二百七十万円多いことで、剰余分は一九〇七年度の一般会計の歳入に繰り入れられたという〔小野、一一一頁〕。

日露戦争においては日本もロシアも、外債を発行して戦費調達をしたと理解されている。たとえば、日本の戦費の総額を約十九億八千六百万円とすると、外債発行額は六億八千九百六十万円なので、単純に割って外債が「戦費総額の三四・七％を占めていた」〔井口、一二五頁〕という具合に紹介する記述が多い。一般にはむろんこのような理解で差し障りはないのだろうが、このような説明は外債がすべて戦費に充てられたことを前提としている。果たしてそうであったろうか。先に述べたように収入と支出にそもそも差があるのである。さらに、金融・財政の世界から見ると外債発行については違った側面が見えてくる。

日本政府が開戦前に恐れていたことは、輸入超過による貿易赤字で正貨が不足して、当時の日本がとっていた通貨制度である金本位制が維持できなくなる事態だった。予測される正貨不足を補うのには、外債発行がもっとも有効な方法であった。逆に言えば、金本位制度が維持できなければ、金融市場で信用を失墜し、「正貨を積み増すための外債が発行できないという悪循環に陥る」ことになるのである〔鈴木、八五頁。小野、一一五頁〕。そうなったとしたら、輸出入も困難になり、戦争継続も難しくなるし、国家財政も早晩破綻したであろう。

先にも述べたように戦費調達だけが問題なら、国内での国債発行とか増税で最大限対処した上で足りない分を外債で補うという考え方もできるが、日露戦争期（ここでは、会計の性格上、開戦前後の時期も含めて「日露戦争期」と表現するが）には軍需品などの輸入が急増することが予測され、実際にそうなったので、「輸入の決済と通貨制度の維持を目的に大量に外債が発行された」のである。しかも、小野圭司氏の研究によれば、大量に発行されたものの、このような「当初の目的」に利用された外債は、およそ半分であり、「残りの半分は戦後経営に用いられている」と言う〔小野、一一七頁〕。そのことはこの時期の政府所有の正貨の大幅な増加（三億五千七百万円増。日銀の正貨は減少しているものの一千七百万円の減に止まっている）にも見て取れる。別の角度から見ると、一九〇四年から〇五年の二年間で、外債発行で補填が必要とされた正貨の額は約三億七千万円で、外債発行額は約六億九千万円なので、半分近くが「戦争期間中の国際収支決済以外の目的に利用された」〔小野、一一五頁〕と言えるのである。こうして見ると、先に紹介したような戦費総額の三四・七％を外債が占めたというような説明が、いささか粗略なものに思えるかもしれない。もっとも日本政府が外国から借金をして多額の資金を手にして、その何割かが直接戦費支払いに充てられ、残りも政府の財政を潤して、間接的に戦争遂行に資したことは紛れもない事実である。

2　日本の外債募集

開戦を控えて外債発行の必要性を十分認識していた日本政府は、まずは同盟国イギリスを当てにした。一九〇三年十二月には、発行する場合の日本政府公債に対してイギリス政府の支払保証をしてもらえないかといささか虫のよい提案をして、にべもなく断られている。同盟はしていても、カネの話となると別なのであるが、イギリス政府の対応はそう冷たいものとも言えない。そもそもそのような保証をすれば、開戦した場合にはロシアに戦争行為とみなされる可能性もあったし、イギリス政府は第一次世界大戦前まで外国政府債の支払い保証をほとんどしていなかった。また、イギリスの中央銀行であるイングランド銀行も外国政府債の発行を引き受けることはなかったので、日本政府は、世界の金融の中心であったロンドンのシティで民間の金融業者に戦時公債を引き受けてもらう必要に迫られた。そこで日本政府特派財務委員として派遣され、外債発行に成功したのが、日本銀行副総裁の高橋是清であった。高橋の外債発行交渉過程はその自伝に詳しいが、鈴木俊夫氏は、「日本政府の外債発行活動を成功裡に導いたものは、決して高橋が信じていた『天佑』などではなかった」として、「それを可能としたのは、マーチャント・バンクがグローバルに張りめぐらしたビジネス・ネットワークであった」と見ている〔鈴木、八四〜八七頁〕。

戦時公債発行はリスクが大きい商売であったが、その分うまみもあった。高橋の活動とは別に、香港上海銀行とロンドンのベアリング商会も日本政府公債発行に関心をもっていたが、交渉を取り仕切っていたベアリング商会は三月初めに撤退した。三月末に渡英した高橋による交渉も当初は難航した。発行市場の市況が悪かったことに加えて、日本の敗戦の危惧が業者に二の足を踏ませた。状況が好転するのは、緒戦における日本軍の相次ぐ戦勝の後である。それに従って、日本政府の信用度のバロメーターであるロンドン証券取引所の日本政府公債の価格も、開戦後下落していたのが上昇に転じた。それらが追い風となり、高橋は日本政府と取引のあったパーズ銀行を説得し、当初から関心を持っていた香港上海銀行との間を仲介して、ロンドンに日本公債発行銀行団を組織するのに成功した。しかし、発行金額は予定額の半額の五百万ポンドに留まった〔鈴木、八九〜九二頁〕。

その残りの五百万ポンドを引き受けてアメリカ市場で発行したいと高橋に持ちかけたのは、よく知られているようにクーン・ローブ商会の上席パートナーのジェイコブ・シフである。高橋にとってはまさに「天佑」であったが、鈴木氏の研究が明らかにしているように、この申し出の背後にはマーチャント・バンカーたちの様々な働きかけがあった。その研究によれば、先にロンドンでの発行への参加を見送ったベアリング商会の当主レヴェルストーク卿と、有力なマーチャント・バンカーであるが表には出たがらない黒幕的存在であるアーネスト・カッセルとが、シフを説得したと推定されるという〔鈴木、九三〜九四頁〕。さらにアメリカ・ユダヤ人協会の会長であったシフが、ロシアにおけるユダヤ人迫害に対して義憤を募らせていたという事情もこの取引に影響したと言われている。

図5－2は、ロシアにおけるユダヤ人問題を諷刺したもので、ちょうどこの頃にドイツの雑誌に掲載された。シフの行動の動機には、ロシアにおけるユダヤ人迫害に対する抗議もあったろうが、一方ではマーチャント・バンカーたちのビジネス・ネットワークが実際には日本公債発行を可能とする下地を作っていたのである。

このニューヨークにおける日本の戦時公債の発行は、間接的ながら、今日隆盛を極めるニューヨーク市場の国際金融市場としての発展に大きく貢献した。鈴木氏はこの公債発行の意義を「ヨーロッパに集中していた当時の国際的な公債発行市場の構造に衝撃を与え、ニューヨーク金融市場の地位を飛躍的に引き上げる効果をもたらしたところにあった」と評価している。〔鈴木、九五頁〕。

第一回の日本公債（一千万ポンド）は五月に発行されたが、利回りが高く、信用も高まっており、応募者が殺到した。その後、十一月に第二回公債（千二百万ポンド）、翌〇五年三月に第三回公債（三千万ポンド）が、それぞれロンドンとニューヨークで発行された。**図5－3**は、開戦後間もない時期にオーストリアの雑誌に掲載されたものであるが、カリカチャリストが考えていたほど日本の外債募集は簡単には事は進まなかった。むしろ、実態としては日本もロシアも、**図5－4**のように資金調達に苦労したと言えよう。

ところで第三回公債によるイギリスとアメリカにおける資金調達は、闘鶏に見立てられて、諷刺画の題材にもなった。**図5－5**がそれである。ここでは勇猛な鶏日本に英米が賭けているのである。

終戦近くの七月の第四回公債（三千万ポンド）は、ドイツ銀行団も参加し、ロンドン、ニューヨーク、ベルリンで発行された。さらに講和後は、戦後処理公債（五千万ポンド）がフランスも加えて発行された〔蒲池、三三四～四六頁〕。このように多くの国が参加して外債が発行されることは、それぞれの国が日本の外債に利害関係を持ち、経済的相互依存が強まることを意味し、日本にとって安全保障上のリスクを軽減する効果を持ったと言えよう。

図5 - 2 タイトル不詳

Capt. :「子らよ、どこに行く？」

「聖なる母よ、東です。ロシアが我々を送るのです」

「で汝ら、父たちは？」

「西です、聖なる母よ。ロシアが我々を追い出すのです」

出典：*Ulk*, n.d., rpt. in 'The Russian Death for the Jew,' cartoon, *Review of Reviews*, Vol. 29 (May 1904), p. 433. 原典『ウルク』（ドイツ）

◆ロシアにおけるユダヤ人問題を見事に象徴している画である。右側の軍服姿のユダヤ人の若者たちは、死神を先頭に隊列を組んで、東に向かっている。日露戦争に従軍するためである。一方で、左側のユダヤ人の男女は、ロシアで迫害を受けて、追放されようとしている。

外債募集の楽観論と悲観論

図5 - 3 タイトル不詳

Capt. :[日本]「とてもよろしいわよ、紳士の皆さま。今までと同じようにもっぱら中立的でいてね」

出典 : *Neue Glühlichter*, n.d., rpt. in 'Neutrality: A Continental View,' cartoon, *Review of Reviews*, Vol. 29 (Apr. 1904), p. 325. 原典『ノイエ・グリューリヒター』(オーストリア)

◆真ん中の芸者（日本）に、ジョンブルのイギリス（右）とアンクルサムのアメリカ（左）がそれぞれお金を渡そうとしている。厳正中立を宣言しながら、日本に対して資金面で協力をしようとしている英米と、資金を受け取ろうとしている日本を皮肉っている。実際には、イギリス、アメリカからの政府レベルの資金援助はなかったし、海外での日本公債発行も簡単には進まなかったが、両国政府が公債発行にまったく協力しなかったわけではない。またお金を受け取る日本が芸者姿をしていることは、ジェンダー役割を反映していて興味深い。

図5 - 4 タイトル不詳

Capt. :「彼らはヤヌスの神殿の扉を開くことはできるが、どちらもヨーロッパの金融市場の扉を開くことはできない」
出典 : *Lustige Blätter*, n.d., rpt. in *Review of Reviews*, Vol. 29 (Apr. 1904), p. 325. 原典『ルスティヒェ・ブレッター』(ドイツ)
◆ヤヌスはローマ神話に出てくる前後に顔をもつ双面神であり、物事の始めと終わりを司り、門や入口を守護する神である。この画の上方では、ヤヌスの神殿の扉を日本（右）とロシア（左）がこじ開けており、戦争開始を示している。このように戦争は始めることができたものの、下の方では日露両国とも、五重に閂と錠をかけられた「ヨーロッパ金融市場」の扉を開くことはできないでいる。日露がヨーロッパでの資金調達に苦労している様が描かれている。

闘鶏としての日露戦争

図5 - 5「鉄蹴爪を金色に輝かせて」

出典：L. Raven-Hill, 'Gilding His Spurs,' *Punch, or the London Charivari*, Vol. 128 (5 Apr. 1905), p. 245.『パンチ、あるいはロンドン・シャリヴァリ』（イギリス）
作者：Ｌ・レイヴン＝ヒル
◆この画の闘鶏場のリングでは、雄鶏の日本が精悍な顔つきで相手に向かおうとしており、鶏の持ち主の明治天皇が真剣に見守っている。観客席の右には、1500万ポンドと書かれた賭け金の缶を握ったイギリス、左には7500万ドルの缶を横に置いたアメリカがいて、雄鶏を見ているが、賭けに勝てそうで余裕の表情がうかがえる。賭け金は、日本の戦時公債購入を意味している。闘鶏は古代からあるが、ギャンブルの対象で、イギリスでは16世紀にヘンリー八世が王室の闘鶏場を設置したことが知られる。雄鶏の足の後ろに突き出ている蹴爪を切って、そこに鉄製の剣などを付けて鉄蹴爪にして戦わせることが一般であり、よく見るとこの画の鶏にも鋭い鉄蹴爪が付いている。

3　ロシアの第一回外債募集

戦争当初、ロシアの戦時外債募集の環境は日本ほど厳しくはなかった。ロシアの同盟国フランスの金融界は、イギリスからのボーア戦争時の借款の償還とアメリカからのパナマ運河債の償還を受けて資金面では余裕があった。しかし、フランスの金融界はロシアの戦時外債にやや難色を示したと言われる。というのも、一つにはロシアの極東政策に危惧を抱いていたからで、またフランス国民と金融界はそれまでにすでにロシア政府公債に多額の投資をしていたためでもあった（蒲池、三四六頁）。戦争が進んだ後の数字になるが、一九〇五年三月頃に伝えられた額では、その頃で日本円にして七十億近くとも言われている（高橋是清がフランス関係者との交渉で聞いた数字〔蒲池、三四一頁〕）。仮に日露戦争の日本側戦費を二十億円としても三・五倍に相当する膨大な金額である。

図5-6は、そのような状況下でのフランスの懸念を早い時期に示したものである。

しかし、ロシアも日本と同じ五月に、フランスで八億フラン（三億ルーブル）の外債を発行した。この頃はまだフランス金融市場においてロシアは信用があったのである。

図5-7と**図5-8**は、この日露のそれぞれの戦時公債の発行を題材にして比較したドイツの諷刺画だが、ドイツ皇帝ヴィルヘルム二世の「黄禍の図」の題名をもじっており、ひねりの効いたものとなっている。**図5-9**は、日本・ロシアのそれぞれの側に「拠出」したイギリスとフランスの様子を、競馬場を舞台として諷刺したものである。

フランスの懸念

図5 - 6「フランスとロシア」

Capt. : フランス「あぁー、返してよ。私の何百万フランを返してよ」

出典 : 'France and Russia,' cartoon, *Nebelspalter*, n.d., rpt. in *Review of Reviews*, Vol. 29 (Apr. 1904), p. 325. 原典『ネーベルシュパルター』(スイス)

◆ロシア（左）の大砲から、煙を上げてフランスの札らしきものが飛び出している。フランスから提供された資金が、戦費に消えていることを象徴しているのである。そのロシアの衣服の裾を握って、フランスが借金の返済を懇願している。1900年時点で、フランスの外国投資の四分の一はロシアに向けられていたと言われる。それほど両国間の金融関係は緊密であったが、日露戦争に際してのロシアの外債受け入れには、戦争当初、フランスの金融界は慎重であったと言われる。そのような事情を表わしている画である〔蒲池、346〜47頁〕。

図5 - 7「ヨーロッパの諸国民よ！」

出典：RG, 'Völker Europas!,' *Wahre Jacob*, No. 472 (23 Aug. 1904), p. 4444.『ヴァーレ・ヤコブ』（ドイツ）
作者：RG
◆利率５パーセントのロシアの戦時公債を、フランス、次いでドイツが買いに来ている。オリーヴの枝を握った平和の天使は、どこか浮かない顔をしている。1904年５月に発行された最初のロシア戦時外債の利息は図と同じ５パーセントで、フランス金融界が中心となって引き受けた〔蒲池、347頁〕。この画のタイトルは、言うまでもなく、ドイツ皇帝ヴィルヘルム二世の「黄禍の図」の正式名称の冒頭と同じであるが、続く図5-8のタイトルを読むとその皮肉が分かる。

図5 - 8「……私たちはあなた方の神聖な宝を守りますよ！」

出典：RG, '... wir verwahren Eure heiligsten Gütter!,' *Wahre Jacob*, No. 472 (23 Aug. 1904), p. 4445.『ヴァーレ・ヤコブ』（ドイツ）
作者：RG
◆日本の戦時公債を、イギリス、ドイツ、アメリカが買いに来ている。6パーセントと書かれた旭日旗を持つ日本軍人。フジヤマに、胸元を開き気味にして誘うような芸者。日本を示すステレオタイプが揃っている。戦費を賄うための日本の第一回戦時外債の利息は図と同じ6パーセントで、アメリカ、イギリスの金融界が引き受けた〔蒲池、334〜35頁〕。この画のタイトルは前の図の続きで、ヨーロッパの諸国民に対して、他ならぬ日本が「私たちはあなた方の神聖な宝を守りますよ！」と呼び掛けている。

図5 - 9「満州ステークス競争」

Capt.：
ミスター・ブル「日本、リード！」
マダム・ラ・フランス「まあ！　でもどちらもまだコーナーを回っていないわ」
出典：E. Linley Sambourne, 'The Manchurian Stakes,' *Punch, or the London Charivari*, Vol. 126 (1 June 1904), p. 389.『パンチ、あるいはロンドン・シャリヴァリ』（イギリス）
作者：E・リンリー・サンバーン
◆日露の争いを競馬に見立て、イギリスとフランスが観戦しているもの。ミスター・ブルはイギリスで、日本がリードしていると叫んでいる。夫人姿のフランスは、まだまだ勝負はこれからという風情である。この頃には、英仏協商が成立しており、英仏が戦争に巻き込まれる恐れはひとまずなくなり、競馬のように戦争を観戦する余裕もあったと言える。とは言っても題名にあるステークス競争は、馬主が持ち寄った拠出金が勝馬に配分されるレースであるので、両国とも拠出金を払っていて、勝敗の行方によって損する立場なのである。拠出金は、第一には戦時公債の発行引き受けと考えられる。

4　フランスの「貸し渋り」とドイツ

ロシア側も日本同様に戦費が嵩んで、一九〇四年中に第二回の外債発行を計画したが、フランスの政府と金融界の反対にあって頓挫した。先にも述べたようにすでに借り過ぎであったこともあるが、戦況が一向にロシアに優位に展開しなかったことも大きかったと言えよう。フランスにしてみれば、ライバルであるドイツとの関係を考えれば、これ以上ロシアに「極東での冒険」に深入りして欲しくはなかった〔蒲池、三四七頁〕。

そのような露仏の金融関係の冷え込みの間隙を突いたのが、他ならぬドイツであった。ドイツにとっては、先にも述べたようにロシアの戦争へのさらなる加担はドイツに対するロシアの脅威を減殺する意味で望ましいことであり、さらに資本輸出を通して関係強化を図り、ロシアへの軍需品輸出をさらに増やしたいとの思惑もあった。フランスの「貸し渋り」にあっていたロシアは、ドイツの話に乗り、ドイツ銀行団とロシアの間では五億マルク（二億三千百五十万ルーブル）の借款の話が一九〇五年一月にまとまり、ベルリンとオランダのアムステルダムで公債が発行された。もっとも実際にロシア側が手にした純手取額は一億三千五百万ルーブルに過ぎなかった。さらにロシアは五月には、国庫証券のうち一億五千万ルーブルをドイツ側に引き受けてもらっている〔蒲池、三四七〜五〇頁〕。

フランス政府や金融界は宿敵のドイツと結んだロシアに対して不信感を持ち、さらにロシア国内での相次ぐ政情不安もあって、ロシア側の借款の申し出に応じなくなっていた。とくに一九〇五年三月にロシアが奉天会戦で敗れると、「戦争の終結後でなければ借款交渉に応じないという態度をうちだしてきた」と言われる〔蒲池、三四九頁〕。実際に第一回のロシアの外債発行以降、戦時中にフランスの金融界がロシアの戦時公債発行を引き受けるとか、借款を供与することはなかった。

フランスのロシアに対するつれない態度は、カリカチャリストの想像力を大いに刺激し、この時期にはそれを題材として、幾つもの諷刺画（図5‐10～14）が描かれた。同じテーマだが、それぞれの諷刺画家のアイディアが楽しめる。

ロシアに貸し渋るフランス

図5‐10「無理な注文」

Capt.：フランスの財政家（ロシア人巨人の新しいスーツの採寸をしながら）「昔からのなじみのお客様に借款を与えることはいつも喜びでございます——しかし、戦争という胸周りの4000万では、たくさんの生地を切ることになりますよ」

出典：Bernard Partridge, ‘A Tall Order,’ *Punch, or the London Charivari*, Vol. 128 (15 Feb. 1905), p. 111.『パンチ、あるいはロンドン・シャリヴァリ』（イギリス）

作者：バーナード・パートリッジ

図5－11「哀れな乞食！」

Capt.：
熊「ああ、マダム、そんなに冷たくしないでくださいませ——」
フランス夫人「ごめんあそばっせ——でも、もう一文も出せませんわ」
出典：E. Linley Sambourne, 'Poor Beggar!,' *Punch, or the London Charivari*, Vol. 128 (22 Mar. 1905), p. 209.『パンチ、あるいはロンドン・シャリヴァリ』（イギリス）
作者：E・リンリー・サンバーン
◆戦況が不利で、ロシアにフランスが借款を貸し渋っている様子を、物乞い熊のロシアと、それを冷たくあしらうフランス夫人で表わしている。フランス夫人のハンドバックには、2400万ポンドの準備金と書かれており、お金がないわけではないことが分かる。

図5 - 12「ロシアとフランス（以前と現在）」（原題）／「借金は苦労のもと」（英訳より）

Capt.：「古き良き時代に、フランスがいかに彼女の同盟国をもてなしていたか」
「そして今や戦時借款を求められて、いかにその同盟国をあしらっているか」（英訳より）
出典：A. Schmidhammer, ‘Russland und Frankreich (einst und jezt),’ *Jugend*, No. 13 (22 Mar. 1905), p. 245; ‘“He Who Goes a Borrowing Goes a Sorrowing”,’ *Jugend*, rpt. in *Literary Digest*, Vol. 30, No. 17 (29 Apr. 1905), p. 633.『ユーゲント』（ドイツ）
作者：A・シュミットハンマー
◆以前はロシア（軍人）とフランス（女性）は仲睦まじかったが、いまではロシアは傷痍軍人となり、施し（借金）を求めてフランスにつれなくされている。英訳タイトルは諺である。

図5 - 13「断られて」

Capt.：
ツアー「この美しい武器でどれだけ借りられるかな。ここに書かれた名誉の記録を見たまえ」
フランス「そのような危険な武器で御貸付けすることはもうできません。リスクがあまりにも大きいものですから」
出典：Morgan, ‘Turned Down,’ *Philadelphia Inquirer*, n.d., rpt. in *Literary Digest*, Vol. 30, No. 13 (1 Apr. 1905), p. 459. 原典『フィラデルフィア・インクワイァラー』（アメリカ）
作者：モーガン
◆貸付の担保にツアーが豪華な剣を持って来ている。剣の鍔には「ロシアの名誉」という紙がぶら下がっており、刀身には「フィンランド」「ポーランド」とか「サンクト・ペテルブルク」などと書かれている。いずれもロシアが軍事的に支配した地域である。「ムッシュー・フランス。優良抵当でご融資」と張り紙のある店頭で、フランスは借款の申し入れを断っている。

図5 - 14「三つのボールは剣よりも強いか？」

出典：F. I. Leipzigher, 'Are the Three Balls Mightier Than the Sword?,' *Detroit News*, n.d., rpt. in *Literary Digest*, Vol. 30, No. 13 (1 Apr. 1905), p. 459. 原典『デトロイト・ニュース』（アメリカ）
作者：Ｆ・Ｉ・ライプツィッガー
◆フランスの貸金事務所で、「戦時貸付」と記されたボールの上に平和の天使がいる。下の看板には「ロシア以外に限る」とある。タイトルは「ペンは剣よりも強し」のもじりである。

5　戦争は素晴らしいビジネスか？

日露両国は、外債に依存して戦争を進めざるを得なかったので、欧米の金融業者にはこの戦争は大きなビジネスチャンスであった。そのことは逆に言えば、何らかの形で外債の発行を制限すれば、戦争の拡大や継続を間接的に抑えることができたかもしれないことを意味している。一九〇五年の三月頃に掲載されたと思われる**図5-15**は、そのような可能性を示唆していると言えよう。ただし、日本は外債の発行を続け、一九〇五年七月にも二億五千万円の起債を行っている。講和交渉が始まる前のこの起債は、高橋是清も不要と見ていたようであるが、講和交渉において「和戦両様の備えがあることを示す意味」もあった。実際この額は「数か月以内に奉天会戦規模の陸戦をもう一回行うに足るもの」であった〔小野、一一七頁〕。

先にも述べたように戦時公債はリスクは大きいが、それだけに手数料収入などが高く設定できて、金融業者には旨みがある商売でもあった。日露戦争が終結した後も、金融業者にはビジネスチャンスが残っていた。戦後処理のための公債発行である。

日本側は不利な条件で発行した第一回と第二回のイギリスポンド債や内国債を整理するために、イギリス、アメリカ、ドイツに、これまで日本の戦時公債発行に参加することのなかったフランスの金融業者も加えて、フランスの金融界が中心となる形で五千万ポンドの起債を一九〇五年十一月にまとめた。

一方、敗戦国ロシアは、戦後処理債の起債に手間取ったが、こちらは新しくイギリスの金融業者が加わり、ドイツが参加しない形で、一九〇六年に「ロシア救国債」とも「反革命外債」とも呼ばれる大規模な国債の発行に

平和のための戦略としてのローン禁止

図5 - 15「平和の天使登場」

出典：Gilbert, 'The Angel of Peace Arrives,' *Denver Times*, n.d., rpt. in *Literary Digest*, Vol. 30, No. 13 (1 Apr. 1905), p. 459. 原典『デンヴァー・タイムズ』(アメリカ)
作者：ギルバート
◆「平和の天使」が、「日露戦争のためのこれ以上の資金貸付はなされないであろう」という布告を左手に持ち、「満州」の上空を飛んでいる。シルクハットには「マネーの力」と記されている。ローンを制限して戦争を終結させようという努力を示している。

戦争は素晴らしいビジネス

図5 - 16 タイトル不詳

Capt.：ジョンブル「戦争はとても素晴らしいビジネスである——他の国民の戦争である時は！」
出典：*Novoe Vremya*, n.d., rpt. in 'A Russian Cartoon,' *Review of Reviews*, Vol. 32 (Nov. 1905), p. 464. 原典『ノーヴォエ・ヴレーミア』(ロシア)
◆ジョンブルが銀行家で、日露両交戦国に融資して儲けたことを示している。

こぎつけた。フランスを中心にイギリス、オーストリア、オランダ、ロシアの金融業者が引き受けたというこの国債は、二十二億五千万フランという規模で、しかもロシアを債務奴隷とするような不利な条件であった。しかし、これで帝政は一息ついたとも言われている〔井口、一二三〜一二四頁〕。

図5-16は、ロシア側からのイギリスのマーチャント・バンクへの批判とも取れる内容であるが、ジョンブルの言葉「戦争はとても素晴らしいビジネスである——他の国民の戦争である時は！」は、ある意味で金融業者の本音を語っている。

日露戦争期の日本の外債募集における高橋是清の奮闘は、金融という側面から語られた日露戦争史の白眉とも言える。しかし、そのような外債募集の陰に隠れるようにしてあまり注目を浴びてこなかったのが、政府財務当局（大蔵省）と中央銀行（日本銀行）の役割である。しかし、最近では、大蔵省・日銀の金融政策に光を当て、戦費調達の影のアクターとして日銀・大蔵省の政策を吟味する研究が出てきている。

小野圭司氏の論考もその一つである。要約をすれば、政府がシベリア鉄道の動員力を過小に見積もって戦費を過小に予測した結果、軍事費の支払い先行による収支のずれが生じ、それを補填するために日銀は多額の一時補填資金を供給せざるを得なくなった。この一時補填資金の長期に亘る供給が、結果的に「金融緩和」を生み、その後に発行された国内債の消化を容易にする基盤を用意した。さらに日銀は公定歩合を引き上げて、国債の購入を促し、一方で金本位制維持のために制限外保証準備発行による兌換券の発行を実施した。中央銀行は通常は程度の差はあれ、政府から独立した存在であるが、この時期の日銀は政府財政部門の大蔵省から統制を受けてこのような役割を果たしたのである。それにより、金融緩和と金本位制の維持というトレードオフの関係にある目標の達成が可能になったというのである〔小野、一一七〜一一九頁〕。

当時のカリカチャリストはもちろんこのような「影のヒーロー」に注目することはなかったし、今日でもこのような事実はあまり知られていないように思える。

第6章

遼陽会戦から沙河持久戦まで

1　遼陽会戦

日露戦争の代表的な陸戦と言えば、旅順攻囲戦とその後の奉天会戦であり、開戦後七ヵ月足らずの時期の遼陽会戦（八月二十三日〜九月四日）の意義は、しばしば見落とされがちである。しかし、これに先立つ日本軍の第一回の旅順総攻撃（八月十九日〜二十四日）が大失敗に終わっていたことを考えれば、連敗をすればロシア軍を勢いづかせ、戦況を逆転されかねない危うさを孕む重要な戦いであったことが分かるだろう。さらにロシア側にはシベリア鉄道による増援部隊が到着し、一説には遼陽会戦ではロシア軍の参加兵力は十四万九千名で、十二万七千名の日本を上回っていた〔小野、一〇七頁のロストーノフからの引用より〕。

イギリスの公刊『日露戦史』がこの戦いを評して、「この会戦の重要性は誇張しても誇張しすぎることない。（中略）八月二十三日から九月三日までの十二日間が、この戦争の歴史でもっとも重大な時期と呼ばれているのも、理由がないことではない」と述べたのも、あながち間違いではない〔Connaughton, 203-4〕。

この戦いに挑んだ日本軍の必死さが伝わってくるのが、図６‐１の『パンチ』の諷刺画である。日本軍は犬で表象されているが、実際この戦いでは「遼陽平野のグレイハウンド」とも称された足の速い猟犬のような兵士たちが活躍した〔Connaughton, 208〕。

それでは、この困難な戦いを日本軍が勝ち抜くことができた原因は何だったろうか。日本軍の勝利の要因の一つを、軍事史家のコナフトンは、「黒木将軍の攻撃精神および防御で見せた日本軍第十五旅団の旺盛な精神に追うものである」としている〔コナフトン、一二三〇頁〕。黒木為楨《ためもと》第一軍司令官は、危機に直面したこともあったが、

ロシア軍を追い詰める激戦

図6 - 1「追い詰められて」

出典：E. Linley Sambourne, 'At Bay,' *Punch, or the London Charivari*, Vol. 127 (7 Sept. 1904), p. 173.『パンチ、あるいはロンドン・シャリヴァリ』(イギリス)
作者：E・リンリー・サンバーン
◆旭日旗の模様をした猟犬の日本が、果敢にロシア熊に飛びかかって追い詰めている。熊に倒される犬もいるが、喰らいついている犬もいる。題名にあるbayには、猟犬が吠えたてて追い詰めるというニュアンスがあり、追い詰められているのはロシアであるが、よくみると熊の下敷きになっている犬もおり、壮絶な戦いであることが分かる。図像学的に分析すれば、犬は「従順」とか「忠実」の象徴であり、そのようなイメージが日本軍の姿と重なりあっているとも言えよう。

的確な状況判断に基づく戦術を駆使して不利な体勢から日本軍を勝利に導いたとされる。

日露戦争期の陸軍では、一般には第三軍司令官の乃木稀典が有名である。しかし、海外の諷刺画を見ていると、乃木も取り上げられてはいるものの、黒木も幾つかの諷刺画に取り上げられている。その戦いぶりが印象的であったためであろう。時期的には遼陽会戦の前であるが、**図6‐2**には、そんな「常勝将軍」黒木の巧みな戦術と戦力を小出しにするクロパトキンの拙劣な戦術が「大胆な粉屋の女房のお話」になぞらえて描かれている。またフランスの諷刺画である**図6‐3**では、黒木の勇猛さが主題となっている。

もう一つの日本軍の勝利の要因は、日本軍の戦力を過大に見積もって、例によって退却戦を実施したクロパトキンの判断ミスである。クロパトキンは退却を戦術として実行し、それは遼陽の主陣地へ撤退してから反転攻勢をかける作戦の一環だったのだが、敵を勢いづかせてしまった。この時代の戦争では、戦意などの心理的要因が大きく勝敗を左右したので、戦術的撤退はクロパトキン自身はそうは思っていなかったにしろ、大きな判断ミスとなった。さらに遼陽会戦に敗れた後、九月三日から十一日まで、ロシア軍は奉天まで六十四キロの本物の撤退をすることになる。

この頃「退却将軍」の異名を授かったクロパトキンは、諷刺画家の心を捉えたようである。日本軍の「勇猛さ」よりも、むしろロシア軍、なかでもクロパトキンの「臆病さ」や「愚鈍ぶり」を笑うカリカチャリストが多い。

図6‐4〜8は、いずれもクロパトキンの退却戦術と敗走を題材として、それぞれ独自の趣向を凝らしている。むろん遼陽でのロシア軍の敗北の理由を、個人のみならず組織的な問題とする考えもある。ロシア陸軍の部隊指揮官たちは形式上は個々に認められていた攻勢作戦実施の判断を下さず、司令官であるクロパトキンにいちいち判断を仰いだ。一方のクロパトキンは、「皇帝、陸軍大臣、極東総督〔極東太守のこと〕、遼陽、旅順、あちこちに配備された派遣隊および幅約五十キロの全戦線と接触を維持しなければならなかった」のである〔コナフト

黒木の巧みな戦術と勇猛さ

図6 - 2「ロシアの途切れ途切れの動員」

Capt. :「粉屋の女房が前の者を引き摺りこみ、偵察者は知らないでその後を追った（大胆な粉屋の女房のお話より）」
出典 : 'Die ruckweise russische Mobilisierung,' *Kladderadatsch*, Vol. 57, No. 31 (31 July 1904), p. 440; 'The Intermittency of Russian Mobilisation,' *Kladderadatsch*, rpt. in *Review of Reviews*, Vol. 30 (Sept. 1904), p. 244.『クラデラダーチェ』(ドイツ)
◆山賊が一人ずつ梯子を登って狭い入り口から首を出すと、粉屋の女房に首を落とされて、粉ひき小屋のなかに死体が引きずり込まれて行く。小屋の中でロシア兵の首を落としている粉屋の女房は、黒木第一軍司令官である。一方、そうとは知らず、梯子の下から兵を送り出している、ソンブレロを被った男は、クロパトキン満州軍総司令官である。時期的には遼陽会戦の前で、緒戦からの黒木の巧みな戦いぶりを示していると言えよう。

図6 - 3 タイトルなし

Capt. :「新たな勝利をたたえて、ミカドは将軍たちに爵位を授けた。『黒木将軍を爾後、激烈心公爵に任ずる』」
出典 : Henriot, cartoon, in 'Échos,' *Le Journal amusant*, No. 290 (14 Jan. 1905), p. 7.『ル・ジュルナル・アミュザン』(フランス)
作者 : アンリオ

図6 - 4「ピアリーが早く北極点に到達する方法」

出典：Spencer, 'How Peary Could Quickly Reach the Pole,' *Omaha World-Herald*, n.d., rpt. in *Literary Digest*, Vol. 29, No. 13 (24 Sept. 1904), p. 372. 原典『オマハ・ワールド＝ヘラルド』（アメリカ）
作者：スペンサー
◆砲弾から逃げながら、クロパトキンがアメリカの探検家ピアリーが乗った橇を引っ張っている。目指す先は「北極点」。敗走するクロパトキンの勢いを利用すれば、ピアリーはもっと早く北極点に到達できるだろうという強烈な皮肉。ピアリーは1909年に世界初の北極点到達を成し遂げたとされる。

図6 - 5「戦術的な錯乱の劇場（熊の大きい〜なぁ市）」

Capt.：「お入り、お入り、日本人と娘さんたち！　総額２コペイカで、我らが素晴らしき将軍クロパトキンが、あなた方の前でトロシュの計画の完全な解説を始めますよ（ドン、バン、ドン、ドン、バン！）」
出典：Tiret-Bognet, 'Théatre des folies tactiques (Grrrande foire à l'ours),' cartoon, *La Caricature*, Vol. 25, No. 1292 (1 Oct. 1904), p. 315. 『ラ・カリカテュール』（フランス）
作者：ティレ - ボニェ
◆トロシュはフランスの軍人で普仏戦争の際にパリ防衛に失敗したことで知られる。クロパトキンが錯乱したように見せかけて、日本軍を誘っているが、乗ってきそうにはない。クロパトキンの戦術的な退却を皮肉っていると思われる。

図6 - 6「クロパトキンの計画」

Capt. :「もうちょっと前に進め……この冬お前たちをやっつける場所を選んでおいたから」
出典：Henriot, 'Le plan de Kouropatkine,' cartoon, in 'Échos,' *Le Journal amusant*, No. 273 (17 Sept. 1904), p. 2.『ル・ジュルナル・アミュザン』(フランス)
作者：アンリオ
◆遼陽会戦直後に掲載されたもので、クロパトキンを皮肉っているものであろう。クロパトキンは退却しておきながら、相手に動くように命令しているのである。クロパトキンは冬将軍の到来を期待しているとも読める。

図6 - 7「ハルビンでの歓迎」

Capt. :「ハルビンで人々は、クロパトキンに対する威厳あふれる歓迎の準備に出くわす。クロパトキンは勝利の退却の途上、その街に間もなく寄ろうと考えている」
出典：'Willkommen in Charbin!,' *Kladderadatsch*, Vol. 57, No. 38 (18 Sept. 1904), p. 529; 'Welcome to Harbin,' *Kladderadatsch*, rpt. in *Literary Digest*, Vol. 29, No. 16 (15 Oct. 1904), p. 499.『クラデラダーチェ』(ドイツ)
◆クロパトキンの撤退を「勝利の退却」と皮肉っている。中央がクロパトキンで、まるで凱旋しているかのようである。

図6-8「ぶしつけな取材記者」

Capt.：「戦争の後、皇帝陛下はクロパトキンをどのように処遇されますか」
「ふうむ。彼は考えを変える必要があるので、……余は彼を退役させるつもりだ」
出典：Th. Barn, 'L'indiscret reporter,' cartoon, *La Caricature*, Vol. 25, No. 1293 (8 Oct. 1904), p. 327.『ラ・カリカテュール』（フランス）
作者：テ・バルン
◆ツアーの意見で退却将軍のクロパトキンを退役（retraite）させるというのは、retraite の別の意味である退却と引っかけている。

ン、二三〇頁」。意思決定にあまりにも多くの要素が介在すると、本質を見失う恐れがある。クロパトキンはこの戦争で、疲労困憊して兵力も落ちていた日本の第一軍に、ほとんど無傷の予備隊を投入する機会があったにもかかわらず、その絶好の機会を見落とした。黒木がほとんど「上」からの命令に煩わされることなく戦略目標を追求できたのに対して、クロパトキンはあまりにも不自由であった。

図6-9は、いみじくもクロパトキンの不自由さを「十字架の道行き」として諷刺している。**図6-10**も、クロパトキンに対する皮肉に満ちている。また遼陽会戦の敗北の原因の一つを作ったオルロフ将軍も、命令の混乱に悩まされた一人であり、フランスの諷刺画の**図6-11**では会戦における指揮の問題で解任されたオルロフ将軍のクロパトキンに対する恨みつらみが、皮肉交じりに取り上げられている。

遼陽会戦で日本軍が勝利し、遼陽を占領し、ロシア軍を敗走させたことは結果としてロシア軍を南満州の一部から撤兵させることになった。開戦原因となったロシアの満州撤兵の不履行と、この遼陽会戦でのロシア軍の敗走を掛け合わせて、英米のカリカチャリストが強烈な皮肉を述べているのが次の二点（**図6-12・13**）である。

――――― クロパトキンの十字架と遼陽での敗北の皮肉 ―――――

図6－9「十字架の道行き」

Capt. ：**クロパトキン「そいつから解放されればなあ！」**
出典：Camara, ‘Le chemin de la croix,’ *L’Assiette au Beurre*, No. 184 (8 Oct. 1904), pp. 3054-55.『アシエット・オ・ブール』（フランス）
作者：カマラ
◆キリストは十字架を背負ってゴルゴタ［カルワリオ］の丘に登り、そこで磔刑に処せられた。「十字架の道行き」は、その道程のことだが、この画で十字架を背負っているのはクロパトキン将軍である。将軍が背負っている十字架には「サンクト・ペテルブルクからの命令」と書かれており、首都にいる皇帝あるいは政府からの過大な命令を背負って、苦難の道を行くクロパトキンの姿が描写されている。キャプションによれば、荷が重すぎて、クロパトキンは十字架からの解放を望んでいる。

図6 - 10「謝絶された訪問」

Capt. :

支配人「遺憾の極みでございますが、閣下をお泊めするわけにはまいりません。部屋はどこもかしこも他の方法で一杯でありまして［占領されていまして］」
客「よろしい。おはよう」

出典 : 'Der verbetene Besuch,' *Kladderadatsch*, Vol. 57, No. 37 (11 Sept. 1904), p. 516; 'Why the German Prince Did Not Go to Manchuria,' *Kladderadatsch*, rpt. in *Review of Reviews*, Vol. 30 (Oct. 1904), p. 358.『クラデラダーチェ』(ドイツ)

◆支配人の男「クロパトキン」(左) が込み合っていることを理由に、ヨーロッパの皇族らしい客 (右) の宿泊を断っている。宿泊施設の入り口の看板には「遼陽市へ」と記されている。この画が掲載された頃には、遼陽会戦は日本軍の勝利で終わっていた。宿舎の窓から顔を出しているのは日本兵である。遼陽は日本軍に占領されたので連れて行くことができない様子を、皮肉交じりに表わしている。

図6 - 11「復讐」

Capt. :「クロパトキンの命令により、オルロフ将軍は陸軍において解任された」
「親愛なるクロパトキン、そいつは私が実行しそこなうことのない命令ですな。でも貴下もただちに私の後に続くかもしれませんな」

出典 : Th. Barn, 'La revanche,' cartoon, *La Caricature*, Vol. 25, No. 1295 (22 Oct. 1904), p. 343.『ラ・カリカテュール』(フランス)

作者 : Th. バルン

◆オルロフ少将は遼陽会戦において第５シベリア軍団第54歩兵師団を率いていたが手ひどい敗北を喫し、自身も怪我を負った。

皮肉としてのロシアの満州撤兵履行

図6 - 12「途中で」

Capt. ：エウロペ「計画変更？」
ロシア熊「とんでもありません、マダム。あっしはもともと満州から撤兵することを約束してたんでっせ。それにロシアの約束は神聖なものです！」
出典：E. Linley Sambourne, ‘En Route,’ *Punch, or the London Charivari*, Vol. 127 (14 Sept. 1904), p. 191.『パンチ、あるいはロンドン・シャリヴァリ』（イギリス）
作者：E・リンリー・サンバーン
◆ロシア熊が向かう先にはハルビンと奉天と書かれている。義和団事件後、満州を軍事占領したロシア軍は、撤兵期限が過ぎても撤兵しなかったが、皮肉にも日本軍の攻撃にあって撤退を余儀なくされた。その撤兵途上にあるロシア熊に、ヨーロッパを象徴する王女エウロペが「計画変更？」と訊くと、ロシア熊は、もともと満州から撤兵する約束で、ロシアの約束は神聖だなどと強がりを言っているのである。エウロペの兜の上には雄牛が見える。これはエウロペを愛したゼウスが、白い牛に変身して彼女を背に乗せてクレタ島に連れて行ったという神話に由来しているのであろう。

図6 - 13 タイトル不詳

Capt. :［ロシア兵］「何を笑っているんだい？　撤兵すると約束しなかったかい？」
出典：Evans, cartoon, *Cleveland Leader*, n.d., rpt. in *Literary Digest*, Vol. 29, No. 12 (17 Sept. 1904), p. 312. 原典『クリーヴランド・リーダー』(アメリカ)
作者：エヴァンス
◆満州撤兵の約束を履行しなかったロシアが、日本の攻撃に合って撤退しながら、約束の履行だと負け惜しみを言っている。

2　沙河会戦とその後の持久戦

遼陽会戦後、次の標的は奉天であった。しかし、その頃の日本陸軍は砲弾不足、とくに野砲用の榴弾不足に陥っていた。兵力の補充も必要であった。しかし、気の早い諷刺画家たちは「奉天攻略」を思い描いていた。図6-14・15は、そのような見方を表わしている。

これまでに見てきたように、この頃には英米のみならずフランスでも、ロシアに対して皮肉に満ちた諷刺画が掲載されたが、一方フランスでは英米とは違ってロシアの強気な見方を示す諷刺画も掲載された。図６‐16では、戦況が思わしくないにもかかわらずロシアが大きくて強気であり、作者はロシアの力は侮れないことを示しているようにも思える（ロシアの負け惜しみを笑っているとも取れるが）。図６‐17では、独特のユーモアでロシアの苦境が示されている。図６‐18も同時期のフランスの諷刺画である。解釈は難しいが、ロシアを手助けする様子を描いているようである。

一旦奉天に退いたクロパトキンは、日本軍が追撃してこないことを知ると、前衛部隊を沙河の線まで南下させたうえで反転攻勢に出た。ロシア軍の動きを察知していた日本軍も、防御よりも攻勢で応じた。こうして戦われたのが沙河会戦（十月十日～十六日）である。

―――― 奉天攻略も間近か？ ――――

図6‐14 タイトル不詳

Capt.：**ロシア人「何だ？　また起きる時間か？」**
出典：May, cartoon, *Detroit Journal*, n.d., rpt. in *Literary Digest*, Vol. 29, No. 14 (1 Oct. 1904), p. 406. 原典『デトロイト・ジャーナル』（アメリカ）
作者：メイ
◆奉天と記された台の上で、目覚まし時計「日本」がけたたましく鳴り、銃を手に起きようとしているロシア兵。相次ぐ日本軍の攻勢に、休む間もないロシア軍を表わしている。

図6 - 15「ロシアのガチョウの料理」

出典：'Cooking the Russian Goose,' *South African Review*, 26 Aug. 1904, rpt. in *Review of Reviews*, Vol. 30 (Oct. 1904), p. 359. 原典『サウス・アフリカン・レヴュー』（南アフリカ）
◆日本人料理人がテーブルの上で、「奉天」と記されたガチョウを料理している。小窓から心配そうに覗いているのはロシア人であろう。棚の上（右上）には、別のガチョウも置いてある。刊行日の8月26日には、まだ遼陽会戦が始まったばかりである。イギリス自治領であった南アフリカの諷刺画である。

フランスの諷刺画のなかのロシア

図6 - 16「追伸」

Capt.：「それでも、気をつけろよ。わしがいつか、日本に足を踏み入れないとも限らないぞ。お前さんがサンクト・ペテルブルクを訪問することなど、当てにしていないから」
出典：Tiret-Bognet[pres.], 'Post-Scriptum,' cartoon, *La Caricature*, Vol. 25, No. 1291 (24 Sept. 1904), p. 306.『ラ・カリカテュール』（フランス）
作者：ティレ - ボニェ［推定］

図6 - 17「かわいそうなイワン！」

Capt.：「日本のお茶には砂糖が足りない！」
出典：'Pauvre Ivan!,' cartoon, *La Caricature*, Vol. 25, No. 1291 (24 Sept. 1904), p. 311.『ラ・カリカテュール』（フランス）
◆おそらく日本茶には砂糖を入れないことを知っていて、作者はそれでロシア兵をかわいそうと言っているのであろう。甘くないお茶は、戦況がロシアにとって思わしくないことを示唆している。ロシアに対する同情を表明しているとも思えるが、ユーモアに重点があるとも考えられる。ロシアでは紅茶にジャムを入れて甘くしたり、口にジャムを含みながら紅茶を飲むこともある。

図6 - 18「ブルガリアの山上の垂訓」

Capt.：
ブルガリア人「それで私どもは、日本と戦う我々の友人ロシア人を手助けするために何をすべきなんですか」
コーラス「たくさんの雷管、我が友よ、たくさんの雷管だよ……ダイナマイトの入った」
出典：Tiret-Bognet, 'Sermon de la montagne bulgare,' cartoon, *La Caricature*, Vol. 25, No. 1288 (3 Sept. 1904), p. 282.『ラ・カリカテュール』（フランス）
作者：ティレ - ボニェ
◆タイトルにある「山上の垂訓」とは『マタイによる福音書』に出てくるイエスの山上の説教のことであるが、ここではブルガリアの山岳民族にイエスならぬロシア兵が説教を下しているようである。ロシアとブルガリアは、宗教的にはそれぞれ正教会であるという共通点がある。

図６‐19は、やっとロシア軍が前に出てきたことをアメリカン・フットボールに喩え、当時の状況を巧みに表わしている。

この反転攻勢に日本軍も一時はかなり苦戦したが、何とか敵の中央を突破し、ロシア軍を全軍撤退に追い込んだ。ロシア軍は沙河まで退却した。再び敗北し、日本軍の襲来に怯えるクロパトキンは、次の諷刺画（図６‐20〜22）に見られるように、またしてもカリカチャリストの格好の餌食となった。

この頃のロシアの苦戦を受けて、奇しくも半分は残っているとロシアが自らを慰める諷刺画が、フランスとドイツの双方で掲載されている（図６‐23・24）。

一方で日本軍は、沙河会戦に勝利はしたものの、砲弾不足もあって、それ以上はロシア軍を追撃できなかった。また旅順攻略戦が思うように進んでいなかったこともあって、それ以上の「北進」には待ったがかけられた。そのような事情は日本国民には十分伝えられていなかった。次の二点の諷刺画（図６‐25・26）は海外で紹介された日本の諷刺画であるが、かなり強気の見方を示している。これらには戦意高揚のためのプロパガンダとしての側面もあるが、連戦連勝で日本国民は実際にこのように信じていたと見ることもできるであろう。

この秋は陸戦では、旅順攻囲戦が続く一方で、満州の原野では遼陽会戦から沙河会戦と戦闘が続いた。「収穫の秋」は、まさに死神にとって死の収穫の秋であった。そのような戦争の悲惨さを伝えているのが、次の二点の諷刺画（図６‐27・28）である。最初の諷刺画は、遼陽会戦の終わり頃、次の諷刺画の日付けは、旅順で第二回総攻撃のための砲撃が始まった日である。

満州の秋は短く、その後、「冬将軍」の到来もあって日露両軍は沙河で対峙したまま年を越すことになる。この沙河での百日に及ぶ冬季の両軍の対峙は、後の第一次世界大戦での塹壕戦を思わせるものである。図６‐29〜32はその様子を描いたものであるが、とくに図６‐30のちょっとしたユーモアに注目したい。また、図６‐33では、ロシア兵が二、三年は続くのではという長期戦の予想を口にしている。実際には、この諷刺画が掲載されて

クロパトキンの反転攻勢

図6 - 19「クロパトキンはついにボールを持った。しかし、距離を稼ぐことができるだろうか」

出典：Bartholomew, 'Kuropatokin at Last Has the Ball, but Can He Make His Distance?,' *Minneapolis Journal*, n.d., rpt. in *Literary Digest*, Vol. 29, No. 17 (22 Oct. 1904), p. 516. 原典『ミネアポリス・ジャーナル』（アメリカ）
作者：バーソロミュー
◆日露の満州での戦いを、アメリカン・フットボールに擬している。クロパトキン（中央左上寄り）が「臆病な……」と記されたボールを持って、突進している。迎え撃つのは日本の将軍たち。前進を抑えようとタックルしているのが黒木（中央）。その奥に見えるのが野津。さらに待ち構えているのが大山（右下）と奥（左下）である。

図6 - 20「クロパトキンの攻撃」

出典：'Kuropatokin's Offensive,' *Humoristische Blätter,* n.d., rpt. in *Literary Digest,* Vol. 29, No. 20 (12 Nov. 1904), p. 654. 原典『フモリスティッシェ・ブレッター』（オーストリア）

◆クロパトキンは、はさみは強大であるが、陸では俊敏性に欠けるロブスターとして描かれている。

図6 - 21「苦境にあるクロパトキン」

出典：'Kuropatkin in a Tight Place,' *Le Grelot,* n.d., rpt. in *Review of Reviews,* Vol. 30 (Nov. 1904), p. 468. 原典『ル・グルロ』（フランス）

◆満州にいるクロパトキンは、三方を日本兵に囲まれ銃剣を突き付けられており、右奥のモンゴルにも大きな網を手にした男が待ち構えている。包囲され、四面楚歌の状況である。

図6 - 22「極東より」

Capt. :「ロシア熊は冬営に入ることを欲している。しかし、その場所は安全とは限らないように見える」
出典 : 'Aus dem fernen Osten,' *Kladderadatsch*, Vol. 57, No. 41 (9 Oct. 1904), p. 575; 'Bear Thinks of Hibernating, but the Locality Is Not Safe,' *Kladderadatsch*, rpt. in *Literary Digest*, Vol. 29, No. 19 (5 Nov. 1904), p. 608.『クラデラダーチェ』（ドイツ）
◆熊（クロパトキン）は冬眠を考えているが、日本軍が迫っている。

半分残っている？

図6 - 23「鳥類学――歴史――紋章学」

Capt. :「おまえさん、怖がりなさるな。一つの首が切り落とされたとしても、その鳥にはもう一つ別のものが残っているし、嘴も立派だ」
出典 : Tiret-Bognet, 'Ornithologie --- Historico --- Héraldique,' cartoon, *La Caricature*, Vol. 25, No. 1294 (15 Oct. 1904), p. 329; 'Comfort,' *La Caricature*, n.d., rpt. in *Literary Digest*, Vol. 29, No. 19 (5 Nov. 1904), p. 610.『ラ・カリカテュール』（フランス）
作者 : ティレ - ボニェ
◆『リテラリー・ダイジェスト』誌に転載された方のタイトルは「慰め」となっている。

図6－24「慰め」

キャプション（要約）： ビールを飲みながら、陸軍のたった半分が敗れただけと自らをツアーが慰めている。

出典：‘Ein Trost,’ *Wahre Jacob*, No. 477 (1 Nov. 1904), p. 4506.『ヴァーレ・ヤコブ』（ドイツ）

◆アルコール中毒者というロシア人のステレオタイプも反映している寓意画である。

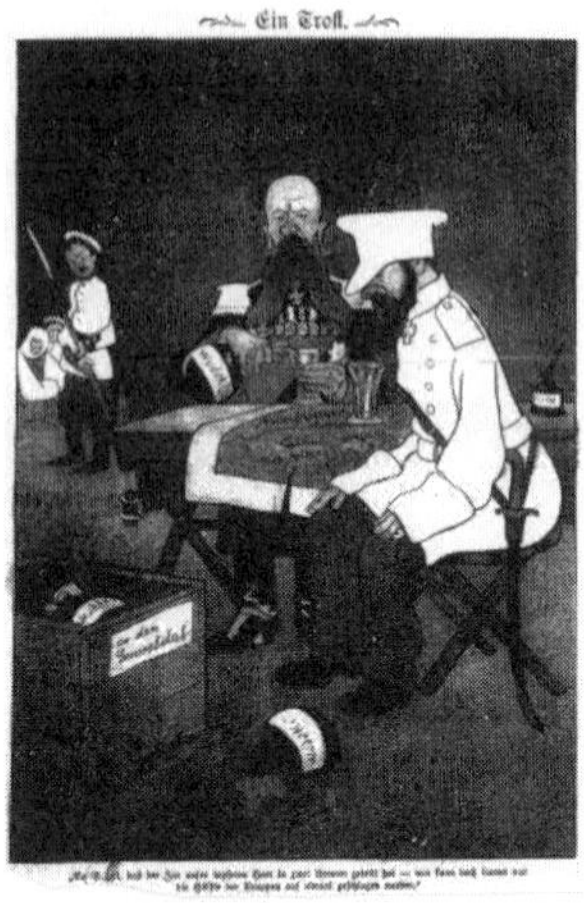

日本側の強気の見方

図6－25「旭日を前にしてのロシアの雪の戦士たちの崩壊」

出典：‘Collapse of Russian snewo Fighters before the Rising Sun,’ *Shin Koron*, n.d., rpt. in *Literary Digest*, Vol. 29, No. 18 (29 Oct. 1904), p. 572. 原典『新公論』（日本）

◆ロシアの雪の戦士たちのうち、「遼陽」（左）と「旅順」（右）はすでにかなり溶けている。「ハルビン」（中央左）と「ウラジオストク」（中央右）も溶け出している。ハルビン、ウラジオストクも窺う動きという意味ではかなり強気の見方を示していると言えよう。

図6 - 26「いかにして日本軍はロシア兵を怖がらせるか」

出典：'How the Japanese Troops Frighten the Russian Soldiers,' *Jiji Shimpo,* n.d., rpt. in *Review of Reviews*, Vol. 30 (Nov. 1904), p. xii. 原典『時事新報』(日本)
◆最初は強そうなロシア兵（右上）であるが、ひとたび日本軍が向き合って（右中）、刀を抜こうとすると怖気づく（右下・左上）。さらに、刀を抜かれると老犬に変わり（左中）、戦わずして前足を上げてちんちんのポーズを取る。それを指さして、日本兵は笑うのである。「日本ではこのようなものと信じられていた」と説明にある。

図6 - 27「憤怒の神」

Capt. :「満州での収穫」
出典 : Tiret-Bognet, 'Le Dieu de colère,' cartoon, *La Caricature*, Vol. 25, No. 1288 (3 Sept. 1904), p. 286.
『ラ・カリカテュール』(フランス)
作者 : ティレ - ボニェ
◆画の左上には「怒りの日」(ディエスイレー、最後の審判の日) の文字も見える。

図6 - 28「戦争の収穫」

出典 : 'The Harvest of War,' *Judy*, 26 Oct. 1904, rpt. in *Review of Reviews*, Vol. 30 (Dec. 1904), p. xii. 原典『ジュディー』(イギリス)
◆死神が鎌をもって日露戦争から収穫 (人の死) を上げている。

沙河での百日対峙と長期戦の予想

図6－29「沙河で対峙する陸軍同士」

出典：'The Opposing Armies on the Shaho River,' n.p., n.d., rpt. in *Review of Reviews*, Vol. 31 (Jan. 1905), p. xii. 原典不詳
◆日露両軍は沙河を挟んで百日に及び対峙した。その様子を日本兵（右）とロシア兵（左）の室内でのにらみ合いとして描いている。原典は不詳であるが、『ジンプリツィシムス』誌のタッチのように見える。

図6－30「満州にて」

Capt.：**「沙河の敵軍同士」**
出典：'In Manchuria,' *Le Grelot*, n.d., rpt. in *Review of Reviews*, Vol. 31 (Jan. 1905), p. 18. 原典『ル・グルロ』（フランス）
◆厳冬期の沙河での対峙戦の様子をユーモラスに描いている。両軍兵士が塹壕の中に入って、煙草を一服している。中央では、ロシア兵（右）から日本兵（左）が火を借りている。

図６ - 31「戦いのなかの平和」

Capt. ：日本人「さて、アウグスト、さあまたもやできるかな？」
ロシア人「たぶんできるよ。でもまだしないよ」
日本人「ふうむ、ここで我々はちょっと待ちますよ」
出典：'Friede im Kriege,' *Kladderadatsch*, Vol. 57, No. 48 (27 Nov. 1904), p. 679.『クラデラダーチェ』（ドイツ）
◆両軍が塹壕で対峙して、戦闘をしないで睨み合っている様子を表わしている。

ENVIRONS DE MOUKDEN
— Je tombe de fatigue...
— Déjà ?... mais songe donc que nous en avons encore pour deux ou trois ans ?

図6 - 33「奉天近郊」

Capt. :「疲れて倒れそうだよ」
「もう？　でも考えてみろよ、あと２、３年は続くんだぜ」
出典 : Henriot, 'Environs de Moukden,' cartoon, in 'Actualités,' *Le Journal amusant*, No. 286 (17 Dec. 1904), p. 2.『ル・ジュルナル・アミュザン』(フランス)
作者 : アンリオ

図6 - 32「沙河にて」

Capt. :「『日本人がブランデーさえも手に入れている様子をロシア人たちは羨ましく見ている。それに関しては、ロシアの陣地では何も見つからない』と『ベルリン地方報知』紙は報じた。これはもちろん、またしてもロシア人に武器を捨てさせるための日本人の謀略にすぎない」
出典 : 'Am Schaho,' *Kladderadatsch*, Vol. 57, No. 49 (4 Dec. 1904), p. 707.『クラデラダーチェ』(ドイツ)
◆日本兵はブランデーでロシア兵を誘っている。凍えた様子の酒好きのロシア兵は、心を動かされそうになっているようにも見える。飲食物も戦場での宣伝の材料になる。実際にスペイン市民戦争を描いたジョージ・オーウェルの『カタロニア讃歌』には、お互いに声の届く距離で塹壕で対峙した状況で、「バターをぬったトースト！」とありもしない食事の様子を叫んで敵の戦意をくじこうとする男が登場する〔オーウェル、69頁〕。

DE-CI, DE-LA

から十ヵ月弱で戦争は終わり、第一次世界大戦ほど長期化はしなかった。

この頃、フランスの諷刺雑誌『ラ・カリカテュール』には、「ここかしこで」と題して、一頁に八点の諷刺画を配した戦争特集が掲載された。絵で見せるよりもキャプションで笑わせる内容である（図6-34）。

図6-34「ここかしこで」

Capt.：解説参照
出典：Tiret-Bognet, ‘De-ci, de-la,’ cartoon, *La Caricature*, Vol. 25, No. 1297 (5 Nov. 1904), p. 357.
『ラ・カリカテュール』（フランス）
作者：ティレ-ボニェ
◆左上の画では通信員が中国人のあばら家を借りるのに1ヵ月500フランもして奉天ではパリよりも高いと文句を言うのであるが、家主は「間近に迫った砲撃に窓が向いている」と反論している。右上の画では、黒木将軍が何でも誰でも掃除してしまうと言われ、伍長が大きな鉄製の掃き具をポケットに入れているのではと答えている。中ほどの右は、日本軍のクラブの講義の様子で、赤い月（ロシアの月）が旭日を蝕することはないと主張されている。左下の画は、ロシア兵同士の会話で、日本兵を見たと一人が言い、もう一人が「そこらじゅうにいるのかい」と言うと、「ここではないよ。日本にだよ、もちろん」と返答するのである。

3　遼陽会戦での日本勝利の意義

この章の最初に、遼陽会戦はもっと注目されてよい戦闘であることを書いた。この会戦では、ロシア軍よりも日本軍の方が損害が大きく、また「二十万のロシア軍がさらに戦うために逃げ去った」ので「煮え切らない戦闘」でもあったが、この会戦で日本軍が数の上で優勢な敵を破ったと言うことは大きな意味を持った〔コナフトン、二三二頁〕。

図6‐35は、この頃ドイツの諷刺雑誌に掲載されたもので、最終的な日本勝利の予想を示している。

いずれにしろ遼陽会戦での勝利を通して、軍事力を持ってして、日本の実力と文明化は認知されることとなった。いみじくもそのことを示しているのがフランスの諷刺画（**図6‐36**）である。キャプションにあるように、軍事力を持ってして初めて「文明化」が認められるというのは「文明化の逆説」と言えよう。

日本勝利の予想

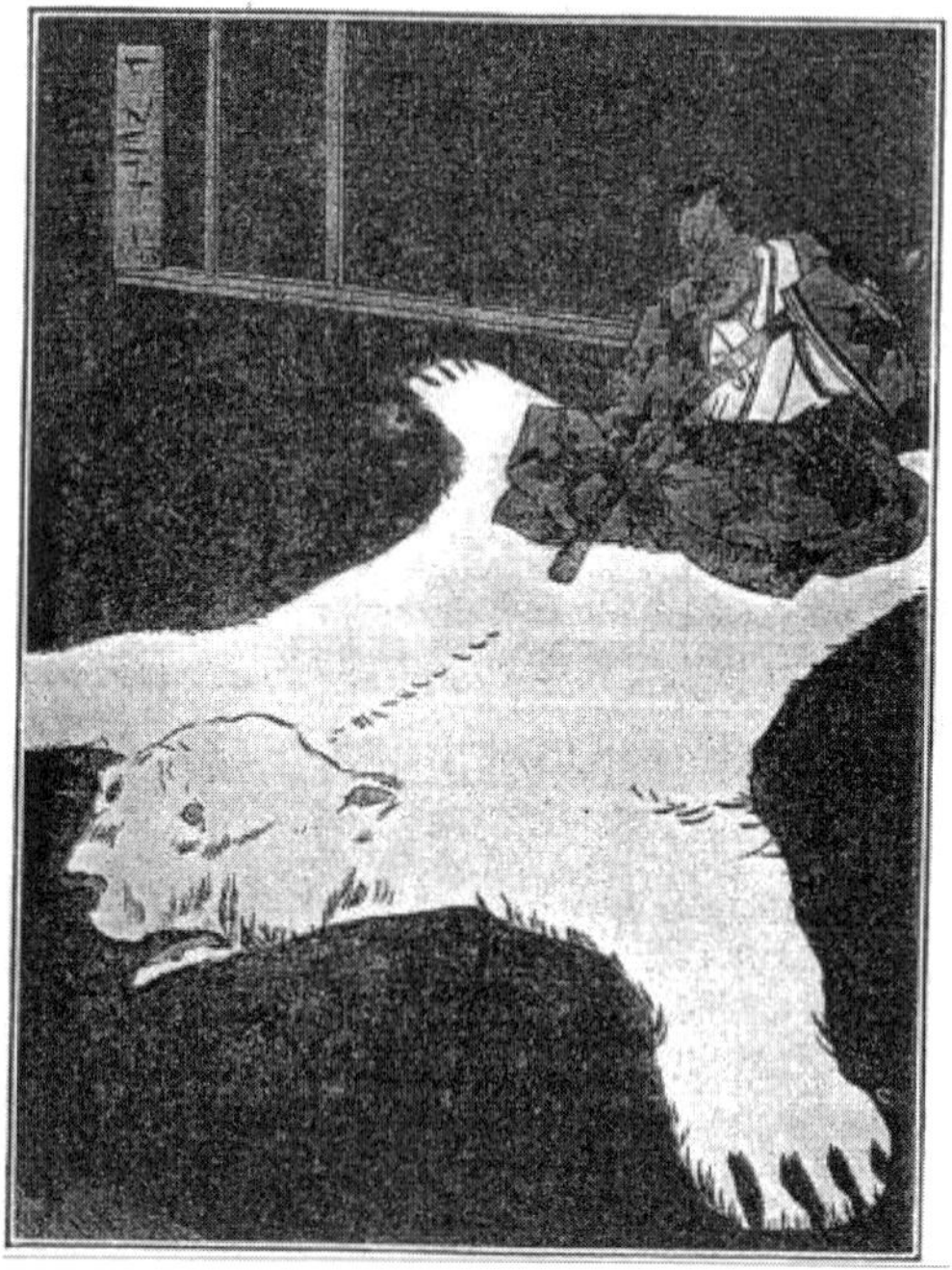

図6‐35「結末」

Capt.：「しかし、本当にロシア熊は一体どうなるんだろう？」
「一番ありそうなのは、ミカドの寝室のマットにされることだろうね」

出典：'The End of the Song,' *Lustige Blätter*, No. 36, n.d., rpt. in *Review of Reviews*, Vol. 30 (Oct. 1904), p. 358. 原典『ルスティヒェ・ブレッター』（ドイツ）

◆熊（ロシア）の敷物の上で日本刀を手に胡坐をかいているミカド。日本がロシアに勝利することを予測したもの。英語のタイトルは訳せば「歌の終わり」だが、これはドイツ語の熟語表現Das Ende vom Lied（「結末」の意）の直訳であろう。

遼陽会戦の勝利と文明化の逆説

図6 - 36 タイトルなし

Capt. ：ロシア人「遼陽会戦の前までは、お前は未開だと思っていたよ。今では確信しているよ。お前も俺とほとんど同じくらい文明化しているんだなって」
出典：Camara, cartoon, *L'Assiette au Beurre*, No. 184 (8 Oct. 1904), p. 3057.『アシエット・オ・ブール』（フランス）
作者：カマラ
◆ロシア人が敗北を喫することによって、日本の文明化を認めるという内容である。ロシア兵は巨大で、子供を扱うように日本兵の頭をなぜている。

第7章

バルチック艦隊の冒険

―――― バルチック艦隊の冒険 ――――

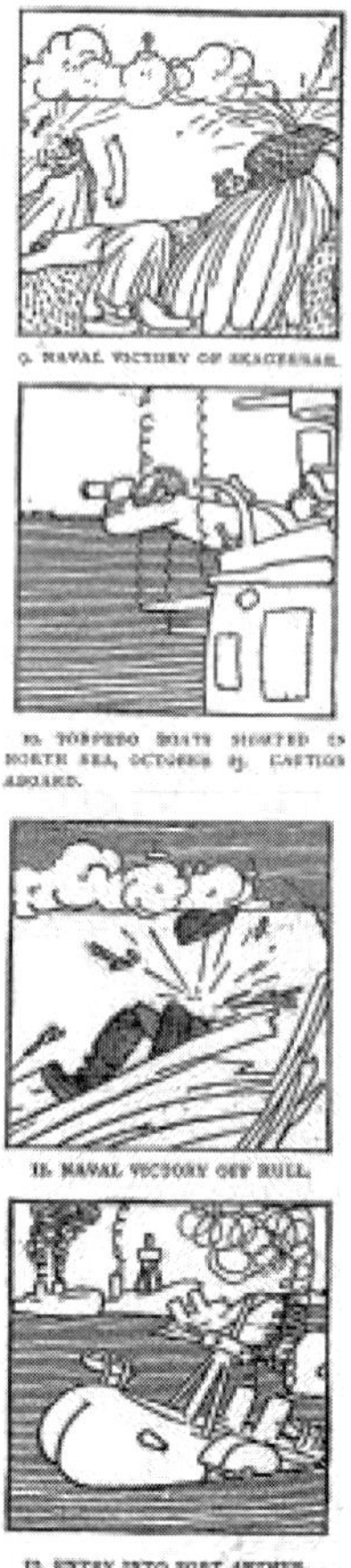

図7－1 タイトル不詳

Capt.：
1. ツアーの御臨席と拍手喝采する人々の出席のなか、９月１日クロンシュタットを出港
2. ９月２日、事故でクロンシュタットに戻る
3. ９月３日から20日まで修理
4. ツアーの御臨席と拍手喝采する人々の出席のなか、９月21日クロンシュタットを出港
5. ９月23日、事故でレーヴェリ［タリン］に停留
6. ９月23日から10月19日まで修理
7. ツアーの御臨席と拍手喝采する人々の出席のなか、10月21日レーヴェリを出港
8. 10月21日、敵の水雷艇が目撃される。船内警戒。
9. スカゲラク海峡［デンマークとノルウェーの間の北海の海峡］での海軍の勝利
10. 10月23日、敵の水雷艇が北海で目撃される。船内警戒。
11. ハル沖での海軍の勝利
12. 旅順への入港。1907年12月２日。

出典：*Simplicissimus,* n.d., rpt. in ‘Adventures of the Baltic Fleet,’ *Literary Digest,* Vol. 29, No. 24 (10 Dec. 1904), pp. 808-809. 原典『ジンプリツィシムス』（ドイツ）

◆バルチック艦隊の冒険を描いた連作12枚である。最後に旅順への入港に関してオチがある。

第７章　バルチック艦隊の冒険

1. LEAVES CRONSTADT SEPTEMBER , IN THE PRESENCE OF THE CZAR AND APPLAUDING PEOPLE.
2. ACCIDENT, SEPTEMBER 2. RETURN TO CRONSTADT.
3. REPAIRS FROM SEPTEMBER 3 TO 20.
4. LEAVES CRONSTADT IN THE PRESENCE OF THE CZAR AND APPLAUDING PEOPLE, SEPTEMBER 21.
ADVENTURES OF THE

１　バルチック艦隊の派遣

ロシア海軍の太平洋第二艦隊、通称バルチック艦隊が、編成と準備を終えて、母港であるクロンシュタット軍港を出て、レーヴェリ（現在のタリン）を経てリバーヴァ（リバウ。現在のラトヴィア共和国リエパヤ）に停泊した後、極東に向けて出港したのは十月十五日のことだった。歴史的にはこの日がバルチック艦隊の出発日であるが、出発自体がようやくそれにこぎつけたというのが実情であった〔サルキソフ、九〇頁〕。

出港前から、このバルチック艦隊の派遣を冒険主義的とする意見はあったし、三ヵ月に亘る準備によってもその不安は拭えなかった。まず、合計四十二隻の艦艇は寄せ集めで、性能も船歴も異なる「混成部隊」で、整然と隊列を組んで航行することができなかった〔サルキソフ、一一四頁〕。おまけに主要艦艇のほとんどは外洋航海用ではなく、母港から近いところの近距離作戦用に造られたものだったので〔サルキソフ、一四八頁〕、貯炭庫には十分な石炭を積めず、ほぼ地球の半周に近い距離を行く大遠征には不向きであった。また、同盟国フランスやドイツの協力は当てにできたものの、途中でどのように給炭するかも問題であった。さらに、艦艇乗組員には膨大な欠員が生じていたため、乗組員も寄せ集めで、海上訓練の未経験者から犯罪者、革命分子まで入り込んでいたという〔コナフトン、三四〇頁〕。

ここまで書けば、この大遠征計画自体がいかに冒険であったか分かるであろう。もともとこの遠征航海自体が、艦隊の司令長官ロジェストウェンスキー自身が「無茶極まりない計画」と評したように無謀なものだった〔サルキソフ、一三二頁〕。出港前から艦隊にはトラブル続きだったが、それは外洋に出てさらに顕著になった。またこの遠征の出鼻は、出港後わずか六日で起きたドッガー・バンク事件で挫かれた。この事件については次に詳しく述べるが、イギリスの漁船団を日本の水雷艇と誤認して砲撃して死者まで出したこの事件は、イギリス国民を激昂させ、国際的な問題へと発展した。

図7-1は、そのような最初からトラブル続きのバルチック艦隊の様子を皮肉ったドイツの諷刺画である。日付は史実とずれているが（露暦として換算しても不整合が多い）、バルチック艦隊の内情を物語っており、最後のオチもおもしろい。

それではバルチック艦隊は何のために派遣されたのか。言うまでもなく、海域における戦況の打開のためであり、可能であれば危機に陥っている旅順を救うことも考えられていた。**図7-2**は艦隊の遠征開始の数日後にイギリスで発表された諷刺画で、そのようなバルチック艦隊を心待ちにする旅順の様子を描いている。ただ、タイトルの「幻の艦隊」が示すように、この段階では艦隊は幻に過ぎず、後の日本海海戦で全滅して本当に幻の艦隊になってしまった。また、それより先に旅順は一九〇五年一月劈頭に陥落してしまったのである。

「幻の艦隊」を心待ちにして

図7－2「幻の艦隊」

Capt.：「旅順は、バルチック艦隊についての知らせを心待ちにしている」『デイリー・ペーパー』紙
出典：E. Linley Sambourne, 'The Phantom Fleet,' *Punch, or the London Charivari*, Vol. 127 (19 Oct. 1904), p. 281.
『パンチ、あるいはロンドン・シャリヴァリ』（イギリス）
作者：E・リンリー・サンバーン
◆場所は旅順で、ロシア兵がバルチック艦隊の到着を切望し、雲の間にその幻影を見ている。

2　ドッガー・バンク事件

ドッガー・バンクは北海の浅瀬の砂州で、イギリスとデンマークのほぼ中間にあり、北海でも随一と言われる漁場だった。一九〇四年十月二十一日から二十二日にかけての深夜、バルチック艦隊はこの海域に差し掛かった。折からイギリスの漁船団が操業していたが、これを日本海軍の水雷艇と誤認して艦隊は砲撃を開始した。海は探照灯で照らされて、砲撃を受けたトロール漁船では船員が漁船であることを示すために魚を手にして高く掲げたが、砲撃はすぐには止まなかった。イギリスのハル港を母港とする漁船「クレイン」号が沈没し、漁船員二名が死亡し、六名が負傷した。他にも漁船五隻が損害を被った。

図7-3は事件後、数ヵ月してからのフランスの諷刺画であるが、両手に魚を持った漁船員を描き、事件の状況を生々しく伝えている。

戦艦「スワロフ」に座乗していたロジェストウェンスキーは、漁船に攻撃していることに気づき、射撃中止命令を出したが時すでに遅しであった。ロジェストウェンスキーは自ら射撃を止めない「スワロフ」の照準手の肩を捻じ曲げて、砲撃を制止したという。砲撃は同士打ちともなった。味方の砲弾が五発、巡洋艦「オーロラ」に命中した。戦艦「アリヨール」も被弾した。また、日本の水雷艇がいると思っていたため、バルチック艦隊は漁船員の救助をせずにその場を離れた。死傷者を収容・救助したのは漁船団のトロール船だった〔コナフトン、三四三～四五頁〕。

バルチック艦隊では、イギリスの漁船にまぎれて日本の水雷艇がいたと信じられていた。むろん日本の水雷艇

――― ドッガー・バンクでのイギリス漁船に対する砲撃 ―――

GIRIS
LE CHAR DE L'ESCADRE DE LA BALTIQUE
L'unique, la grrrande victoire des armes russes, à Hull.

図7 - 3「バルチック艦隊の山車《だし》」

Capt. :「たった一度のロシア軍の偉だぁぁいな勝利――ハルにて」
出典 : Giris, 'Le char de l'escadre de la Baltique,' *L'Assiette au Beurre*, No. 201 (4 Feb. 1905), p. 3391.
『アシエット・オ・ブール』(フランス)
作者 : ジリ
◆連戦連敗のロシア軍を皮肉って、ドッガー・バンク事件でイギリス漁船を沈めたことを「たった一度」の「偉だぁぁいな勝利」(grrrande victoire) と讃えている。釣り竿に魚をつけたまま飛ばされた漁師がいる。魚を手にして海上を漂っている漁師は、漁船であることをバルチック艦隊に知らせるために魚を高く差し上げている。全体は一つの見世物の山車に載っている。

は一隻もいなかったのだが、そう信じ込んで、将兵たちは日本海軍の卑怯な攻撃を撃退したとさえ思いこんでいた。彼らが新聞報道でことの真相を知るのは、スペインのヴィゴ港に入港してからである。それでもロジェストウェンスキーは二隻の日本の水雷艇がいたと主張し続けた。

なぜこのような誤認による発砲事件が起こったのか。その原因の一つは、日本海軍がイギリスの領海で待ち伏せしているという誤った情報が事前にあったことである。それでバルチック艦隊の将兵は極度に緊張し、神経過敏なまでに警戒をしていた。また、日本海軍がこの戦争を奇襲で始めたことは、彼らに日本海軍は奇襲攻撃をするに違いないという「信条」を植え付けており、そのような信条によって誤認の可能性はさらに高まっていた。

事件の報道は瞬く間に世界を駆け巡った。ただでさえ世界中が注目している航海を始めた矢先にバルチック艦隊が引き起こした事件であり、しかも日本の同盟国イギリスの沖合で他ならぬイギリスの漁船が攻撃され、漁船員が死傷した事件であったからである。さらに攻撃後、ロシア側は誤射を認めなかったので、否が応でも英露関係の緊張は高まった。一部ではあったにしろ、イギリスには激高して英露開戦を主張する声もあった。イギリス海軍は戦時態勢をとった。

しかし、事件は外交ルートを通じて処理されて行き、それにつれてイギリスの世論も次第に鎮静化し、自国民が犠牲になったケースではあるが、それを題材にしてイギリスのカリカチャリストたちも巧みな筆をふるうようになる。次の諷刺画（**図7-4〜6**）は、いずれも当事国のイギリスのものである。とくに、この事件で一躍注目を集めたのは、他ならぬバルチック艦隊の司令長官ロジェストウェンスキーで、もともと神経質な人物と報じられていたため、**図7-4**や**図7-5**の二点目のような諷刺が生まれた。

また、**図7-7**「「架空」のジャップたち」は『パンチ』誌に掲載されたもので、シェイクスピアの戯曲『ヘンリー四世』を基にした諷刺性に富んだ作品である。劇中で、いもしない敵と大立ち回りを演じたと登場人物フォールスタッフが大ぼらを吹くシーンを題材として、フォールスタッフをもじったフォールストフ提督（この場

――― イギリスの諷刺画にみるドッガー・バンク事件とバルチック艦隊の航海 ―――

図7‐4「危険な一時的精神錯乱」

Capt.：「ロシアの提督は幻を見ている」
出典：F. C. Gould, 'Dangerous Delirium,' *Westminster Gazette*, 27 Oct. 1904, rpt. in *Review of Reviews*, Vol. 30 (Nov. 1904), p. 466. 原典『ウェストミンスター・ガゼット』（イギリス）
作者：F・C・グールド
◆ドッガー・バンク事件の発生後、間もない時期に出されたもの。ロジェストウェンスキー（左）が、一時的精神錯乱を起こし、幻を見ている様子を描いている。その前には日本海軍の水兵とも見える漂流物があり、その奥の小舟の船団も、見ようによっては大きな戦艦のように見える。ロジェストウェンスキーの弁明が出されていない時期にしては、事態を掌握していたと評価された作品であり、画も巧みに幻を描いている。

図7 - 5「バルチック艦隊の航海
その1～3」

Capt. :「帝国戦艦ネルヴォスキー・ランナモクに乗船した我々の画家のスケッチ」
出典：E. T. Reed, 'The Voyage of the Baltic Fleet,' *Punch, or the London Charivari*, Vol. 127 (2 Nov. 1904), pp. 319-20.『パンチ、あるいはロンドン・シャリヴァリ』(イギリス)
作者：E・T・リード
◆ドッガー・バンク事件を起こしたバルチック艦隊の神経過敏を諷刺した一連の漫画のうちの三点である。キャプションにある「帝国戦艦ネルヴォスキー・ランナモク (Nervoski Runamok)」はむろん実在せず、神経過敏で(nervous)、暴れ狂う (run amok) バルチック艦隊を皮肉った艦名である。1点目には、突然角を回らないようにと書かれている。その理由は、「船員の神経は望ましい状態と全然違う」からである。2点目では、目を覚ました艦隊司令長官が、両手の銃を発砲しており、「朝、提督［艦隊司令長官］に声をかけることはちょっと危険な任務である」として、防弾筒に身を隠した従者がお湯を運んでいる。筒には「特許品防弾従者。私はロシア人です」と書かれている。3点目の真ん中で、手足を縛られて座らされているのは「スペイン人漁師」で、張り紙によれば「艦隊の3千ヤード［約2.74キロメートル］以内でくしゃみ」をしたので、「シベリアに流刑」とのことである。しかしその下には、「もしそこに我々がたどり着くことができるのなら」と小さく但し書きがしてある。スペイン人漁師なのは、ドッガー・バンク事件後、バルチック艦隊は航行継続か否かの命令を待って、スペインのヴィゴに寄港していたからである。

THE VOYAGE OF THE BALTIC FLEET.—No. IV.

Portraits of three undoubted Japanese Torpedo-Lieutenants detected at once on the decks of passing vessels by the "eagle eye" of the Russian Admiral. Their perfidious designs were frustrated without the loss of a single battleship.

図7 - 6「バルチック艦隊の航海、その４」

Capt. :「３名の日本人に間違いない水雷艇大尉の似顔絵。通過する船の甲板にいるのを、ロシアの艦隊司令長官の『鋭い眼力』によってただちに発見された。彼らの不実なもくろみは失敗し、戦艦一隻の損失もなかった」

出典：E. T. Reed, 'The Voyage of the Baltic Fleet. --- No. IV.,' *Punch, or the London Charivari*, Vol. 127 (9 Nov. 1904), p. 325.『パンチ、あるいはロンドン・シャリヴァリ』(イギリス)

作者：Ｅ・Ｔ・リード

◆連作の４点目。「３名の日本人に間違いない水雷艇大尉の似顔絵」とあるが、３名の肖像画で左は辮髪の中国人。右はシルクハットにボウタイのアフリカ人。真ん中の人物の船の浮き輪には「スクリュー汽船『Ｂ・ベイリー号』」と書かれており、イギリス人であろう。ベイリーは大西洋北東部の海上気象予報地域を意味し、北はイギリス領の無人島ロッコールから南西はフォロー諸島まで続く。

PUNCH, OR THE LONDON CHARIVARI.—NOVEMBER 9, 1904.

JAPS "IN BUCKRAM."

PRINCE HAL (MR. PUNCH). "WHAT! FOUGHT YE WITH THEM ALL?"
ADMIRAL FALSTOFF. "ALL? I KNOW NOT WHAT YE CALL ALL; BUT IF I FOUGHT NOT WITH FIFTY OF THEM I AM A BUNCH OF RADISH; IF THERE WERE NOT TWO OR THREE AND FIFTY ON POOR OLD JACK, THEN AM I NO TWO-LEGGED CREATURE."
PRINCE HAL. "PRAY HEAVEN YOU HAVE NOT KILLED SOME OF THEM."
ADMIRAL FALSTOFF. "NAY; THAT'S PAST PRAYING FOR; I HAVE PEPPERED TWO OF THEM; TWO, I AM SURE, I HAVE PAID; TWO ROGUES IN BUCKRAM!"—*King Henry IV.*, Part I., Act II., Scene 4.

図7‐7「『架空』のジャップたち」

Capt.：
ハル王子（ミスター・パンチ）「ほう、それでその連中みんなを相手に戦ったのか？」
フォールストフ司令長官「みんな？　おまえの言うみんなとはどういう意味か知らんが、おれが相手にしたのはざっと五十人だぜ、それが嘘ならおれは細身の大根だ。このあわれなジャックじいさんに、五十二、三人がうってかかったんだぜ、それが嘘ならおれは二本脚の人間様ではない」
ハル王子「まさか、おまえ、そのうちの何人かを静めたりはしなかったろうな？」
フォールストフ提督「いや、いまとなってそう言われてももう遅い。そのうちの二人をやっちまったんだ、うん、間違いなく二人はあの世へ送っちまった、ゴム引き布の悪党二人はな！」〔シェイクスピア、小田島雄志訳、76～77頁。数か所、原文と引用文が異なり私訳した〕『ヘンリー四世』第１部第２幕第４場
出典：E. Linley Sambourne, 'Japs "in Buckram",' *Punch, or the London Charivari*, Vol. 127 (9 Nov. 1904), p. 335.『パンチ、あるいはロンドン・シャリヴァリ』（イギリス）
作者：E・リンリー・サンバーン
◆ハル王子はシェイクスピアの戯曲『ヘンリー四世』の登場人物で、後のヘンリー五世である。フォールストフ（Falsetoff）という名前は、あえて訳せば「偽上流人」というような意味であるが、ここでは『ヘンリー四世』の登場人物であるフォールスタッフ（Falstaff）とかけている。この人物が架空の「ゴム引き布［バックラム］の服の男」と戦ったと吹聴したことから、men in buckram が「架空の人物」を表わすようになった。タイトルはこの表現をもじったものである。

合はロジェストウェンスキーと見るべきであろう）が大ぼらを吹いている姿を、バルチック艦隊側が日本の水雷艇を確かに発見して攻撃したという話と重ね合わせて、「架空」の日本人を攻撃したことと、攻撃後も日本軍が存在しなかったことを認めない姿を皮肉っているのである。

イギリス以外の欧米諸国の諷刺画家たちも、もちろんこぞってこの事件を取り上げたが、ロシアの主張に沿ったものや、ロシアに同情的なものは一つもなかった。**図7‐8〜11**は、アメリカ、フランス、オーストリアの諷刺画であり、それぞれ趣向を凝らしてロジェストウェンスキーや艦隊を嘲笑っている。

事件後、バルチック艦隊が最初に入港したのは、スペインのヴィゴ湾だった。石炭がなくなりかけており給炭が必要だった。給炭問題は、この後の航海でずっと艦隊を悩ませることになるのだが、案の定、中立を宣言していたスペイン政府は、国際法で認められた二十四時間以内の寄港は認めたが、イギリスの圧力もあって給炭を許可しないと伝えた。ロシアに給炭をするのは、同盟国フランスではなく、ドイツの石炭船だった。ロジェストウェンスキーは港湾警察と交渉を始めた。スペイン政府は艦隊に居座られるよりも早く厄介払いをした方が得策と考え直し、次の寄港地までの石炭の積載を認めた。このとき石炭の積載ができなければ、艦隊は立ち往生したことだろう〔サルキソフ、一二五頁〕。一方でイギリスの巡洋艦は、艦隊を追尾し、沖合で艦隊を監視して圧力をかけ続けた。**図7‐12**は、ヴィゴでのイギリスの圧力を示している。

バルチック艦隊は、今後は注意深く中立国船舶を傷つけないようにすると表明した。アメリカの諷刺画（**図7‐13**）は、中立国船舶の安全のために皮肉な装備の提案をしている。

艦隊は十一月一日にヴィゴを出てタンジールに向かったが、この頃には外交ルートを通して、事態の収拾は図られようとしていた。

事件後、イギリスは謝罪と賠償、関係者の処罰を要求した。ロシア側は煮え切らない態度を取った。この危機がエスカレートして、イギリスとロシアが戦争に至る危険もまったくなかったとは言えず、少なくともこじれる

――― ドッガー・バンク事件とロジェストウェンスキー ―――

図7 - 8「夜中に幻を見ること」

Capt. :「暗闇のなかで目を覚まして、幻を見たんだよ。一列に並んで立っていて、寄り目で私を見ていて、それで私を指さしていて――そんな風に」
出典：Bartholomew, 'Seein' Things at Night,' *Minneapolis Journal*, 27 Sept. 1904, rpt. in *Review of Reviews*, Vol. 30 (Nov. 1904), p. 468; rpt. in *Literary Digest*, Vol. 29, No. 20 (12 Nov. 1904), p. 635. 原典『ミネアポリス・ジャーナル』(アメリカ)
作者：バーソロミュー
◆ベッドから起きたロジェストウェンスキーが、日本海軍の幻を見ている。日本の水雷艇も日本人水兵も寄り目である。

図7 - 9「ロジェストウェンスキーのやり方」

Capt. :「疑わしい時には、一人の敵よりも、いっそ十人の友人を撃ちたい」
出典：'The Rodjestvensky Method,' *Le Grelot*, 13 Nov. 1904, rpt. in *Review of Reviews*, Vol. 30 (Dec. 1904), p. 583. 原典『ル・グルロ』（フランス）

図7 - 10「戦闘隊形をとって」

出典：'Embattled,' *Der Floh,* n.d., rpt. in *Literary Digest*, Vol. 29, No. 21 (19 Nov. 1904), p. 690. 原典『フロー』（オーストリア）
◆困ったようなポーズの熊（ロシア）の靴が艦隊になっている。熊の顔はロジェストウェンスキーに似ている。

図7 - 11「ウオッカ」

出典：'Vodka,' *Humoristische Blätter,* n.d., rpt. in *Literary Digest*, Vol. 29, No. 21 (19 Nov. 1904), p. 690.
原典『フモリスティッシェ・ブレッター』（オーストリア）
◆酒飲みのロシア人女性の靴が、バルチック艦隊になっている。酔っ払っての攻撃を示唆している。近くの帆船は、攻撃を受けたイギリスの漁業用小型帆船であろう。

ヴィゴでのバルチック艦隊の封じ込め

図7 - 12 タイトルなし

Capt. :「そのイギリス人は脚を伸ばして、ロシア人たちを喜んでヴィゴに閉じ込めた。しかし、脚がしびれてしまって、ロシア艦隊はすばやく出港した」

出典：*Jugend*, No. 46 (3 Nov. 1904), p. 932; rpt. in *Review of Reviews*, Vol. 30 (Dec. 1904), p. 587.『ユーゲント』（ドイツ）

◆バルチック艦隊がスペインのヴィゴ湾から出港するのをイギリスが阻止しようとした様子を表わしている。キャプションによれば、脚がしびれて阻止は失敗したとのことである。足の上に乗っているのは日本であろう。

新しいタイプの大砲

図7 - 13「ロシア海軍のために提案された新しいタイプの大砲」

Capt. :「中立海域における自分たちや友好国の船舶の安全のために」

出典：Maybell, 'Proposed New Type of Gun for Russian Navy,' *Brooklyn Eagle*, n.d., rpt. in *Literary Digest*, Vol. 29, No. 19 (5 Nov. 1904), p. 591. 原典『ブルックリン・イーグル』（アメリカ）

作者：メイベル

◆バルチック艦隊の「戦艦キャビア号」の大砲が、安全のため上向きに曲げられている。陸地（左）はイギリスで、沿岸には「漁業用小型帆船」が見える。「キャビア」号はもちろん実在しておらず、からかっての命名である。

可能性は十分あった。そのような事態を防いだのは一つにはフランスであり、フランス外相デルカッセは事件の調停に奔走した。

図7-14ではキャプションで、フランスの調停についてフランス大統領ルベがニコライに「礼には及びませんぞ」と前置きして、皮肉なコメントを残している。

また、国際審査委員会による当時発展しつつあった紛争調停メカニズムを利用できたことも事件の解決に役立ったと言えるだろう。事件は国際審査委員会に付託された。この委員会は、いみじくもニコライ二世が開催に尽力した第一回ハーグ平和会議（一八九九年）で採択された国際紛争平和的処理条約（これを第二回会議で修正したものが現在も有効な同名の条約）に基づいて設置された国際的な審査委員会である。結果的にこの調停メカニズムに委ねることにより、ロシアとイギリスの間の戦争の危機は回避された。もちろんこれがなくても英露は外交により何らかの妥協に達したと思われるが、国際機構が介在して紛争のエスカレーションを未然に防いだという点で、この事件は国際法上も重要な意味を持っている。

一連の画（**図7-15〜17**）は、事件の後のイギリスとロシアの関係やヨーロッパの国際情勢を表わしている。

またこの国際審査委員会は、条約が想定していた事実認定のみならず、責任の所在、責任の程度も認定した。委員会は、ヴィゴで下船したバルチック艦隊の士官も含めて、英露を含む五ヵ国の高級海軍将校五名によって構成された。

図7-18は、調査の様子を描きながら、日本の水雷艇がいたというロシアの主張の根拠のなさを皮肉ったものである。

国際審査委員会の報告書が出されたのは、翌年の二月二十六日だった。委員会は艦隊司令長官ロジェストウェンスキーの砲撃についての責任を認定したものの、その軍事的能力と人格には落ち度がないとした。委員会の報告に基づき、イギリスは関係者の処罰要求を取り下げ、一方でロシアは補償金の支払いに同意し、六万五千ポン

ロシアのフランスに対する感謝

図7 - 14「ハルの調停の後に」

Capt. ：ルベ氏「我が親愛なるニコライよ、礼には及びませんぞ。専制君主同士は、いつも互いに手を貸しあうべきではありませんかな」
出典：Tiret-Bognet, 'Après l'arbitrage de Hull,' cartoon, *La Caricature*, Vol. 25, No. 1300 (26 Nov. 1904), p. 378.『ラ・カリカテュール』(フランス)
作者：ティレ - ボニェ
◆右がニコライ。左上がイギリス国王エドワード七世で、左下がフランス大統領ルベであろう。共和国の大統領から見ると、イギリス国王もロシア皇帝も専制君主同士と見えるのであろう。

図7 - 15 タイトル不詳

Capt. :「そなたはあまりにも血を流しすぎだ。私の虐殺された息子たちを見なさい」
出典：*Britannia*, Nov. 1904, rpt. in *Review of Reviews*, Vol. 30 (Dec. 1904), p. 587. 原典『ブリタニア』(イギリス)
◆ブリタニア（右）がロシア（左）を諫めている。

図7 - 16 タイトル不詳

Capt. : ロシア「もちろん。責任を負わせることができ次第、あなたにもご満足いただけるようにします」
出典：Rehse, cartoon, *St. Paul Pioneer Press*, n.d., rpt. in *Literary Digest*, Vol. 29, No. 20 (12 Nov. 1904), p. 635. 原典『セントポール・パイオニア・プレス』(アメリカ)
作者：リーセ
◆岸壁で帽子を投げ捨ててケンカ腰のジョンブルに、ロシア人が答えている。ロシアの軍艦には、狂人などのための「しとね張りにした監禁室」があり、主砲の砲座の上には「ウオッカ」がある。キャプションから誰かに責任を負わせる準備をしている様子である。

図7 - 17「エドワード王ことピースメーカー」

Capt. :「エドワード王が平和の天使と付き合っている間に、フランス人が熊の足から刺を抜いてやっている。古代からの二人の敵同士はお互いに抱き合っており、ハル審査委員会は調査を始めている。それで、バルチック艦隊はフランスの港に投錨している」

出典 : 'King Edward the Peace Maker,' *Il Papagallo,* No. 46, n.d., rpt. in *Review of Reviews*, Vol. 30 (Dec. 1904), p. 584. 原典『パパガッロ』(イタリア)

◆ドッガー・バンク事件後のヨーロッパの国際情勢を表わしている。エドワード七世（左端）は平和の天使と一緒にいる。事態の平和的な収拾を望んでいることが分かる。フランスは、事件で傷ついた熊（ロシア）の前足の刺を抜いてやって、同盟国をかばっている。ヨーロッパ列強諸国の「外交」は、カタツムリの姿をしていて、丘の上をのろのろと進んでいる。港に停泊しているのが、バルチック艦隊であろう。但しキャプションの「フランスの港に投錨している」というのは事実ではない。

JANUARY 18, 1905.]
PUNCH, OR THE LONDON CHARIVARI.
49
THE NORTH SEA COMMISSIONERS MAKE A THOROUGH INVESTIGATION ON THE DOGGER BANK.
["The only circumstantial evidence of the presence of Japanese torpedo boats is at the bottom of the North Sea, whither the Commission of Inquiry cannot transfer its investigation without serious inconvenience."—Times, Jan. 10.]

図7 - 18「北海の審査委員らは、ドッガー・バンクで徹底的な調査を実施」

Capt. :
「日本海軍の水雷艇がいたということはもっぱら状況証拠に過ぎないが、その証拠は北海の海底にある。そこでは、審査委員会が調査を続行するには深刻な不便がともなう」——『ザ・タイムズ』紙、１月10日。
出典：E. T. Reed, 'The North Sea Commissioners Make a Thorough Investigation on the Dogger Bank,' *Punch, or the London Charivari*, Vol. 128 (18 Jan. 1905), p. 49.『パンチ、あるいはロンドン・シャリヴァリ』(イギリス)

ドの補償金を支払うことになった。このように最終的に事件は審査を経て補償金で解決したのだが、先にも述べたように国際危機回避の先例となり、第二回ハーグ会議で国際紛争平和的処理条約が増補される際に、この委員会の手続き規則が参考とされた〔国際法学会、六五八頁〕。

図７‐19～22はいずれも補償金をテーマとしたものである。最後の**図７‐22**にあるように、補償金の支払い決定でブリティッシュ・ライオンも機嫌を直して、一件落着するのである。

――― 補償金の要求と補償金による解決 ―――

図7‐19「その実際的側面」

Capt.：ブリタニアからロシアへ「私は漁業――を失いましたのよ。さあ、あなたは北海のすべてのニシンの代金を支払わなければなりませんわよ」

出典：'The Practical Side of It,' *Le Grelot*, 13 Nov. 1904, rpt. in *Review of Reviews*, Vol. 30 (Dec. 1904), p. 584. 原典『ル・グルロ』（フランス）

◆ブリタニア（左。イギリス）がロシアに、北海のすべてのニシン分の賠償を要求している。事件の後の賠償交渉を表わしている。

図7‐20「ハルでの船の修理」

Capt.：「それぞれの損害は、抜け目ない（ルーブルの）紙幣によって弁償される」
出典：'Die Schiffsreparaturen in Hull,' *Kladderadatsch*, Vol. 57, No. 45 (6 Nov. 1904), p. 633; 'Repairing the Ships at Hull,' *Kladderadatsch*, rpt. in *Review of Reviews*, Vol. 30 (Dec. 1904), p. 587.『クラデラダーチェ』（ドイツ）
◆ロシア人がルーブル紙幣を貼って、被害を受けた漁船を修理している。事件が賠償金によって解決されるであろうことを表わしている。

図7‐21「坊やたちの初めての遠足」

Capt.：（ツアー）「まとわりつかないで。皆さん、すべて十分にお支払いしますよ。あの坊やのただの楽しみを台無しにしないでください」
出典：'Die erste Ausritt des Klainen,' *Kladderadatsch*, Vol. 57, No. 45 (6 Nov. 1904), p. 624; 'The First Excursion of the Baltic Admiral,' *Kladderadatsch*, rpt. in *Review of Reviews*, Vol. 30 (Dec. 1904), p. 587.『クラデラダーチェ』（ドイツ）
◆左下の太った婦人エドワード王に、皇帝ニコライ（その左）が話しかけている。エドワードは右上を指さしており、その指の先には綱渡りをしている男が見える。ロジェストウェンスキーであろう。英露の交渉を表わしている。

3　給炭問題と困難な航海

バルチック艦隊はヴィゴを出て、フランスの植民地モロッコのタンジールに向かった。艦隊はここで二手に分かれた。大型戦艦と巡洋艦からなる本隊は、ロジェストウェンスキーが率いて、アフリカ南端を回って合流地点であるマダガスカル島付近に向かう。一方、中型や軽量の艦艇はフェリケルザム提督を司令官としてジブラルタル海峡を通り、地中海を抜けて、スエズ運河経由でマダガスカルに向かうことになった。

図7－22「ブリティッシュ・ライオン」

Capt.：「バルチック艦隊に対する裁定の前と後」
出典：'The British Lion,' *Simplicissimus,* n.d., rpt. in *Review of Reviews*, Vol. 31 (May 1905), p. 465. 原典『ジンプリツィシムス』（ドイツ）
◆左がバルチック艦隊に対するドッガー・バンク事件に関する審査の裁定が出る前のイギリスの様子。右が満足の行く裁定が出た後の態度である。

当時、スエズ運河を保有していたのはイギリスであったが、バルチック艦隊の運河通過を拒否したのではなかった。しかし、艦隊の運河通過を認めても、イギリス側は積載過剰な大型艦船が運河本体を損傷する恐れがあるため、運河に入る前の積み荷の軽減を艦隊に要求した。ロジェストウェンスキーは、積み荷を一旦降ろしてから再度積みなおす手間より、アフリカ南端を周る方が早いと判断し、艦隊を二つに分けたのであった〔サルキソフ、一七八頁〕。**図7－23**はドッガー・バンク事件より前のもので、イギリスとロシア艦船の運河通過問題を扱ったものである。

――ロシア艦船のスエズ運河通過問題――

図7 - 23「スエズにて」

Capt. :「そしてまさしく、主は申された。イギリスのみが戦場に船舶を派遣する力と権利を持つことになるだろうと」
出典：Tiret-Bognet, ‘A Suez,’ cartoon, *La Caricature*, Vol. 25, No. 1293 (8 Oct. 1904), p. 326.『ラ・カリカテュール』（フランス）
作者：ティレ - ボニェ
◆酒瓶を手にして腰を下ろしているブリタニア（イギリス）の足元には、スエズ運河と書かれている。ブリタニアの後ろにいるのはイギリス人提督であろうか。その目の前をロシアの艦船が通過している。艦隊が運河を通過しているとすれば、キャプション「イギリスのみが戦場に船舶を派遣する力と権利を持つことになるだろう」は皮肉なのだろうか。それともブリタニアが運河にどっしりと腰を下ろしているので、バルチック艦隊主力がアフリカ南端を周らざるを得なくなるであろうことを示しているのか。地理的にどう見るかで、解釈も分かれるだろう。

図7-24は、ドッガー・バンク事件後で、事件を念頭に置いて、フェリケルザムの分遣隊がスエズ運河を通過する様子を、皮肉たっぷりに描いている。

バルチック艦隊本隊を悩まし続けたのは、給炭問題であった。タンジールの次の寄港地は、フランス領の植民地西アフリカの首都ダカールで、そこに到着した本隊の各艦船は、給炭庫はもとより、それ以外の空きスペースにも石炭を満載した。所狭しと石炭を積んだ艦隊は熱帯地方を航行し、次にギニア湾を渡って、フランス領ガボンの沖合に着き、そこでドイツの給炭船から石炭を積み込んだ。十二月初旬、ガボンの次に艦隊は、南西アフリカのポルトガル領の無人の入江グレートフィッシュ・ベイに停泊した。ポルトガル政府は親英的であり、西アフリカで植民地をめぐってドイツと争っていたために反ドイツであった。そのような事情もあって、ここではポルトガル海軍の警備艇が現われて、艦隊に退去を命じた。ロジェストウェンスキーは命令を無視して給炭を続けた。次の寄港地ドイツ領アングラペキーナは正反対であった。ここでは艦隊は歓迎を受け、何日も停泊が許可され、石炭積載作業も邪魔されなかった。艦隊は十二月十七日にここを離れ、その後、喜望峰を回って一気にマダガスカル島に向かった。

バルチック艦隊に石炭を供給したのは、ドイツのハンブルク＝アメリカ汽船会社であった。ロシアは艦隊の航行予定地に海外植民地を持っておらず、自前の給炭場も、艦船を修理・整備する港も持たなかった。国際法では、先にも述べたように中立国が戦争当事国に支援することを禁止しており、中立国の港での軍艦への支援も問題であるとされていた。そのような状況下で支援を申し出たのが、当時世界中に植民地を持っていたドイツであり、ハンブルク＝アメリカ汽船会社であった。同社は石炭船の艦隊を派遣する契約を結び、バルチック艦隊に石炭を供給し続けた。ドイツにとっては、バルチック艦隊の派遣は北海におけるドイツ海軍にとっての脅威を減ずる上でも願ってもない機会であったし、ハンブルク＝アメリカ汽船会社にとっては旨みのある商売でもあった。これに対して、イギリスはドイツ船舶の給炭活動は中立義務違反であると抗議し、十二月初めにはハンブルク＝アメ

November 23, 1904.] PUNCH, OR THE LONDON CHARIVARI. 361

THE VOYAGE OF THE BALTIC FLEET.—No. V.

As "Ships of the Desert" are liable to be mistaken for Japanese Torpedo-boats, the Egyptian Government has warned all camel-drivers that, during the passage of the Baltic Fleet through the Suez Canal, camels will be allowed within shell-range of the Canal only at their owners' risk. To remain near the banks would be Suez-sidal.

砂漠のドッガー・バンク？

図7 - 24「バルチック艦隊の航海、その５」

Capt. :「『砂漠の船』［ラクダの別称である］は日本海軍の水雷艇と誤認されがちであるので、エジプト政府はすべてのラクダ乗りに警告した。スエズ運河をバルチック艦隊が通過する間は、自己責任においてのみ、運河からの砲弾射程内にラクダが立ち入ることを許される。浅瀬［バンクで、ドッガー・バンクを示唆している］の近くに留まることは、スエズ自殺行為［Suez-sidal、スエズ（Suez）と自殺的（suicidal）をひっかけたシャレ］となろう」
出典：E. T. Reed, 'The Voyage of the Baltic Fleet. --- No. V.,' *Punch, or the London Charivari*, Vol. 127 (23 Nov. 1904), p. 361.
『パンチ、あるいはロンドン・シャリヴァリ』（イギリス）
作者：Ｅ・Ｔ・リード
◆バルチック艦隊（右端）はスエズ運河を渡っている。それを指さしながら、ラクダに乗った現地人にエジプトの官憲の男が声をかけている。画のキャプションには、ドッガー・バンク事件を意識して、たっぷりと皮肉が込められている。

――――― バルチック艦隊へのイギリス産石炭の供給 ―――――

図7 - 25「名誉なき利益」

Capt. :「年老いた石炭王は／欲深い年老いた亡者／そして欲深い年老いた亡者とは彼のことだ――彼はロシア人どもに売った／そうして呪いは気にもしない――／そうしてバルチック艦隊は海を渡った」
出典 : Bernard Partridge, 'A Profit without Honour,' *Punch, or the London Charivari*, Vol. 127 (7 Dec. 1904), p. 399.『パンチ、あるいはロンドン・シャリヴァリ』（イギリス）
作者 : バーナード・パートリッジ
◆ロシア側の注文に応じて、バルチック艦隊にイギリス産の石炭が売却されたことを皮肉っている。キャプションは詩である。石炭王は炭塵をまき散らしながら、もうけたカネの袋を身に付けて、イギリスを象徴する女神ブリタニアを踏みつけている。年老いた石炭王（Old King Coal）という名称は、イギリスの伝承童謡に出てくる音楽好きの楽しい老コール王（Old Kind Cole）にかけている。老コール王は『マザーグース』に登場する〔ベアリングールドほか、268頁〕。

リカ汽船会社の船舶をイギリスの港に抑留する措置を取ったりもした〔村島、三五九頁〕。ただ、バルチック艦隊に売られた石炭には、イギリス産のものもあったようである。**図7‐25**は、そのような事情を物語っている。

十二月二十九日、マダダスカルのセントマリー島でロジェストウェンスキーを待っていたのは、旅順のロシア太平洋艦隊が全滅したというニュースだった。さらに艦隊は、マダダスカルのノシベに向かう途中で、旅順陥落の報を受けた。

バルチック艦隊にとってそれは、旅順の太平洋艦隊の救出とそれとの合流という当初の目的が無に帰したことを意味した。また艦隊が太平洋に向かう場合、寄港できる基地はウラジオストクしかなくなった。さらに日本の連合艦隊はこれで、バルチック艦隊を迎え撃つ準備に取り組むことができるようになった。急がねばならないとロジェストウェンスキーが考えたのは当然のことである。しかし、ロシアの国内事情はそれを許さなかった。バルチック艦隊本隊はノシベでフェリケルザムの分遣隊と合流したが、旅順陥落の後に続いてロシア国内で起きた革命騒ぎの影響もあって、ロシア政府からの指令で実に三月中旬まで足止めをくらわされた。おまけに一月にはハンブルク＝アメリカ汽船が、一旦はこれ以上の給炭を拒否すると申し出る事態も起こっていた。

図7‐26は、フランスのマダダスカル現地総督が、ロジェストウェンスキーに出港を促す内容である。実際にはこの頃、ロジェストウェンスキーは促されるまでもなく、勝機があるとすればできるだけ早くウラジオストクを目指すことが必要だと考えていたようである〔サルキソフ、二〇一、二一六頁〕。**図7‐27**は、寄港する海軍基地がなくてバルチック艦隊が悩む姿を浮き彫りにしている。

その後、バルチック艦隊には新たに増援の第三太平洋艦隊が加わることになったが、それはロジェストウェンスキーにとっては更なる厄介者だった。彼は第三艦隊を待つことなく、三月十六日にノシベを出た。バルチック艦隊は他に寄港することなくマラッカ海峡を抜け、シンガポールの先を回り、四月十四日にフランスの海軍基地

バルチック艦隊の出港と寄港地

図7 - 26「栄光があなたを待つところにお行きなさい」

Capt. : マダダスカル総督（長引く冒険の旅を早めることを切望して）「逗留しなければなりませんか。出ていけないんですか」

出典 : L. Raven-Hill, “‘Go where Glory Waits You!”,’ *Punch, or the London Charivari*, Vol. 128 (18 Jan. 1905), p. 39.『パンチ、あるいはロンドン・シャリヴァリ』（イギリス）
作者 : L・レイヴン＝ヒル
◆フランス領マダダスカル島に逗留しているバルチック艦隊の司令長官ロジェストウェンスキーに、マダダスカルの現地総督が出向を促している。

図7 - 27「ロシアの危険な難問《パズル》——海軍基地を見つけよう」

出典 : Goldsmith, ‘Russia’s Dangerous Puzzle --- Find a Naval Base,’ *Boston Herald*, n.d., rpt. in *Literary Digest*, Vol. 30, No. 5 (4 Feb. 1905), p. 159. 原典『ボストン・ヘラルド』（アメリカ）
作者 : ゴールドスミス
◆円盤の上ではバルチック艦隊が迷走しており、ロジェストウェンスキーが「ヘルプスキー！」と叫んでいる。円盤上の地図の中国の港の前ではどこも日本の軍艦が剣を手にした水兵を乗せて待ち構えている。円盤が一つのパズルとなっている。最終的に艦隊は、仏領インドシナに寄港した後、中国の港には寄らず、ウラジオストクを目指した。

のあるフランス領インドシナのカムラン湾に到着した。そこで艦隊は、今度は奉天会戦の敗北を知らされた。さらに同盟国フランスの港ではあったが、フランス政府は中立義務に配慮して、艦隊に二十四時間以内の退去を要請した。艦隊はベトナムのヴァンフォン湾に向かった。その湾でハンブルク＝アメリカ汽船の給炭船から石炭を搭載すると、艦隊は第三艦隊を待った。到着した第三艦隊とともにバルチック艦隊がヴァンフォン湾を出たのは、五月十四日のことだった。行く先はウラジオストク――の筈だった。

フランス領インドシナにバルチック艦隊が寄って、給炭を受けたことはカリカチャリストの想像力を刺激した。多くのカリカチャリストは、それをフランスの中立義務違反と見なしたが、実際にはフランスの行動は同盟国としては冷淡なものであったように思える。フランスはロシアが極東に地歩を築けば、自らの中国進出にも有利になると考えてはいたが、北海が空っぽになりドイツの脅威が増すことは忌ま忌ましく思っていた。

図7‐28～31はいずれも、このフランス領インドシナでの出来事を題材にしている。とくに**図7‐30**には、フランスの本音がよく表われていると思われる。

ロジェストウェンスキーは、フランス領インドシナに停泊しているときから、来るべき戦いについてかなり悲観的な見方をしていた。しかし、本国政府はそうでもなかったようである。次の**図7‐32**は、ロジェストウェンスキーの悲観論とも共鳴するところがある。その後に続く諷刺画（**図7‐33・34**）が示しているように、バルチック艦隊は最後の切り札だった。

このようなバルチック艦隊を待ち受ける運命は、どのようなものであったろうか。最後の画（**図7‐35**）は一月のものだが、バルチック艦隊を手ぐすね引いて待っている日本海軍の様子を諷刺的に表わしている。結果を知っていて見ているのでなおさらであろうが、まさに艦隊はこのような状態で海戦に突入するのである。

バルチック艦隊とフランスの中立問題

図7 - 28「中立問題」

Capt. :「親愛なるマリアン［フランス］は、この問題の偉大な権威である」
出典：'The Question of Neutrality,' *Neue Glühlichter,* n.d., rpt. in *Review of Reviews*, Vol. 31 (June 1905), p. 584. 原典『ノイエ・グリューリヒター』(オーストリア)
◆マリアンことフランスは、「中立」という日傘を差して、熊（ロシア）を横抱きしている。フランスの中立義務違反を示唆している。右の艦隊のうちの一隻は、旗からして日本のようで、船上で一人がその様子を望遠鏡で眺めている。

図7 - 29「同盟国とセイレーン」

Capt. :「ロシアとフランスが酒を飲みながら愛し合っている間に、中立ことセイレーンはロシア艦隊に給炭している。友人のイギリスとアメリカにそのことを伝えられた日本は、脅かすかのようにその場に姿を現わしている」

出典 : 'The Allies and the Siren,' *Il Papagallo,* n.d., rpt. in *Review of Reviews*, Vol. 31 (June 1905), p. 582. 原典『パパガッロ』(イタリア)

◆場所は「カムラン湾」で、ロシア(左端)とフランス(その隣)が仲睦まじくしており、中立義務をよそにセイレーンが白鳥の姿をしたバルチック艦隊に餌の石炭をあげている。上空ではアメリカ(左)とイギリス(中央)が日本(右)に問題を伝え、日本は抗議をしている。実際には、バルチック艦隊の逗留が国際問題化するのを恐れたフランスは、4月21日に艦隊の退去を要請している。セイレーンはギリシャ神話に出てくる上半身は人間の女で下半身は鳥の怪物で、歌声で誘って船を難破させたが、最後にオデッセイに退治された。サイレンとも呼ばれる。

図7 - 30「コーチンチャイナ種の雄鶏と熊」

Capt. : **フランスのコーチンチャイナ（種）の雄鶏「熊さん、あなたに不親切なように思われたくはないのだが、あなたには本当に出て行って、どこか外の別のところで戦ってもらいたいんですよ。自分の鶏小屋でいざこざはご免なんで」**
出典：F. C. Gould, 'The Cochin-China Cock and the Bear,' *Westminster Gazette*, 10 May 1905, rpt. in *Review of Reviews*, Vol. 31 (June 1905), p. 581. 原典『ウェストミンスター・ガゼット』(イギリス)
作者：Ｆ・Ｃ・グールド
◆鶏小屋に隠れて外の様子を窺っている熊（ロシア）に、雄鶏（フランス）が小屋から出て行くように促している。フランス領インドシナに長逗留したバルチック艦隊に出航を促すフランスを表わしている。艦隊が仏領インドシナから、最後の航海に出発するのは5月14日で、この諷刺画は、その数日前の日付のものである。コーチンチャイナは、アジア原産の大型の肉用種の鶏であるが、インドシナ南部のフランスの植民地の地名でもある。フランスを表わす雄鶏を、コーチンチャイナ種とフランス植民地の地名との語呂合わせで表現している妙もある。

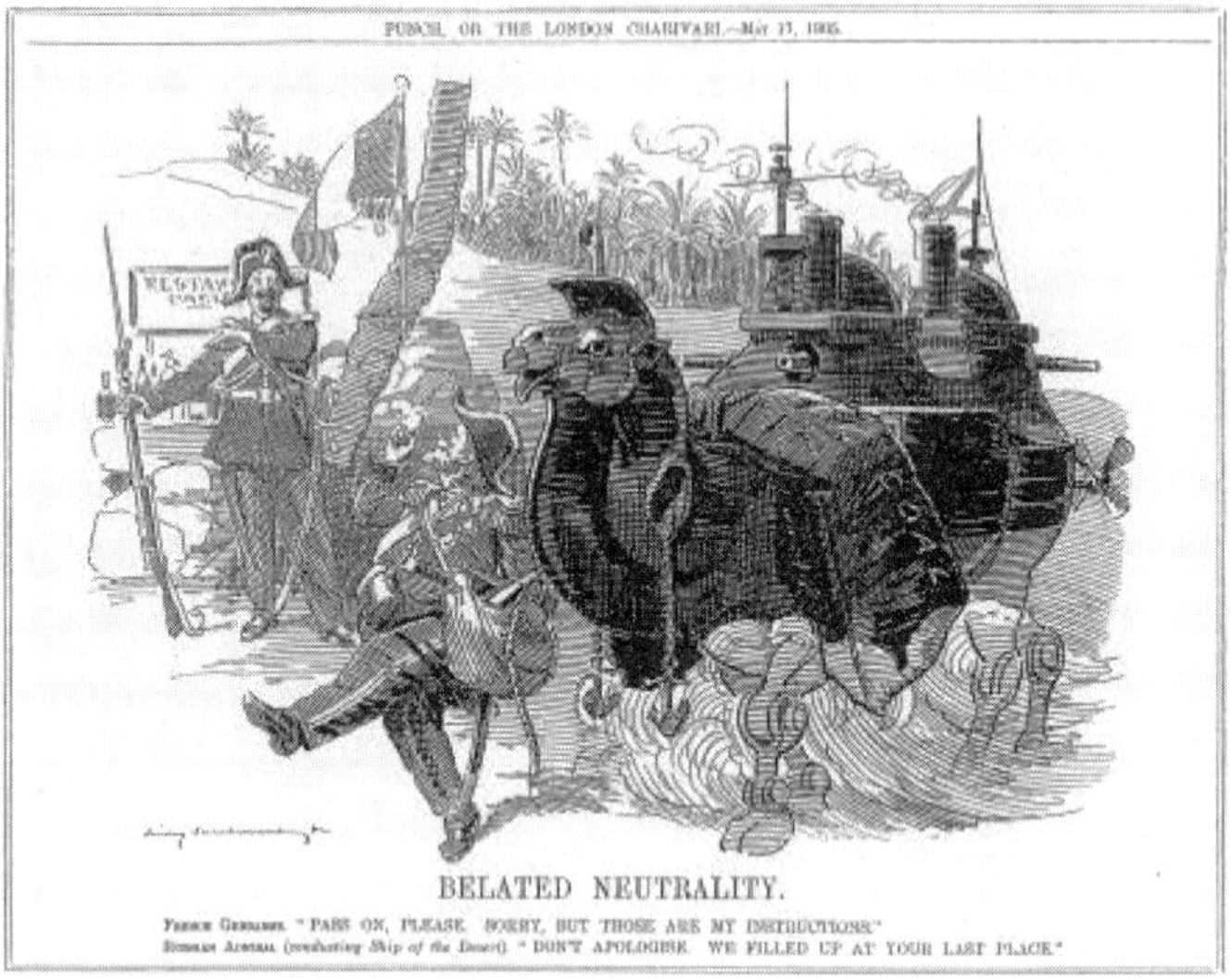

図7 - 31「手遅れの中立」

Capt. :
フランスの憲兵「先にお進みください。すみませんでしたが、あれらは私の指示でしてね」
ロシアの艦隊司令長官（砂漠の船を指揮して）「謝りなさるな。お宅の最後の場所でいっぱいにしましたからな」
出典 : E. Linley Sambourne, 'Belated Neutrality,' *Punch, or the London Charivari*, Vol. 128 (17 May 1905), p. 353.『パンチ、あるいはロンドン・シャリヴァリ』(イギリス)
作者 : E・リンリー・サンバーン
◆バルチック艦隊への石炭供給問題と中立問題との関係を扱っている。砂漠の船は前にも書いたようにラクダのことで、ここでは船をラクダで表わしている。船はロシア海軍の戦旗を翻しており、仏領インドシナで石炭を満載にしたことがキャプションで分かる。この画が掲載された頃、バルチック艦隊は仏領インドシナを後にしていた。

―― ロジェストウェンスキーの悲観論とロシア最後の賭け ――

図7 - 32「『母国からのある手紙』」

出典：May, *Detroit Journal*, n.d., rpt. in *Literary Digest*, Vol. 30, No. 13 (1 Apr. 1905), p. 463. 原典『デトロイト・ジャーナル』（アメリカ）
作者：メイ
◆ロジェストウェンスキーが手にした母国からの手紙はツアーからで、「極東に進み、制海権を奪還せよ」と書かれている。ロジェストウェンスキーは卒倒しそうである。砲塔には「気乗りしないスキー」と記されている。

図7 - 33「彼の最後の餌」

出典：Rehse, 'His Last Bait,' *St. Paul Pioneer Press*, n.d., rpt. in *Literary Digest*, Vol. 30, No. 16 (22 Apr. 1905), p. 580. 原典『セントポール・パイオニア・プレス』（アメリカ）
作者：リーセ
◆ロシア人が釣りをしており、釣り針に最後の餌「ロジェストウェンスキー」をつけて、それで「失われた威信」という魚を釣り上げようとしている。

図7 - 34「最後の一投」

出典：Bartholomew, 'The Last Throw,' *Minneapolis Journal*, n.d., rpt. in *Literary Digest*, Vol. 30, No. 16 (22 Apr. 1905), p. 580. 原典『ミネアポリス・ジャーナル』（アメリカ）
作者：バーソロミュー
◆ツアーが「戦争ゲーム」をしており、「ロシア海軍」という名のダイスカップを振って、最後のダイスを投げるところである。ダイスの一つはロジェストウェンスキーである。バルチック艦隊で乾坤一擲の勝負に出たと言えよう。

図7 - 35「ローデル［リュージュなどのスポーツ橇］での遠足」

Capt. :「バルチック艦隊の航海は緊張を伴って監視されている」
出典 : 'Die Rodelpartie,' *Kladderadatsch*, Vol. 58, No. 3 (15 Jan. 1905), p. 39; 'Watching Rostdestvensky's Progress with Much Interest,' *Kladderadatsch*, rpt. in *Review of Reviews*, Vol. 31 (Feb. 1905), p. 141; 'The Baltic Fleet Is Anxiously Awaited by the Japanese,' *Kladderadatsch*, rpt. in *Literary Digest*, Vol. 30, No. 6 (11 Feb. 1905), p. 213. 原典『クラデラダーチェ』(ドイツ)
◆雪山を滑り下りてくるロジェストウェンスキーを槍が待っている。止まることはできない。日本兵はポケットに手を突っ込んで、煙草を吹かせて悠々と待っている。バルチック艦隊の運命を予測した画である。

第8章　旅順攻防戦と旅順陥落の衝撃

1　悲惨な戦い——旅順攻防戦

図８‐１は、時期的には第一回旅順総攻撃と遼陽会戦後に発表されたものと推定されるが、いずれか、あるいは両方の戦いに想を得たとしても、さまざまな意味で示唆的である。後に述べるように旅順攻略のための第一回総攻撃では、ロシア軍の機関銃の餌食となって、多数の日本兵が死傷し、目標のいくつかは確保したものの日本軍は悲惨な敗北を喫している。それを意識して逆手に取るかのようにこの図ではミカドが機関銃を操り、機関銃弾として「日本の青年」が次々と発射されている。タイトルは「単に弾薬の問題」である。この図は多様な解釈が可能である。犠牲を厭わずに次々と兵員を投入して多大な犠牲を払っている日本軍の戦いぶりを批判的に示しているのか。それとも、いくらでも弾薬（兵力）を投入して戦うことができることを示しているのか。別の角度から見ればこの図は、当時の日本のナショナリズムを象徴しているようにも見えないでもない。ミカドのためなら命も惜しまない若い兵士たちが描かれているとも解釈できるからである。この時期の諸々の諷刺画を見ながら、百年の歳月を超えて作者の意図がどこにあったのかを推測するのはいつも必ずしも容易ではないが、この画はとくにそうである。特別傑作であるとは思えないが、犠牲となった人命を思うと「悲惨さ」も感じさせる作品である。その「悲惨さ」は、旅順攻略戦を題材とした他の諷刺画の幾つかにも見受けられる。

旅順攻略を大本営が重要な戦略目標としたのは、緒戦の海軍の戦いで旅順のロシア太平洋艦隊を殲滅できずにいたためである。バルチック艦隊がいずれやってきて、旅順艦隊と一緒になると海軍は制海権を失う恐れがあり、そうなれば海上補給路が断たれて、満州に展開する陸軍は補給を確保できずに孤立して撃退される恐れがあった。

悲惨な戦い

図8 - 1「単に弾薬の問題」

出典：Bradley, 'Merely a Qusetion of Ammunition,' *Chicago News*, n.d., rpt. in *Literary Digest*, Vol. 29, No. 12 (17 Sept. 1904), p. 312. 原典『シカゴ・ニュース』（アメリカ）
作者：ブラッドリー

できるだけ早い時期に旅順艦隊を殲滅して、連合艦隊はバルチック艦隊を迎え撃つための準備に取り掛かる必要があった。

乃木希典将軍が、旅順攻略のために新設された第三軍の司令官に任命され大連に上陸したのは、一九〇四年六月六日のことだった。それはその後、約七ヵ月続く悲惨な戦いの始まりだった。六月二十六日に第三軍は、塹壕を張り巡らしたロシア軍の重層的な防御線の攻略を開始し、この戦いは日本側に有利に進んだが、その理由の一つは要塞本防御線の強化を重視したロシア軍関東地区司令官ステッセルの戦略のためであった。要塞司令官のスミルノフが主張したように前進陣地での抵抗にロシア側が重点を置いていたら、第三軍はさらに苦戦したであろう。満州での戦略もそうであるが、この時期のロシア軍には防御重視の姿勢が見える。**図8－2**は、そのようなロシア軍の姿勢を皮肉っている。

旅順の前進陣地の攻略から総攻撃前の予備的攻撃を経て日本軍は包囲陣を形成したが、そこですでに六千五百人余りの死傷者を出していた。第三軍が第一回の総攻撃を開始したのは八月十九日である。攻撃は攻勢前の砲撃で始まった。火砲三百八十門が火を吹き、ロシア軍の東側防御陣地に砲弾が降り注いだ。これにより、ロシア軍の大砲の多くは無力化された。

図8－3は、旅順戦とは特定はできないが、このような日本軍の砲撃のすさまじさを表わしている。**図8－4**は、第二回総攻撃の準備砲撃が開始された時期のものである。

第一回総攻撃に話を戻すと、準備砲撃でロシア軍を十分に叩いたと信じた日本軍歩兵は前進を開始したが、そこに待ちかまえていたのが機関銃だった。砲撃にも制圧されなかった塹壕の機関銃によって、日本軍の歩兵は次から次へとなぎ倒された。機関銃装備では、十対一でロシア側が有利だったとも言われる〔コナフトン、二五二頁〕し、それほど数に差がなかったとしても重要地点に置かれた機関銃によるロシア側の攻撃は有効であった。また、鉄条網や障害物が設置され、さらに夜間には探照灯や照明弾が威力を発揮し、日本軍の前進を拒んだ。目

用心深いロシア軍

図8－2「用心深い」
Capt.：
日本「出て来てくれませんか」
ロシア「いやだ――この下から私が主人であることを示すつもりである」
出典：'Prudent,' *Humoristische Blätter,* n.d., rpt. in *Literary Digest*, Vol. 29, No. 10 (3 Sept. 1904), p. 294. 原典『フモリスティッシェ・ブレッター』(オーストリア)

激しい砲撃

図8－3「雨期」

Capt.：「東アジアで雨期がこんなにひどいとは思っていなかった」
出典：'The Rainey Season,' *Neue Glühlichter,* n.d., rpt. in *Review of Reviews,* Vol. 30 (Sept. 1904), p. 273. 原典『ノイエ・グリューリヒター』(オーストリア)
◆傘をさしているロシア兵めがけて、土砂降りの雨のように砲弾が降り注いでいる。ロシア軍が日本軍の想像以上の砲弾に悩まされる姿を、東アジアの梅雨時から夏にかけての豪雨に擬して描いている。周知のように日露戦争はかつてない火力の使用による消耗戦でもあった。

標地点の確保もなかなかできず、およそ一万六千名の死傷者を出して、日本軍の第一回総攻撃は悲惨な失敗に終わった。ロシア側はわずか千五百名の死傷者だったという。

失敗の原因は幾つかあるが、一つは作戦の誤りである。目標の敵の堡塁まで対壕を掘り進めて攻撃する対壕掘進攻撃という「正攻法」を採っていたら、これほど甚大な損害を出すことはなかったろう。第二には、ロシア側の抵抗が予想以上に強く、また防御のための堡塁も強固であったことが挙げられる。

第一回総攻撃の失敗を受けて、第三軍は対壕掘進攻撃を実施することにした。九月十九日には次の第二回総攻撃の準備のための砲撃を開始した。日本軍は、掘り進めた塹壕から突撃を実施して敵の堡塁を確保し、またそこから対壕を掘り進めた。

当時の諷刺画家たちはこの旅順攻防戦をどう見ていたか。**図8-5**は、いささか日本軍にとって楽観的な見通しを伝えているし、**図8-6**では封鎖によって野菜が不足し始めた旅順市内の様子が皮肉なコメントから分かる。

Le menu d'un dîner à Port-Arthur.

図8-4 タイトルなし

Capt.:「旅順でのディナーの献立」
出典：Henriot, cartoon, in 'Échos,' *Le Journal amusant*, No. 274 (24 Sept. 1904), p. 8. 『ル・ジュルナル・アミュザン』(フランス)
作者：アンリオ
◆旅順でのディナーの献立が砲弾となっている。砲撃の激しさを物語っていると言えよう。

旅順攻防戦の行方

図8 - 5「どれだけ長く持ちこたえられるか」

出典：Evans, ‘Can He Hold on Long Enough?,’ *Cleveland Leader*, n.d., rpt. in *Literary Digest*, Vol. 29, No. 13 (24 Sept. 1904), p. 372. 原典『クリーヴランド・リーダー』（アメリカ）
作者：エヴァンス
◆崖にぶら下がっている「旅順」と記されたロシア兵を日本兵が落そうとしている。左の海上を「バルチック艦隊」が向かって来ており、それまで旅順が持つかが焦点となっている。

図8 - 6「旅順にて」

Capt.：
「野菜が不足し始めている」
「我々の陸軍が勝ち取った月桂樹を使いなさい」
出典：‘In Port Arthur,’ *Humoristische Blätter*, n.d., rpt. in *Literary Digest*, Vol. 29, No. 13 (24 Sept. 1904), p. 394. 原典『フモリスティッシェ・ブレッター』（オーストリア）
◆旅順でのロシア軍人同士の会話である。自軍が勝ち取った月桂樹を野菜代わりに使ったらと言っているが、勝っていないので皮肉となっている。月桂樹には勝利・栄誉と言った意味がある。

実際、野菜不足によるビタミンC欠乏症（壊血病）にロシア軍は悩まされた。

第二回総攻撃は、十月二十六日に猛砲撃により開始された。二十八珊榴弾砲十二門もこの砲撃には投入された。二日後の二十八日からは歩兵による攻撃が実施された。しかし、ロシア軍の防御は堅く、この総攻撃も十一月一日未明に中止された。十一月三日の「天長節に天皇に報告すべきよいニュースはまったくなかった」〔コナフトン、二七〇頁〕というのが実情であり、**図8-7**はまさにそのような状況を示していた。

実際のところ明治天皇は、この頃、旅順攻防戦での死傷者の多さに心を痛めていたという。「乃木もアー人を殺しては、どもならぬ」と語ったという逸話も残っている〔伊藤、明治天皇、三九三頁〕。

ところで、この頃、実はロシア側もかなりの兵力を損耗していた。第一回総攻撃に比べれば、第二回総攻撃でのロシア側の被害は甚大であった。包囲されているロシア軍は兵力も物資も限られていたし、満州のクロパトキン軍が押し戻してくることも当てにはできなかった。頼みの綱のバルチック艦隊も、本隊はまだアフリカを航海していた。

図8-8には、『ザ・タイムズ』紙の十一月十二日付けの降服の勧告を受けて、ロシア側が悲壮な決意をする姿が描かれている。

一方でフランスでは、第三回攻撃が間近に迫っていることをネタに、閨房の一事に攻撃をなぞらえた諷刺画（**図8-9**）が掲載された。フランスではこの手の小話のネタとしても、旅順攻防戦は使われている。この諷刺画の掲載日に、第三回総攻撃は開始された。

第三軍に新たに第七師団が加わり、十一月二十六日には第三回総攻撃が開始されたが戦果ははかばかしくなく、その日には特別予備隊（白襷隊）が夜襲を敢行したものの、これも失敗した。翌二十七日、乃木は攻撃の主目標を二〇三高地に移し、攻撃をここに集中させた。二十八日、日本軍は二〇三高地山頂の一角を奪取したが、攻勢に転じたロシア軍に奪い返され、二〇三高地をめぐる壮絶な戦いは十二月五日まで続いた。

天長節の捧げもの

図8 - 7「我ら死せんとする者きみに礼す、ミカドに！」

Capt. :「２万人の日本人が、誕生日を祝って、ミカドに捧げられた」
出典 : 'Morituri te salutant, Mikado!,' *Wahre Jacob*, No. 479 (29 Nov. 1904), p. 4537.『ヴァーレ・ヤコブ』（ドイツ）
◆明治天皇の誕生日は西暦では11月３日であり、1904年、この日を天長節として祝うなかでも、旅順戦は続いていた。噴火している山には「旅順」と記されている。月に浮かんだ憂いを帯びたようなミカドの姿が印象的である。タイトルにあるモーリトゥリ・テイ・サールターント（我ら死せんとする者きみに礼す）は有名なラテン語のフレーズで、古代ローマの伝記作者のスエトニウスが、カエサルの伝記で用いたものである。

図8 - 8「万歳、皇帝陛下！」（勇敢な旅順の守護者に捧ぐ）

Capt. :「ロシアの鷲の名誉には汚点はない。さらなる流血を避けるためにも、人類は一致して守備隊の英雄的な生存者の降伏を切に願う」――『ザ・タイムズ』紙、11月12日

出典 : Bernard Partridge, ‘Ave, Cæsar!,’ *Punch, or the London Charivari*, Vol. 127 (16 Nov. 1904), p. 345.『パンチ、あるいはロンドン・シャリヴァリ』(イギリス)

作者 : バーナード・パートリッジ

◆終局にさしかかった旅順の攻防で、刀が折れ、ロシア皇帝に別れの挨拶をするロシア軍将軍が描かれている。このタイトル「万歳、皇帝陛下！」の後には、前の図8 - 7に出てきたラテン語のフレーズ Morituri te salutant が続くと連想できる。『ザ・タイムズ』紙の降服勧告にもかかわらず、旅順の攻防は、この後1ヵ月半、続けられた。

フランス流の小話のネタとして

図8‐9「旅順から遠く離れて」

Capt. :「最高の位置を確保したあとは、最後の攻撃を仕掛ける前に、侵略軍にはひと息入れさせる必要がある」

出典：'Loin de Port-Arthur,' cartoon, *La Caricature*, Vol. 25, No. 1300 (26 Nov. 1904), p. 378.『ラ・カリカテュール』（フランス）

図8‐10は、この二〇三高地の攻防を描いたアメリカの諷刺画であるが、ある意味でぞっとするような内容である。図8‐11は旅順陥落直後にフランスの新聞に掲載されたもので、諷刺性は乏しいが、二〇三高地の争奪戦でロシア兵も勇敢に戦ったことを強調している。

二〇三高地の戦術上の重要性は、九月には認識されていた。旅順湾を一望できるこの高台に弾着観測所を設置できれば、そこからの誘導によって湾内の旅順艦隊を砲撃して壊滅することができるからである。そのような重要性があったため、九月二十日にはこの地点に本格的な攻撃が加えられたが、敵の守りの強固さを思い知らされる形で終わっていた。

しかし日露両軍の必死の攻防が続いた末に、十二月五日の午後に山頂全域は日本軍に制圧された。日本軍は直ちに弾着観測信号所を設けて、湾内の旅順艦隊を砲撃し、旅順艦隊を壊滅させた。ちなみに、一部に言われたり書かれたりしているように（たとえば〔横手、一四九、一五六頁〕）、この高地に重砲を据え付けてこの高地から攻撃したのではむろんない。

図8 - 10「王者のスポーツ」

出典：May, 'The Sport of Kings,' *Detroit Journal*, n.d., rpt. in *Literary Digest*, Vol. 29, No. 27 (31 Dec. 1904), p. 899.
原典『デトロイト・ジャーナル』(アメリカ)
作者：メイ
◆ミカドが身を乗り出して、人間を使った射的に興じている。的は「旅順」と記された幕から顔を出しているロシア人。死体の山の前には「203高地」という看板が立てられている。203高地の攻防戦で日本側が惜しみなく戦闘員を投入したことを示している。ある意味でぞっとするような諷刺画である。王者のスポーツ・遊びと言えば、競馬・狩猟・鷹狩などであるが、ここでは人間を使った射的である。タイトルには、王たちの娯楽というニュアンスも込められている。

観測所からの情報を基にして、間接射撃で敵艦を順次沈めて行ったのである。ただ、いささか皮肉なことに、その頃すでに旅順艦隊艦艇の多くは、兵力を旅順攻防戦に割かれ、装備していた砲も陸戦に転用されるなどしていたため、艦隊としての戦闘能力は著しく低下していた。また唯一、戦艦「セワストーポリ」は観測所の死角に逃れたが、水雷攻撃を度々受け、戦闘能力を失って翌年の一月初めに自沈した。

図８-12・13は、この戦いの最中にフランスで発表されたものである。図８-12では、日本軍の勝利が多大な犠牲の上に成り立っていることが示されている。戦略拠点を確保するという意味では日本陸軍は連戦連勝を続けたが、ロシア側よりも将兵の損耗は多かった。このような日本陸軍の戦法は正しかったのだろうか。累々と横たわる屍のなかの勝利の価値が、当時も疑問視されていたことが分かる。図８-13は、キャプションの内容は捏造

図8 - 11「旅順防衛軍の最後の包囲軍突破攻撃」

Capt. :「二百三高地に立てられた日本軍旗をもぎとったロシア軍猟兵」
出典 : Charles Morel, ‘La derniere sortie des défenseurs de Port-Arthur,’ cartoon, *La Presse*, 9 Jan. 1905.『ラ・プレス』(フランス)
作者 : シャルル・モレル

LES VAINQUEURS.

図8 - 12「勝利者たち」

出典：Bernard Naudin, 'Les Vinqueurs,' *L'Assiette au Beurre*, No. 192 (3 Dec. 1904), p. 3182.『アシエット・オ・ブール』(フランス)
作者：ベルナール・ノダン
◆日本陸軍はタイトルでは「勝利者」であるが、旭日旗はぼろぼろで、屍が重なっている。数次に亘り多数の死傷者を出していた旅順攻略戦は、この画が出版された日付（12月3日）にはまだ続いていた。

であろうが、日本軍を自軍に対しても残虐な存在として描いている。一方でこの時期、ニコライ二世の残虐性を指摘する**図８-14**のような諷刺画もドイツでは発表されていた。

旅順攻囲戦は、二〇三高地の攻略で終わったわけではむろんなかったが、二〇三高地がロシア側の西部正面前進陣地の中央に位置していたため、ロシア側は前進堡塁の放棄を余儀なくされた。

この二〇三高地制圧前後のアメリカの諷刺画、**図８-15・16**には、旅順のロシア軍の苦境がよく表わされている。また**図８-17**は、この頃のニコライ二世の悪夢を描いている。**図８-18**はフランスの諷刺画で、束の間の停戦の後、激しい戦いが再開されることを示唆していると思われる。

二〇三高地制圧後も、まだ東北正面の陣地は残されていたが、十二月十八日に東鶏冠山堡塁、二十八日には二龍山堡塁が相次いで陥落した。翌一九〇五年一月一日には、望台砲台が陥落した。この日、ステッセルは使者を送り、降服交渉を提案した。一月二日の交渉で、ロシア軍は降伏し、ここに日本軍にとって艱難辛苦を極めた旅順攻囲戦は終わりを告げた。

図8 - 13「敵に向かって死んだのではない人々」

Capt.：「旅順での突撃で、連隊の兵の大多数を失い日本軍連隊長は退却を命じた。——翌日、彼は銃殺された」

出典：Bernard Naudin, ‘Ceux qui ne meurent pas a [sic for à] L’Ennemi,’ *L’Assiette au Beurre*, No. 192 (3 Dec. 1904), p. 3183.『アシエット・オ・ブール』(フランス)

作者：ベルナール・ノダン

◆キャプションからすると、手前で頭から血を流して死んでいるのは、日本軍連隊長で、左隅から死神が顔を出してその様子を眺めている。遠くに並んでいるのは、日本陸軍の部隊である。キャプションでは、旅順での突撃で多数の死傷者を出した日本軍連隊長が退却を命じて、翌日、銃殺されたというが、これは事実だろうか。管見の限りでは、そのような事実はなく、報道として考えると捏造であろう。

図8 - 14「ツアーのもとに」

Capt. :「おいしく召し上がれ！」
出典：'Beim Zaren,' *Wahre Jacob*, No. 479 (29 Nov. 1904), p. 4532.『ヴァーレ・ヤコブ』（ドイツ）
◆グロテスクな画である。給仕の姿をした骸骨（死神であろう）が、旅順と記された大皿にいっぱいの人骨を、皇帝ニコライの食卓に出そうとしている。テーブルにはすでに、ドッガー・バンク事件を示すと思われるハルの肉まんじゅうと書かれた蛸のような生き物が血を流して置かれている。

旅順のロシア軍の苦境

図8 - 15「落下！ 落下！ 落下！」
Capt. :「旅順の悪夢」
出典：Bartholomew, 'Falling! Falling! Falling!,' *Minneapolis Journal*, n.d., rpt. in *Literary Digest*, Vol. 29, No. 24 (10 Dec. 1904), p. 794. 原典『ミネアポリス・ジャーナル』（アメリカ）
作者：バーソロミュー
◆大砲の重さで、「旅順」という帽子を被ったロシア兵が、落下して、地球からも離れて行くという悪夢を描いている。タイトルにある「落下」には「陥落」の意味もあり、攻撃で旅順が陥落するということを象徴している。

図8 - 16「旅順への助け」

出典：Morgan, ‘Help for Port Arthur,’ *Philadelphia Inquirer*, n.d., rpt. in *Literary Digest*, Vol. 29, No. 24 (10 Dec. 1904), p. 794. 原典『フィラデルフィア・インクワイァラー』（アメリカ）
作者：モーガン
◆旅順にいるステッセル将軍（左）が電話でツアー（右）に助けを求めている。ステッセルの頭には銃弾が当たっており、机では「日本陸軍」「日本海軍」と記された爆弾の導火線に火がついている。食料も尽きたようで、「最後の薄焼きパン」が置かれている。一方で、ツアーの方も足元で皇太子アレクセイが泣き喚いており、お互いに相手の言っていることがよく聞き取れない様子である。

図8 - 17「ツアーは悪夢にうなされている」

出典：A. Fiebiger, ‘Der Zar hat Alpdrücken,’ *Wahre Jacob*, No. 480 (13 Dec. 1904), p. 4559.『ヴァーレ・ヤコブ』（ドイツ）
作者：A・フィービガー
◆眠っているロシア皇帝の上に乗っかって、日本兵が刀を皇帝の耳の近くまで突き出している。ツアーの枕元にあるピストルには、「終わり」と書かれているようである。

2　旅順陥落の衝撃

旅順陥落のニュースは、瞬く間に新年を迎えた世界を駆け巡った。カリカチャリストたちも旅順陥落をそれぞれの視点から様々な形で取り上げた。

イギリスの『パンチ』に掲載された図8‐19は、日本軍の勝利を称えながら、三国干渉で失った旅順を日本が「取り戻した」ことに読者の注意を促している。

図8 ‐ 18「前哨地での話」

Capt. :「停戦の間に」
ロシア人「さて、冬着を受け取ったぞ！」
日本人「ええ、私たちの贈り物のために。でも結局のところ、ほとんど役に立ちませんでしたね」
ロシア人「なんで？」
日本人「すぐに暖まる（えらいことになる）でしょうから」
出典：Tiret-Bognet [pres.], ‘Propos d’avant-postes,’ cartoon, *La Caricature*, Vol. 25, No. 1304 (24 Dec. 1904), p. 411.『ラ・カリカテュール』（フランス）
作者：ティレ‐ボニェ［推定］

イギリスにおける称賛

図8 - 19「取り戻した！」

Capt. :「旅順は大山巌将軍によって1894年11月に攻略されたが、ロシア、ドイツ、フランスの圧力により1896年１月［実際は５月］に清国に返還された。その後1898年３月にロシアが租借し、1905年１月１日に乃木将軍に引き渡された」

出典 : E. Linley Sambourne, ‘Regained!,’ *Punch, or the London Charivari*, Vol. 128 (11 Jan. 1905), p. 29.『パンチ、あるいはロンドン・シャリヴァリ』（イギリス）

作者 : E・リンリー・サンバーン

◆旅順陥落を伝える画である。右上の旭日は日本を表わしており、その日の光に輝き、日本版の戦乙女ヴァルキューレが兜をかぶり、日本刀を手にして誇らしげに立っている。

一方でアメリカの諷刺画はどうであろうか。図８‐20は日本の勝利を称えているようにも見えるが、図８‐21は日本の勝利の代償が死体の山であったことを示している。

この降伏によってロシア軍の司令官ステッセルの名声は地に堕ちた。ドイツの諷刺画（図８‐22）は、その様子を描いている。

また図８‐23は、イギリスにおいて「日本における勝利に対する見方」として紹介された日本の諷刺画である。一方でフランスでは、図８‐24にあるように旅順陥落もまた男女関係の小話のネタになった。

旅順陥落は、軍事的関係のみならず、国際関係にも大きなインパクトを与えるものであった。ドイツの諷刺画（図８‐25）は国際関係の変容を擬人化して描いている。また続くイギリスの諷刺画（図８‐26）では、ロシアがドイツとフランスの助けを期待するかのように描かれている。この諷刺画には時期的に血の日曜日事件の影響もあるとみてもよいかもしれない。

旅順陥落がもたらした大きな効果の一つは、紛れもなくロシアの威信の低下である。図８‐27は、旅順陥落直後のイギリスの諷刺画で、そのことを如実に物語っている。また、早々と満州放棄を示唆するような諷刺画、図８‐28も登場している。

繰り返すが旅順攻略戦は悲惨な戦いだった。とくに日本側にとってはそうであった。この戦いを描いた諷刺画にも、死体の山を描くなど、悲惨さを強調しているものが多い。図８‐29は、そのような悲惨な戦闘を扱った章の最後を飾るものとしてはふさわしくはないかもしれないが、哀愁漂う熊の姿には、恐ろしく獰猛な敵のイメージはない。悲惨な戦闘を哀愁とユーモアに転換してしまう諷刺画家の腕に感嘆を覚えるとともに、そのような転換作用を社会的にどう捉えたらいいのだろうかと考えさせられる。悲惨な現実は、そのまま悲惨なままで語られるべきなのだろうか。それともどのように悲惨な現実であっても、そこにユーモアを持ち込むのは文明社会の流儀であり、それは受け入れるべきものなのであろうか。

アメリカにおける反応

図8 - 20「旅順での日の出」

出典：Ireland, 'Sunrise at Port Arthur,' *Columbus Dispatch*, n.d., rpt. in *Literary Digest*, Vol. 30, No. 2 (14 Jan. 1905), p. 46. 原典『コロンバス・ディスパッチ』(アメリカ)
作者：アイアランド
◆旭日（日本）が水平線に浮かび、手前の旅順ではロシア軍旗と「ロシアの威信」が倒れている。

図8 - 21「勝利の代償！」

出典：Davenport, 'The Price of Victory!,' *New York Mail*, n.d., rpt. in *Literary Digest*, Vol. 30, No. 2 (14 Jan. 1905), p. 46. 原典『ニューヨーク・メール』(アメリカ)
作者：ダヴェンポート
◆日本兵が死体の山の上で日章旗を掲げている。日本の勝利の代償は、死体の山であった。

地に落ちたステッセルの名声

図8－22「世論」

Capt.：「三段階において、ステッセル将軍に当てはめて」
出典：'Public Opinion,' *Lustige Blätter*, n.d., rpt. in *Review of Reviews*, Vol. 31 (Mar. 1905), p. 240. 原典『ルスティヒェ・ブレッター』（ドイツ）
◆雪だるま（ステッセル将軍の名声）が、「世論」という太陽が昇るにつれて溶けてなくなった様子を表わしている。旅順陥落によって、世論のなかでステッセル将軍の名声が地に堕ちたことを示している。太陽から発せられる光には、『ル・タン』『ニューヨーク・ヘラルド』『ベルリン・ターゲブレッター』『ザ・タイムズ』といった新聞の名称が書かれている。

日本側の勝利に対する見方

図8－23「旅順陥落について」

出典：'On the Fall of Port Arther,' *War Magazine*, n.d., rpt. in *Review of Reviews*, Vol. 31 (Mar. 1905), p. 242. 原典不詳（日本）
◆ロシア兵を踏みつけて日本兵が旭日旗を掲げている。

フランスでの小話

図8‐24 タイトルなし

Capt.：
「それで、ずっと私を拒み続けるつもりなのかい」
「永遠にね」
「そんなこと言うもんじゃない。旅順だって屈服させられたんだから」
出典：Henriot, cartoon, in 'Échos,' *Le Journal amusant*, No. 290 (14 Jan. 1905), p. 7.『ル・ジュルナル・アミュザン』（フランス）
作者：アンリオ

旅順陥落と国際関係への影響

図8‐25 タイトルなし

Capt.：**中国人「分かるかい、イワン、あなたと同じように、ヨーロッパ人はみんな追い出される——そ う 要 求 さ れ る だ ろ う」**
出典：*Wahre Jacob*, No. 483 (24 Jan. 1905), p. 4587.『ヴァーレ・ヤコブ』（ドイツ）
◆のん兵衛のロシア人イワンが、旅順という看板の店から蹴り出されている。最近までクリスマスを祝っていたらしく、蹴り出された拍子にサンタクロースの帽子が落ちようとしている。ドアには既に日本と書かれている。蹴り出している日本軍人は乃木将軍のように見える。右上には大きな中国人がいて、その後ろにヨーロッパ諸国が続いている。

AN EMERGENCY EXIT.

RUSSIAN BEAR. "I'M CUTTING RATHER A POOR FIGURE IN THIS COMPETITION. I THINK I SHALL GET OUTSIDE ON TO THE DANGEROUS PART, AND THEN THEY'LL HAVE TO RESCUE ME. . . . I SHOULD RATHER LIKE TO BE RESCUED."

図8 - 26「緊急の避難口」

Capt. : ロシア熊「この競技会では、私はうまくフィギュアを描くことができていない。場外に出て、危険な場所に向かうべきだと思う。そうすれば彼らだって、私を救出せずにはいられないだろう。……私はむしろ救出してもらいたいんだ」

出典 : E. Linley Sambourne, 'An Emergency Exit,' *Punch, or the London Charivari*, Vol. 128 (25 Jan. 1905), p. 65.『パンチ、あるいはロンドン・シャリヴァリ』(イギリス)

作者 : E・リンリー・サンバーン

◆日露の戦いをフィギュアスケートに喩えている。ロシア熊はうまく滑れずに、競技場の杭につかまっているが、そのまま場外に出てしまいそうである。その先には「危険――中国領」の立て看板がある。遠くから熊の様子を眺めている人々は、帽子の形状からしてドイツとフランスであろう。ロシアは、ドイツとフランスによって救出されることを期待している。一方で、日本軍人は、上手に滑っているようである。スポーツ競技としてのスケートは、ヨーロッパでは17・18世紀にすでに実施されていたが、1892年に国際スケート連盟が発足し、世界的なスポーツとなった。フィギュアスケート男子の第1回世界選手権は、1894年にロシアのペテルブルクで開催されている。

ロシアの威信の低下と満州放棄論

THE SANDS RUNNING OUT.

図8 - 27「なくなりつつある砂」

出典：Bernard Partridge, 'The Sands Running Out,' *Punch, or the London Charivari*, Vol. 128 (4 Jan. 1905), p. 3.『パンチ、あるいはロンドン・シャリヴァリ』（イギリス）
作者：バーナード・パートリッジ
◆砂時計には「ロシアの威信」と書かれており、刻一刻とロシアの威信が流れ落ちる砂とともに目減りして行く様を諷刺している。砂時計を横目で睨みながら頭を抱えているのはロシア皇帝ニコライ二世である。

図8 - 28「おそらくバラストを少しでも軽くすれば、逃げるのも容易になるだろう」

出典：Bradley, 'Perhaps with a Little Less Ballast Escape Would Be Easier,' *Chicago News*, n.d., rpt. in *Literary Digest*, Vol. 30, No. 3 (21 Jan. 1905), p. 82. 原典『シカゴ・ニュース』(アメリカ)
作者：ブラッドリー
◆ツアーが熊が引くそりに乗っており、戦争の犬たちに追われている。ツアーは、バラストの「満州」をそりから突き落とそうとしている。逃げるのを容易にしようという算段である。

用済みの熊

図8 - 29「追い出されて」

Capt.：ロシア人「行くぞ、イヴァノヴィッチスキー――いずれにしろ、見せ物をするにはたいした町ではない」
出典：'Run Out,' *Toronto World*, n.d., rpt. in *Literary Digest*, Vol. 30, No. 4 (28 Jan. 1905), p. 139. 原典『トロント・ワールド』(カナダ)
◆旭日旗が翻り、壁には「旅順――当地では曲芸をする熊は禁止」と張り紙がしてある。仕方なくロシア人と共に、曲芸熊のイヴァノヴィッチスキーは町を出る。隻眼用の眼帯をした熊がどこか哀感を覚えさせ、キャプションの熊使いの負け惜しみも笑える。

第9章　動揺するツァーの国

1　戦争初期の愛国心の高まり

これまで日露戦争はロシアでは「不人気な戦争」と言われてきたが、最近の研究では、土屋好古氏が言うように「少なくとも開戦当初ロシア社会は熱狂的に戦争を支持した」ことが明らかになっている。それには日本軍の奇襲攻撃に対する憤激が大きく作用していた〔土屋、新視点、一四七頁〕。開戦前のロシアは、農民問題、労働者のストライキ、過激化する学生運動、自治大公国フィンランドや分割されてロシアに編入されていたポーランドにおける民族主義の高揚、ユダヤ人に対する組織的な略奪・虐殺であるポグロム、さらに頻発する政治テロなど、さまざまな問題を抱えていた。しかし、日本軍の奇襲により、一時的であれ「ロシア社会は愛国的感情と戦争熱にとりつかれた」。反体制的であった学生でさえ、愛国的デモをおこなった。また、ヨーロッパ・ロシアの地方自治組織で、一八七〇年代以降は自由主義者の拠点となっていたゼムストヴォも戦争支持を表明し、死傷軍人家族の経済的支援を開始した。ロシア社会には、急進的な自由主義者や革命家を除けば、さまざまな社会問題を一時的に棚上げしてでも、挙国一致で戦争に臨むべきという雰囲気が醸成されていた〔土屋、スタディーズ、一五八頁〕。

しかし、この戦意高揚も長くは続かず、春ごろから戦争支持は急速に下火になった。土屋氏のまとめでは、その要因は三つある。一つは戦争の過程で敗戦が続き士気が削がれ、しかも戦争の目的が不明確であったことである。第二は帝国であり多民族国家であったロシアの特質に起因する問題であり、「すべての民族を『国民』として統合し、それを戦争努力に駆り立てるには多大の困難があった」ことである。ユダヤ人の協力は拒否されることもあり、戦争が進む中でユダヤ人に対する迫害も進んだ。動員されたポーランド兵も不満を持っていた。第三は、挙国一致的な雰囲気を政府自らが挫いてしまうような抑圧的政策である。とくにゼムストヴォの運動に懐疑的であった内務大臣プレーヴェは、その愛国的活動にさえ圧力をかけ、ロシア社会全体から不興を買った。ロシア政府は、愛国的なデモでさえも反体制活動へと転化することを恐れて禁止したという〔土屋、スタディーズ、一六〇～六三頁〕。

戦争支持の低下とともに頭をもたげたのが、従来からのロシアが抱える問題である。諷刺画家は、ロシアにおける戦意高揚に目を向けることはなく、むしろ従来から山積している問題に新たなやっかいな問題として日露戦争が付け加わったことに注目している。ドイツの**図９‐１**では、不気味な来客として、ロシアの三重苦「飢饉」「反乱」「東アジア」がニコライのもとを訪れている。続くイギリスの**図９‐２**では、ロシアが様々な問題に取り囲まれているのを日本兵が眺めている。また、フランスの**図９‐３**では、軍への召集の布告が読めないロシア農民が登場して、ロシア農民の後進性を皮肉な形で浮き彫りにしている。

一方、この戦争を契機として立憲化といった自由主義的な改革がロシアで進むのではという期待も一部ではあるがあった。イタリアの**図９‐４**は、そのような期待を示している。

図9 - 1「不気味な客」

Capt. :「陛下、お断りできません」
出典：'Unheimliche Gäste,' *Wahre Jacob*, No. 471 (9 Aug. 1904), p. 4431.『ヴァーレ・ヤコブ』（ドイツ）
◆ロシア皇帝ニコライを訪ねてきた不気味な三人の客。差し出された三枚の名刺には、「飢饉」「反乱」「東アジア」と書かれている。幕の間から客を覗き見しているニコライに対して衛兵は、断れないと伝えている。

図9－2「クワの木の周り」

Capt.：ロシア「とてもよくできている。でも、花の咲く木になるにはどうしますか」
出典：'Round the Mulberry Bush,' *Judy*, n.d., rpt. in *Review of Reviews*, Vol. 29 (Mar. 1904), p. 219. 原典『ジュディー』（イギリス）
◆ロシア（中央）を取り囲んで、子供たちがイギリスの子供の遊びである「クワの木」をしている。ロシアを囲む子供たちは、手前左から左周りで「ロシアの不穏な状況」「交通の困難さ」「バルカン」「中国」「ジョンブル」「アンクルサム」「ポーランド」「その他の心配」である。その様子を、日本兵が旭日を背にして壁にもたれながら眺めている。「クワの木」は、手を取りあって輪になって、「クワの木の周りをまわりましょう」と歌いながら踊る遊びである。

図9－3「神聖なる愛」

Capt.：
コサック兵「行け、進め！　皇帝陛下の召集の布告を読まなかったのか」
ムジク［帝政時代のロシアの農民］「兵隊様、それは無理でっせ。私は字が読めないんで。……でも祖国と皇帝陛下のためなら、私どもは永遠に歩き続けまっせ」
出典：Mario, 'Amour sacré,' cartoon, *La Caricature*, Vol. 25, No. 1263 (12 Mar. 1904), p. 82.『ラ・カリカテュール』（フランス）
作者：マリオ
◆文盲で布告が読めないので軍に参加できないというロシア農民が、それでも祖国と皇帝陛下のためなら、永遠に歩き続けると述べているところに諧謔が込められている。タイトル「神聖なる愛」は、そのような農民の「祖国と皇帝」への愛を皮肉っているのであろう。

図9 - 4 タイトル不詳

Capt. :「最近、皆の目は極東で進行中のスペクタクルに注がれている。勇敢な日本人は、熊が乗っている外交の岩礁をひっくり返そうとしている。予期しなかった衝撃を受けて、その強力な野獣は、石を落とし、それと共に落ちて、憲法と進歩の湖に飛び込むであろう」
出典 : *Il Papagallo,* n.d., rpt. in *Review of Reviews*, Vol. 29 (May 1904), p. 434. 原典『パパガッロ』(イタリア)
◆真ん中の外交という名の岩礁の上に立っているのが、熊の姿をしたロシアである。ロシアは「絶対主義」という石を背負っている。中央左奥に小さく描かれている日本は、この岩礁に揺さぶりをかけて、ロシアを湖に落とそうとしている。絵からは分からないが、湖の名称は「憲法と進歩」である。その様子を湖岸で欧米列強諸国などが見守っている。日本との戦争によって、絶対主義の重みに耐えられなくなったロシアが、湖に落ちて立憲化し進歩するという内容である。これを転載した『レヴュー・オヴ・レヴューズ』誌〔Vol. 29, p. 435〕は、将来予測が含まれているとして、この時期のベストの諷刺画としてこれを評価した。

2　ロシアの内憂外患——政治テロと日露戦争

先にも述べたように一時的に高まった愛国熱が冷め始めると、ロシア政府は様々な国内問題と日露戦争という海外での問題に苛まれ、まさに「内憂外患」の状態に陥る。すでにそのような状態を春先から予測していたのが、**図9-5**である。

そのような中で起こったのが政治テロである。日露戦争以前にも、ロシアでは一九〇一年に文部大臣ボゴレーポフ、一九〇二年には内相シピャーギンが暗殺されるなど政治テロが横行していた。日露戦争中も政治テロは収まらなかった。まず六月には、フィンランド総督ボブリコフが暗殺された。フィンランドは、ナポレオン戦争の結果、ロシアに割譲され大公国となった。その大公はロシア皇帝が兼務し、とくに十九世紀の終わりからはロシアの支配が強まっており、それに反対する請願運動が一九〇一年に起こっていた。

次に紹介する二点（**図9-6・7**）はこの頃のロシアのフィンランド問題を象徴しており、とくに**図9-6**はロシア・フィンランド関係と日露戦争との関わりを皮肉でしかも残酷な形で指摘している。

ボブリコフの暗殺に続いて、ロシア政府に衝撃を与えたのは、内相プレーヴェが七月二十八日に社会革命党（エスエル）の党員に暗殺されたことである。プレーヴェは、革命運動や農民運動を弾圧し、ユダヤ人の迫害や少数民族のロシア化を推進したことで悪名高かった。また日露戦争に至る過程では、日露戦争を引き起こす原因を作ったベゾブラーゾフ一派を支持しており、その意味で日露戦争の勃発とも関わりを持っていた〔加納、五六頁〕。**図9-8〜11**は、プレーヴェの暗殺を日露戦争の状況も踏まえながら、皮肉をこめて描いている。暗殺された

図9 - 5「箱を見張ること」

Capt. :「不可能な仕事——ニヒリストと日本人を同時にそれぞれの箱に閉じ込めること」
出典 : 'Watching the Boxes,' *Lustige Blätter*, n.d., rpt. in *Review of Reviews*, Vol. 29 (May 1904), p. 435.　原典『ルスティヒェ・ブレッター』(ドイツ)
◆左の双頭の鷲が描かれたロシアの箱には爆弾を抱えたニヒリストがいて、右の「日本」と記された箱からは日本人が顔を出している。ロシア兵は、日本人を押さえつけながら、ロシアの方に手を伸ばしているが、爆弾が投げつけられそうである。

ロシアとフィンランドの関係

図9－6「自分の平和の鳥と共にいるニコライ」

Capt.：（ニコライ）「かわいそうなジャコー（洋鵡）！　いま日本からの餌の供給は滞っているので、お前はこれらの哀れなフィンランド人たちで満足しなければならない」

出典：'Nikolaus mit seinem Friedensvogel,' *Kladderadatsch*, Vol. 57, No. 31 (31 July 1904), p. 440; 'Nicholas with His Peace Bird,' *Kladderadatsch*, n.d., in *Review of Reviews*, Vol. 30 (Sept. 1904), p. 245. 『クラデラダーチェ』（ドイツ）

◆ニコライが自分の平和の鳥である双頭のジャコーに餌をやっている。日本の籠が空で、フィンランドの籠から取り出した小鳥を片方の頭にやっている。もう一方の頭は元気なく垂れ下がっている。日本との戦いがうまく行かないので、代わりにフィンランド人が犠牲になっている。

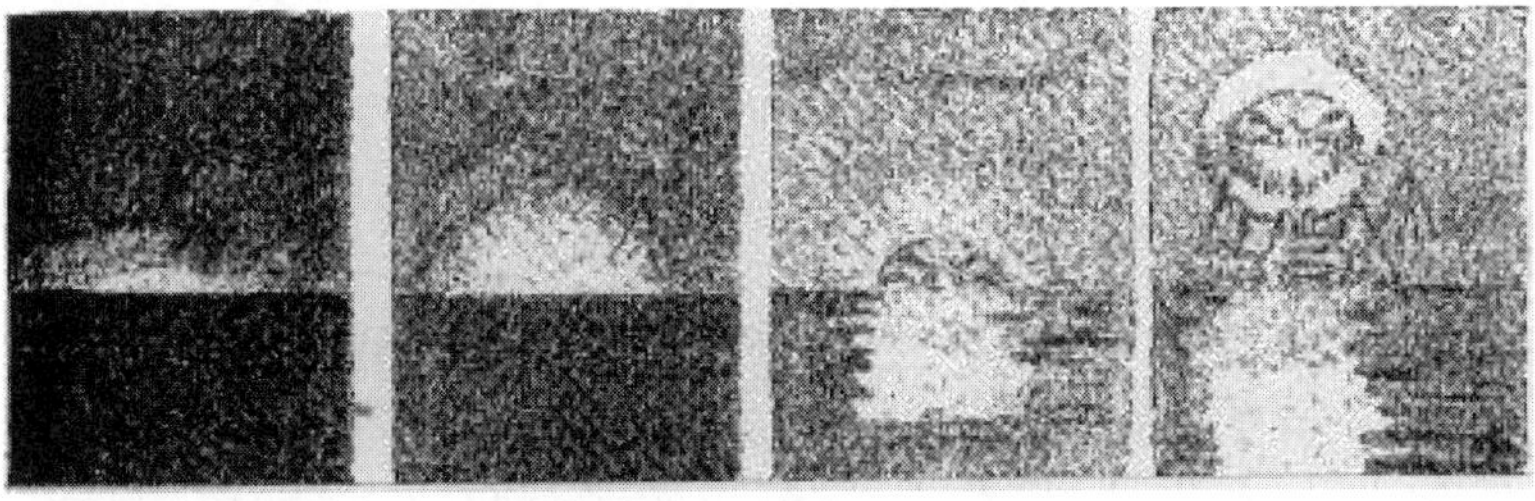

図9－7「フィンランドの日の出」

出典：'Sunrise in Finland,' *Jugend*, No. 20[sic], n.d., rpt. in *Review of Reviews*, Vol. 30 (Aug. 1904), p. 153. 原典『ユーゲント』（ドイツ）

◆フィンランドの日の出で、結局上がってきた朝日がロシア人の顔をしている。この図は原典『ユーゲント』誌には見当たらなかった。

図9 - 8「ただの思い違い」

Capt. :「ありがたや、ただの暗殺だ。てっきり日本人がここまで来たのかと思った」
出典 : 'Nur ein Irrtum,' *Wahre Jacob*, No. 472 (23 Aug. 1904), p. 4443.『ヴァーレ・ヤコブ』(ドイツ)
◆この画では、皇帝ニコライは、爆発を日本軍の攻撃と勘違いし、カーテン越しに暗殺と知って、思い違いに終わったことに胸を撫で下ろしている。

図9 - 9「ロシアの聖ジョージ」

Capt. :「次に来る者へ万歳!」
出典 : 'St. Georg in Rußland,' *Kladderadatsch*, Vol. 57, No. 32 (7 Aug. 1904), p. 450; 'St. George in Russia,' *Kladderadatsch*, rpt. in *Review of Reviews*, Vol. 30 (Sept. 1904), p. 243.『クラデラダーチェ』(ドイツ)
◆聖ジョージはイングランドの守護聖人で、右上の囲みにあるように騎馬で竜を退治したことで知られる。一方、ロシアの聖ジョージは、竜を退治する筈が、逆に「テロ」と名付けられた竜に飲み込まれてしまっている。キャプションは盃を順番に回す時の語句で、危険な任務の後任となる者への皮肉となっている。

図9 - 10「ロシア製の最新式のもの」

Capt. :「防爆弾大臣」
出典 : 'Neues aus Rußland,' *Jugend*, No. 33 (4 Aug. 1904), p. 681; rpt. in *Review of Reviews*, Vol. 30 (Sept. 1904), p. 243.『ユーゲント』(ドイツ)
◆テロリストの爆弾にも耐えられるように、ロシアの大臣が鎧をまとって鋼鉄製の馬車に乗り込むところである。

図9 - 11「プレーヴェの後任」

Capt. : ツアー「さあどうそお坐りください」
出典 : 'Plehve's Successor,' *Neue Glühlichter*, 26 Aug. 1904, rpt. in *Review of Reviews*, Vol. 30 (Sept. 1904), p. 243.　原典『ノイエ・グリューリヒター』(オーストリア)
◆プレーヴェ内相の後任に椅子を勧めるツアー。よく見ると椅子の脚は爆弾であり、椅子の上にも爆弾が吊る下がっている。

にもかかわらずプレーヴェへの同情はない。諷刺画家が注目した後任には、改革支持のスヴァトポルク＝ミルスキーが八月下旬になった。

3　ロシア皇帝ニコライ二世と皇太子の誕生

日露戦争期のロシアを代表する人物は、何と言っても皇帝ニコライ二世（在位一八九四〜一九一七年）である。それではニコライはどのような人物であり、諷刺画家たちにどのように描かれたのだろうか。

帝政ロシア最後の皇帝となるニコライ二世は、一八六八年にアレクサンドル三世の長男としてツァールスコエセロに生まれた。その生涯は戦争と革命に翻弄された。日露戦争中に起きた第一次革命は何とか凌いだものの、第一次世界大戦中に起きた三月革命で退位を余儀なくされ、次いで逮捕され、最後には家族ともどもエカテリンブルグで銃殺された。

一八九一年、ニコライ二世は皇太子として日本を訪問した時に警備の巡査に斬り付けられて負傷するという事件に遭遇した。大津事件である。そのことがあって、ニコライ二世は日本に深い敵意を抱くようになり、それが日露戦争の伏線となったという説があるが、サルキソフ氏が明らかにしているように誤りであろう〔サルキソフ、二八〜二九頁〕。ただ、大津事件と言い、その後の日露戦争と言い、ニコライにとって日本はその生涯に大きな影響を与えた国となったのは間違いない。

ニコライ二世は一八九九年の第一回ハーグ平和会議を呼びかけたことでも知られ、そのこともあって日露戦争期には、平和と戦争の双方を象徴する矛盾した人物として描かれることが多かった。スウェーデンの**図9-12**も

ニコライ二世の肖像

図9 - 12「あるスウェーデンの諷刺漫画」

出典：‘A Swedish Cartoon,’ cartoon, *New York Times*, 3 July 1904. 原典『パック』（スウェーデン）

◆スウェーデンの諷刺漫画週刊雑誌『パック』に掲載されたニコライ二世の肖像。一見すると何でもないように見えるが、さまざまな要素がだまし絵のように組み込まれている。この画を転載した『ニューヨーク・タイムズ』紙の解説によれば、スウェーデンでも反ロシア感情は強く、国際的なエチケットに反するとして、そのような感情が新聞に表われないように厳しい抑制策が取られているという。その中で、この諷刺画は例外的に、ロシア皇帝の「基本的には優しい性格」を長所として認め、皇帝の置かれた本当に難しい立場を正しく認識しているという。まずは眉間。よく見ると平和の象徴の鳩が、卵を抱いている。このことは、同紙の解説では、皇帝の心の奥にある平和感情を表わしているという。右頬を見るとフィンランドと書かれていて、それが抑圧者の靴で踏まれている。画では分かりにくいが、左頬では同様にポーランドが踏みつけられている。しかし、解説では、ロシア皇帝はそのことを恥じ入って頬を赤く染めているという。右のカラーではロシア人が日本人に鼻をつままれているようである。肩から下がった懸章には、シベリア鉄道らしき列車が描かれていて、ウラジオストクと書かれた右胸のポケットにつながっている。左胸のポケットには旅順と書かれている。解説によると、東方正教会の主教会議（18世紀から20世紀ロシアのみにあった総主教に代わる機関）代理人と内相プレーヴェも顔を出しているようであるが、画では確認できない。

図9 - 13「ロシア皇帝と平和の天使」

出典：'The Tsar and the Angel of Peace,' *Simplicissimus,* n.d., rpt. in *Review of Reviews*, Vol. 29 (Apr. 1904), p. 323. 原典『ジンプリツィシムス』（ドイツ）
◆熊（ロシア）の上に乗っているのはニコライ二世であり、平和の象徴であるオリーヴの枝を握った平和の天使を抱き寄せて、唇を合わせようとしている。一方、熊の方は、よく見ると天使の足をくわえており、天使をむさぼり喰おうとしている。口では平和を唱えながら、好戦的であるロシアに対する諷刺が込められている。この頃、『ジンプリツィシムス』誌はドイツ政府から弾圧をうけている〔*Reviews*, Vol. 29, p. 325〕。

図9 - 14「平和」

Capt.：ニコライ「汝に平和あれ！生きている敵は誰も容赦しないぞ」
出典：'Peace,' *Fischietto,* n.d., rpt. in *Literary Digest*, Vol. 29, No. 10 (3 Sept. 1904), p. 298. 原典『フィスキエット』（イタリア）
◆平和を口にしながら、血の滴る両手を上げているニコライ。

そのようなものの一つであり、以下に続く諷刺画、図９‐13・14・16でも、そのような戦争と平和に揺れ動くニコライ二世やロシアが、二面性を有する存在として描かれている。図９‐15では、子供のニコライが火遊びで平和宣言を燃やしている。少しぞっとさせる図である。

実際のニコライ二世は家庭を大切にし、物静かで遠慮がちな人物であったと言われる。日露戦争期に、家庭的なニコライにとって大きな喜びとなったのは、一九〇四年八月十二日に待望の皇太子アレクセイが誕生したことである。誕生を祝して、ニコライは農民や兵士・水兵間の体罰禁止の詔勅を出すなどして、社会の統合を図った〔土屋、スタディーズ、一六四頁〕。皇太子誕生により、戦時下で挙国一致が進むことが期待されたとも言えるが、それは同時に新たな「専制の継承者」の誕生も意味した。

図9‐15「かわいいニコライちゃんは、おもちゃを燃やしている」

出典：R.M., ‘Nikoläuschen verbrennt sein Spielzeug,’ *Wahre Jacob*, No. 461 (22 Mar. 1904), p. 4313.『ヴァーレ・ヤコブ』（ドイツ）
作者：R. M.
◆ニコライ二世が、火遊びで「平和宣言」と書かれた書類を燃やしており、その炎から骸骨で表象される死神が立ち現われている。ニコライの脇には、おもちゃの兵隊と野砲がある。英語でreaperが死神を意味するように、死神は刈り取る者であり、手にするものは鎌である。定番の大鎌ではないが、振り上げられた草刈り鎌はニコライの頭を狙っているようにも見える。

図9 - 16「新しい国章の下書き」

出典：'Entwürfe zu neuen Staatswappen,' *Wahre Jacob*, No. 468 (28 Jun. 1904), p. 4401.『ヴァーレ・ヤコブ』（ドイツ）
◆ロシアのロマノフ王朝の紋章は双頭の鷲であるが、この新しい国章（左）の下書きでは、左には王冠をかぶった剣を持つ鷲が描かれているが、右にはオリーヴの枝を握った鳩がデザインされている。オリーヴの枝は聖書の『創世記』に出てくる平和のシンボルである。戦争と平和で分裂するロシアを表わしている。右の下書きは、フランスの紋章の雄鶏であるが、右足では聖職者らしき人物を押さえつけている。

諷刺画**図９‐17〜23**は、いずれも皇太子誕生を題材としている。最初のオランダの諷刺画、**図９‐17**は素直に見れば皇太子の誕生によりロシア軍が盛り返す姿を表わしていると言えるが、その後に続く画においては、ドイツの諷刺画は言うに及ばず、同盟国フランスの諷刺画においてさえも皇太子誕生は諧謔の対象となっている。なお、皇太子アレクセイは血友病であったため、その体調は皇后アリックスの心配の種となり、その治療のため後に、怪僧と呼ばれるラスプーチンが皇后に取り入るようになったのは有名な話である。

皇太子誕生　戦意高揚と専制の継承者

図9 - 17 タイトル不詳

Capt. : 日本軍の将軍たち「ツアーの生まれたばかりの赤ん坊はロシアの連隊長だ！　我々は負けた」
出典 : *Amsterdammer Weekblad voor Nederland*, n.d., rpt. in *Literary Digest*, Vol. 29, No. 11 (10 Sept. 1904), p. 327. 原典『アムステルダンメル・ウィークブラット・フォール・ネーデルラント』(オランダ)
◆誕生したばかりの皇太子アレクセイを女性が掲げている（右）。軍の指揮官も女性のようであるが、恐れをなして日本の将軍たちが逃げ出している。ロシアを応援しているのだろうが、その弱さを皮肉っているようにも見える。

図9 - 18「連隊長アレクセイは自らの軍の先頭で馬に乗る」

出典 : 'Alexis, Chief of the Regiment, Rides in the Front of His Troops,' *Ulk*, 12 Sept. 1904, rpt. in *Review of Reviews*, Vol. 30 (Oct. 1904), p. 357. 原典『ウルク』(ドイツ)
◆皇太子アレクセイは乳母に抱かれて馬に乗っており、後ろに続く兵士はミルクの瓶を携えている。

図9 - 19「ロシア皇太子」

Capt.：「余の軍はかなり打ち負かされている。しかし、余の血統の継承者がいる」
出典：H. de Sta, 'Le Tsaréwitsch,' cartoon, *La Caricature*, Vol. 25, No. 1287 (27 Aug. 1904), p. 273.『ラ・カリカテュール』（フランス）
作者：H・ド・スタ
◆ツアーが皇太子をかかげている。次の図も同じである。

図9 - 20「兵員充足のために」

Capt.：
「ロシア皇太子は連隊長に任命された」
『彼が継承者にその王座を見せた時……継承者は崇高な雰囲気のなかで楽しげに叫んだ』（V・ユゴー）
「日本よ！　日本は僕のものだ！」
出典：George-Edward, 'Pour combler les effectifs,' cartoon, *La Caricature*, Vol. 25, No. 1288 (3 Sept. 1904), p. 283.『ラ・カリカテュール』（フランス）
作者：ジョージ - エドワード
◆キャプション中のユゴーからの引用の出典は、詩集『薄明の歌』（1835年）所収の詩「ナポレオン二世」（1832年）の一部を改作したものと思われる。この詩には「未来よ！　未来は僕のものだ！」という句があり、最後の行はそのパロディとなっている。タイトルは笑わせる。

図9－21「我ら死せんとする者きみに礼す」

Capt.：［ツアー］「兵士たちよ、わが息子たちよ、汝らに幸いあれ！……（脇で）いいや、この後、やつらはレモンを食べるつもりなんだ！」
出典：H. de Sta, 'Morituri te salutant,' cartoon, *La Caricature*, Vol. 25, No. 1298 (12 Nov. 1904), p. 363.『ラ・カリカテュール』（フランス）
作者：H・ド・スタ
◆兵士たちが礼を捧げているのは、皇太子アレクセイである。

図9－22「ロシアの帝位継承者」

Capt.：「ツアーに息子が生まれた。ロシアの人民の喜びは、筆舌に尽くしがたい」
出典：'The Heir to Russia's Throne,' *Simplicissimus,* n.d., rpt. in *Literary Digest*, Vol. 29, No. 16 (15 Oct. 1904), p. 500. 原典『ジンプリツィシムス』（ドイツ）
◆キャプションによると、皇太子アレクセイの誕生を人民は喜んでいるというが、これは痛烈な皮肉で、赤ん坊の皇太子はその人民の屍の上に立っており、ロシアの圧政の継承者であることを示している。

4　トルストイの反戦平和とロシア文学

この頃のロシアを代表する知識人は、言うまでもなく世界的な文学者のレフ・トルストイである。そのトルストイは、日露戦争に際して戦争を遂行する両国政府を非難したことで知られる。**図9‐24**は、トルストイの声明をその似顔絵と共に掲載した『ニューヨーク・タイムズ』紙の記事である。

トルストイも諷刺画家の題材となった。**図9‐25・26**は、いずれもフランスの諷刺画である。**図9‐25**は、トルストイとニコライの会話という形式を取っている。このなかでトルストイは兵力の動員によるのでなく、自分の全集を日本人に贈ることをニコライに勧めている。武力によるのでなく、文化による平和的浸透を図るように

図9 - 23「大赦のペテン」

Capt.：
「ツアーの皇太子誕生宣言は風船である」
「それが破裂するとき、専制の栄光が再び現われるであろう」
出典：H.G.J., 'Der Amnestie-Schwindel,' *Wahre Jacob*, No. 474 (20 Sept. 1904), p. 4469; Cartoon, *Literary Digest*, Vol. 29, No. 16 (15 Oct. 1904), p. 500.
『ヴァーレ・ヤコブ』（ドイツ）
作者：H. G. J.
◆皇太子誕生によるニコライの大赦の欺瞞性を表わしている。上のコマの吹き出しには「大赦」と書かれている。その結果が下のコマである。

トルストイの反戦平和思想

図9 - 24「レフ・トルストイ伯爵」

出典：‘Count Leo Tolstoy,’ cartoon, *New York Times*, 10 July 1904.『ニューヨーク・タイムズ』紙（アメリカ）

◆『ニューヨーク・タイムズ』紙の「トルストイ伯爵の戦争について」という記事に掲載されたトルストイの肖像画。記事と共に紹介する。

THE NEW YORK TIMES, SUNDAY, JULY 10, 1904.

COUNT TOLSTOY ON THE WAR

"BETHINK YOURSELVES!"

諷刺画に描かれたトルストイ

図9 - 25「総動員と風変りな動員」

Capt.：
トルストイ「ニコライ、あなたがあちらに送った兵士の皆を見たまえ。彼らを何に役立てるつもりかね。私の哲学的作品の全集を日本人に送った方がよくはないか」
ニコライ大王「おお、余が親しきトルストイよ。アイディアとしては、まったくなんて思いつきだ！」

出典：‘Mobilization générale et particulière,’ cartoon, *La Caricature*, Vol. 25, No. 1277 (18 June 1904), p. 196.『ラ・カリカテュール』（フランス）

図9 - 26「日露戦争の雑報」

Capt. ：（画の一部）聖トルストイ、伯爵にして受難者「これらの豚どもは、再び臓物を空気にさらし始めるのであろう」
出典：'Échos de la guerre russo-japonaise,' cartoon, *La Caricature*, Vol. 25, No. 1276 (11 June 1904), p. 187.『ラ・カリカテュール』（フランス）

―――――――――― 文学的な恨み ――――――――――

図9 - 27「文学的な恨み」

Capt. ：日本軍伍長「あそこのデブを撃ち落とすようにしよう。そいつは油で汚れた羊の皮の服を着ている。つまり小説で何度もお目にかかったやつだ」
出典：Tiret-Bognet, 'Rancune littéraire,' cartoon, *La Caricature*, Vol. 25, No. 1282 (23 July 1904), p. 234.『ラ・カリカテュール』（フランス）
作者：ティレ - ボニェ

説く内容である。**図９－26**の真意は必ずしもはっきりとしないが、キャプションにはトルストイが戦争に反対していることを示す意図があると思われる。

図９－27はロシアの小説で頻繁にお目にかかった太ったロシア人を日本兵が撃つという内容のフランスの諷刺画である。文学と戦争を結びつけており、タイトル「文学的な恨み」の意味ははっきりとは分からないが、日本軍伍長がロシア文学を読みながら敵愾心を燃やしていたということなのかもしれない。

5　革命の前兆

一九〇四年の夏以降、相次ぐ敗戦もあって、ロシア社会では反戦運動も表面化した。戦争に対する疑問は、土屋氏によれば、まずは知識層・市会・ゼムストヴォの活動家の間に広がり、さらに一般の人々は戦争に対する不満のはけ口をユダヤ人に向けた。労働者も秋以降、反戦的な動きを強めた。なかでも注目されるのは、土屋氏が言うように、戦争協力をしていたゼムストヴォが、戦争支持から体制改革要求へとその方針を転換させたことである〔土屋、スタディーズ、一六四～六五頁〕。

次に挙げる諷刺画は、難題山積するロシア、ゼムストヴォとニコライ、体制改革要求、国内での戦争による不正利得の問題などを表わしている。まず**図９－28**では、ツアーが重荷を背負い、胸に泣き喚く皇太子を抱きながら、「平和提案」に手を伸ばしている。しかし、手は届かない。かがみすぎると、「ロシアの栄光とプライド」という板に載った「日露戦争」「官僚」「貴族」「役人による不正利得の負債」「軍国主義」「不平不満」といった荷物が重すぎて、再び立ち上がれないのではとツアーは恐れている。**図９－29**は、社会主義に悩まされるロシア

図9 - 28「手の届かないところに」

Capt. : ツアー「前かがみになりすぎないでこれを取ることができればなあ。でもかがみすぎたら、このとてつもない重荷で再び立ち上がれないかもしれないと思うんだ」
出典 : Morgan, 'Out of Reach,' *Philadelphia Inquirer*, n.d., rpt. in *Literary Digest*, Vol. 29, No. 22 (26 Nov. 1904), p. 710.
原典『フィラデルフィア・インクワイアラー』(アメリカ)
作者 : モーガン

図9 - 29「国内の混乱」

Capt. :
ドイツ皇帝「哀れな余の友よ！」
ロシア熊「戦いだけではないのです――それだけでも十分ひどいのに。身体の中もひどく痛むんですよ」
ドイツ皇帝「ああ、余はそこまではお助けしかねる。余にも少し同じように問題があるんだよ」
出典：E. Linley Sambourne, 'Internal Disorder,' *Punch, or the London Charivari*, Vol. 127 (10 Aug. 1904), p. 101.『パンチ、あるいはロンドン・シャリヴァリ』（イギリス）
作者：E・リンリー・サンバーン
◆ロシアが日露戦争ばかりでなく、国内の混乱にも悩まされている姿を諷刺している。怪我をしているロシア熊の後ろにいるのは、ドイツ皇帝ヴィルヘルム二世である。ロシアの身体の痛みとは、社会主義運動などであろう。ドイツ皇帝も社会主義運動に手を焼いていた。

とドイツの姿を描き、図９‐30はゼムストヴォへの対応を誤ればツアーが窮地に陥るであろうことを示している。続く図９‐31では、ロシアでの内政改革要求の高まり、図９‐32ではロシア内部の不正利得の問題が、日露戦争との関連で取り上げられている。

戦争に端を発する国内での不満、改革要求は、いまや頂点に達しようとしていた。図９‐33は、一九〇四年の大晦日に、戦死した兵士たちがペテルブルクの冬宮で皇帝へ拝謁行進をする姿を描いたものだが、高まる戦争への不満や革命の予兆も感じさせる。その翌月には労働者たちのデモ行進に対して兵士が発砲し、血の日曜日事件が起こり、それを発端としてロシア全土に革命騒ぎが広がっていく。

図9‐30 タイトル不詳

Capt.：ツアー「さて、ここにかわいい人がいるよ。初めましてスキイ」
出典：Reid, cartoon, *Kansas City Journal*, n.d., rpt. in *Literary Digest*, Vol. 29, No. 25 (17 Dec. 1904), p. 833. 原典『カンサスシティ・ジャーナル』（アメリカ）
作者：リード
◆木の枝の上に跨っているツアーが、幹の洞から顔を出した小熊（ゼムストヴォ）に挨拶をしている。ゼムストヴォは涎を垂らして待ち構えている。木の下には犬（日本）がいる。自由主義者への対応を誤って落ちれば、日本にやられるというツアーの立場を示していると言えよう。

図9 - 31「大きな困難に直面して」

Capt.：
［ロシア国民］「二、三の権利を与えよ。仕事にとりかかれ！」
［ツアー］「余が忙しいのが分からないのか？」
［ロシア国民］「さて、私の言うことを聞かなければ、二倍忙しくなるぞ」

出典：Culver, 'Up against It,' *Baltimore American*, n.d., rpt. in *Literary Digest*, Vol. 29, No. 24 (10 Dec. 1904), p. 790. 原典『ボルチモア・アメリカン』（アメリカ）
作者：カルヴァー
◆ロシア国民（左）の権利要求に対して、ツアー（中央）が「日本」と記された大砲を指差しながら答えている。この頃すでに、戦争とともにロシアでは内政改革の要求が高まり、やがてそれは翌年一月の革命へと結びついてゆく。

図9 - 32「『ゲームのこの段階での和睦？ばかげている！』」

出典：Shiras, '"Peace at This Stage of the Game? Preposterous!",' *Pittsburg Chronicle Telegraph*, n.d., rpt. in *Literary Digest*, Vol. 29, No. 23 (3 Dec. 1904), p. 745. 原典『ピッツバーグ・クロニークル・テレグラフ』（アメリカ）
作者：シャイラス
◆ロシアの銃後では、「戦争による不正利得」をスプーンで掬っている人物がいて、「ロシアの機動力」という腕で押して、「ロシアの農民」を前線へと押しやっている。

図9 - 33「冬宮にてペテルブルクへ」

Capt. :「大晦日の行進拝謁」
出典 : Erk, 'Im Winterpalast zu Petersburg,' *Wahre Jacob*, No. 481 (27 Dec. 1904), p. 4572.『ヴァーレ・ヤコブ』(ドイツ)
作者 : エルク
◆大晦日にロシア軍兵士が行進をして、皇帝の拝謁を受けている。兵士たちはみんな骸骨で、その一人は手を伸ばしてツアーを驚かせている。

6　第一次ロシア革命

一九〇五年一月二十二日、日曜日、十万人、あるいは一説には二十万とも言われるペテルブルクの労働者とその家族は、聖職者ガポンに率いられて、隊列を組んで冬宮へ向かった。彼らは穏健派であり、急進派の労働者から見れば御用組合に属する人々であり、皇帝への請願のために宮殿に向かっていた。請願は、立憲的な政治改革や労働者の保護立法を求める内容であった。今日でいえば「民主化要求」のようなものである。しかし労働者らは、冬宮前広場や市内各所で官憲の発砲にあい、多数の死傷者が出た。**図９‐34**はこの血の日曜日事件を題材としたものである。この事件をきっかけとして、ロシアでは第一次革命と呼ばれる騒乱状態がおよそ一年続くことになる。

血の日曜日事件を受けて、諷刺画家たちはニコライ二世の残虐性を告発するかのような諷刺画を数多く残している。次の三点（**図９‐35〜37**）は、その一部である。

ニコライ二世はこのように残虐な人物として画が描かれたが、逆にニコライが残酷な目にあっている**図９‐38**のような諷刺画もある。

一方でカリカチャリストは、フランス革命や政治テロと結び付けて、イマジネーションを膨らませてこの騒乱状態を描いた。次に続く諷刺画（**図９‐39〜45**）は、ギロチンや政治テロに怯える皇帝や皇帝夫妻、ぐらつく王位、フランス革命との類似性、ロシアの将来、鎮圧に手こずる姿などを題材としたものである。それぞれ工夫を凝らして、革命期の混乱や将来予測を描いている。

図9 - 34「すべてのロシア人の皇帝」

出典：E. Linley Sambourne, 'The Czar of All the Russians,' *Punch, or the London Charivari*, Vol. 128 (1 Feb. 1905), p. 83.『パンチ、あるいはロンドン・シャリヴァリ』(イギリス)
作者：E・リンリー・サンバーン
◆この画では、ロシア皇帝は骸骨で死神に擬せられており、その足元で倒れている労働者らしき男は「請願書」を握りしめている。男の下には、ロシアを示す熊の毛皮の敷物がある。

ニコライ二世の残虐性

図9 - 35（号のタイトル）「赤いロシア皇帝」

出典：'Le tzar rouge,' cover, *L'Assiette au Beurre*, No. 201 (4 Feb. 1905), p. 3321.『アシエット・オ・ブール』(フランス)
◆ロシア第一次革命の特集号の表紙。この号のタイトルは「赤いロシア皇帝」。ここでの赤は、むろん革命派の赤ではなく、血の赤であり、皇帝の服も血を浴びている。

図9 - 36「ロシアの人食い」

出典：'Menschenfresser in Rußland,' *Wahre Jacob*, No. 485 (21 Feb. 1905), p. 4613.『ヴァーレ・ヤコブ』(ドイツ)
◆皇帝ニコライが器に盛られた人々を食べている。フォークには人の首が突き刺さっている。革命が勃発し、ロシア国内において苛烈な人民の弾圧が行なわれていることを象徴している。それにしてもグロテスクである。

図9 - 37「ロシアにおけるダホメー」

Capt.：ニコライ「素晴らしいピラミッドだ——すべて余を正真正銘信じている臣下たちの骸骨でできあがっている。いまでは余は、同僚のダホメー王と同じくらいすばらしい」
出典：'Dahomey in Rußland,' *Wahre Jacob*, No. 486 (7 Mar. 1905), p. 4627; 'Dahomey in Russia,' *Wahre Jacob*, n.d., rpt. in *Literary Digest*, Vol. 30, No. 13 (1 Apr. 1905), p. 478.『ヴァーレ・ヤコブ』（ドイツ）
◆この頃、西アフリカのダホメーでは現地住民の大虐殺が行なわれていた。ロシアにおける弾圧や戦争による大量の死を、この大虐殺にかけている。構図的には、ロシアの非戦画家ヴェレシチャーギンの代表作「髑髏の塔」を思い起こさせる。キャプションの訳では、再録雑誌の英訳を参照した。

プロメテウスとなったニコライ

図9 - 38「つながれたプロメテウス」

Capt. :「彼を自由にするためにヘラクレスは現われるだろうか」
出典：'Der gefesselte Prometheus,' *Kladderadatsch*, Vol. 58, No. 31 (30 July 1905), p. 441; rpt. in Douglas, p. 165. 原典『クラデラダーチェ』（ドイツ）
◆「東アジアの戦争」と記された岩の上に鎖でつながれているプロメテウスは、ニコライ二世である。革命と記された鷲がその肝臓を狙っている。ギリシャ神話でプロメテウスは、岩山に磔にされ、昼間に鷲に肝臓を食べられるという極刑を受けるが、それを助けたのがヘラクレスである。

革命と王位の行方

図9 - 39「ツアーの幻覚」

出典：Rota Langa, 'Eine Vision des Zaren,' *Wahre Jacob*, No. 498 (22 Aug. 1905), p. 4779.『ヴァーレ・ヤコブ』（ドイツ）
作者：ロータ・ランガ
◆皇帝ニコライ二世が鏡を見ると、そこには切られた首を手にした男が映っている。フランス革命でギロチンにかけられたルイ十六世であろう。ニコライも革命の恐怖に怯えていたことであろう。ギロチンにこそかけられなかったものの、ニコライはこの13年後に銃殺された。幻覚は現実となったのである。

図9 - 40 タイトルなし

Capt.：
ロシア皇后「それで、あなたはピョートル大帝の胴鎧を身に付けて眠りたいの」
ロシア皇帝「ああ……余は用心深い。思い出しているのだ、アレクサンダーの史実を……そう、セルビアのだよ」
出典：Cartoon, *L'Assiette au Beurre*, No. 201 (4 Feb. 1905), Supplement between p. 3322 and 3323.『アシエット・オ・ブール』(フランス)

◆血の日曜日事件以降、ロシア全土に広がった革命騒ぎで、テロによる暗殺を懸念する皇帝夫妻を諷刺したものである。見ての通り、夫妻は胴鎧を身につけてベッドに入ろうとしている。キャプションによれば、ニコライ二世の胴鎧はピョートル一世（大帝：1672～1725年）のもので古めかしい。大帝はロシアの近代化を実施し、また北方戦争やトルコとの戦いで領土を拡大した、ロシアでは偉大な皇帝である。ニコライは、その胴鎧を身につけているが、大帝が大男であったこともあってぶかぶかである。ピョートルの偉大さと釣り合わないことを象徴的に示しているとも言えよう。皇帝夫妻の会話における、ニコライの受け答えにも捻りが効いている。「アレクサンダーの史実」と言って、アレクサンダー大王かと思わせておいて、その後に「セルビアの」と続く。これはセルビア王アレクサンダル・オブノビッチ五世（1876～1903年）のことで、王は日露戦争勃発の前年の1903年に将校のクーデターで王妃ともども暗殺されている。ユーモラスな諷刺画であるが、皇帝たちのテロに対する警戒は、あながち過剰反応とは言えない。この号が出た２月の半ばには、ニコライの叔父で、皇后アリックスの姉の夫であるモスクワ総督セルゲイが、革命派テロリストの爆弾で即死している。

9 - 41「戦争を継続させよう」

Capt.：
大公（から死神へ）「あ、あなた様、あなたの居場所は戦線ですよ」
出典：Bartholomew [pres.], ‘Let the War Go On,’ *Minneapolis Journal*, n.d., rpt. in *Review of Reviews*, Vol. 31 (Apr. 1905), p. 355. 原典『ミネアポリス・ジャーナル』（アメリカ）
作者：バーソロミュー［推定］
◆戦争を続ければ、国内の支配層が危ういことを示している。死神に出会った大公は、ニコライの三人の伯父の一人で、２月に革命家の爆弾で暗殺された反動的なセルゲイ大公であろう。

図9 - 42「ぐらつく王位」

出典：Davenport, ‘A Tottering Throne,’ *New York Evening Mail*, n.d., rpt. in *Literary Digest*, Vol. 30, No. 5 (4 Feb. 1905), p. 156. 原典『ニューヨーク・イヴニング・メール』（アメリカ）
作者：ダヴェンポート
◆代々のロシア皇帝の治世が大きな岩となって積まれているが、最上部の岩「ニコライ二世」はいまにも崩れそうである。その上にニコライがぽつりと座っている。下では人々が岩の塔を見上げている。積まれた岩は、下から「イヴァン雷帝［四世］」（在位1533～84年）「ピョートル大帝［一世］」（在位1682～1725年）「アレクサンドル一世」（在位1801～25年）「アレクサンドル二世」（在位1855～81年）「ニコライ一世」（在位1825～55年）「アレクサンドル三世」（在位1881～94年）「ニコライ二世」（在位1894～1917年）である。アレクサンドル二世とニコライ一世の順番は年代順で行けば逆である。

図9 - 43 タイトルなし

Capt.：ニコライ二世「愚かな人民ども！　金のために共和政体を愛し、共和政体それ自体のためにそれを愛してはいない」
出典：Cartoon, *L'Assiette au Beurre*, No. 201 (4 Feb. 1905), pp. 3328-29.『アシエット・オ・ブール』（フランス）
◆フランス革命の精神を象徴する自由の女神が、ニコライに手を差し出している。王冠を手渡すように言っているように見える。画の中央奥で革命の旗を掲げているのは、ガポンであろう。人民の長い列がこれに続いている。ニコライは、王冠、すなわち王位を手放すまいとしており、人民への呪詛を口にしている。王冠に固執するニコライが言うところにひねりが効いている。ロシアの同盟国ではあるが共和制のフランスらしい諷刺画で、フランスの価値観が反映している。

図9‐44「ロシア絶対主義のナンセンス」

Capt.：「過去——現在——未来」
出典：'Die Stüße des russischen Absolutismus,' *Wahre Jacob*, No. 488 (4 Apr. 1905), p. 4656.『ヴァーレ・ヤコブ』（ドイツ）
◆のん兵衛はロシア人のステレオタイプである。以前は少量のウオッカで我慢していたのが、現在はアルコール依存が進み、将来はアルコールなしではやっていけなくなると予測している。

図9‐45「代役なし」

出典：Maybell, 'No Substitute,' *Brooklyn Eagle*, n.d., rpt. in *Literary Digest*, Vol. 30, No. 16 (22 Apr. 1905), p. 578. 原典『ブルックリン・イーグル』（アメリカ）
作者：メイベル
◆沸騰する鍋の蓋の上に腰を下ろしたツアーが「この蓋の上に座るタフトがいてくれたらなぁ」と言っている。鍋からは「反乱」「革命」「暴動」が吹きこぼれそうになっている。「蓋の上に座る」（sit on the lid）という表現には、「不穏な情勢を抑える」という意味があり、それなので蓋の上にツアーがいるが役不足で、代役にアメリカのウィリアム・タフト陸軍長官（後の大統領）のような人物を求めている。タフトの名前が出てきた理由は、ローズヴェルト大統領がこの４月から５月にかけて長期の休暇で狩りに行ってしまい、タフトが代役を務めていたからである。またタフトは巨漢であったので、蓋の上に座るのにはうってつけだった。

7　ロシア領ポーランドにおける騒乱

戦時下のロシアにおいては、負け戦が続いたため戦争に対する不満と不安が渦巻くようになっていた。それが顕著に表われて、反戦運動に結び付いたのはポーランドにおいてである。当時のポーランドは分割されており、ロシアに領土の六二パーセント、人口の四五パーセントを支配されており、ロシア領のポーランド人は日露戦争に動員されていた。土屋氏によれば、開戦後、ポーランド地域ではドイツ資本が引き上げて深刻な不況が発生して、多数の失業者が発生していた。さらに一九〇四年十月には新たに動員がかけられ、ロシアのポーランド人の不満はさらに高まった。国境を超えて逃亡を図る兵役忌避者や逃亡者も増加した〔土屋、スタディーズ、一六四～六五頁〕。そのなかにはポーランド人も多数いたであろう。独露国境を舞台とした**図９-46**は、恐らくそのような事情を表わしたものと思われる。

ロシアのポーランド地域では、一九〇四年十一月にデモ隊に対する弾圧で死者が出た。しかし、ポーランド地域で革命運動が本格化するのは翌年になってからである。ワルシャワでは一月下旬からストライキが始まり、二月には学校や役場などでのポーランド語の公用語化を目指す運動も始まった。三月からは社会主義者が主導した労働者のストライキやデモがワルシャワで頻発し、軍隊が鎮圧に乗り出し数十人規模の死者を出した。デモは六月にはウッチに拡大し、流血の事件が何度も起こり、ウッチ蜂起と呼ばれる百五十名を超える死者を出す事態に発展した〔阪東、一三二、二三七頁〕。

図９-47は、ワルシャワにおけるロシアによる流血の弾圧の様子を表わしている。軍隊の前に労働者は敵では

ロシア、ドイツとポーランド人

図9 - 46「ドイツでのロシア風娯楽」

出典：‘Russischer Sport in Deutschland,’ *Wahre Jacob*, No. 482 (10 Jan. 1905), p. 4580.『ヴァーレ・ヤコブ』（ドイツ）
◆鞭で追い返されている人々はポーランド人であろう。プロシアとロシアの国境を渡ってロシアに戻っても、そこで待ちかまえているのは、大きな袋である。袋には「満州用の砲火の餌食［兵卒という意味もある］」と書かれている。

ワルシャワでの弾圧

図9 - 47「ロシアの勝利者たち」

Capt. :「ワルシャワの戦いからの帰国」
出典 : H.G.J., 'Die russischen Sieger,' *Wahre Jacob*, No. 492 (30 May 1905), p. 4711.『ヴァーレ・ヤコブ』(ドイツ)
作者 : H. G. J.
◆ワルシャワでのポーランド人の運動を鎮圧して帰国したロシア軍兵士たち。銃剣の先に首を刺しているが、よく見ると女子供ばかりである。残酷な画である。タイトルは日露戦争で勝てないロシア軍を皮肉っているようである。

ロシア周縁への騒乱の波及

図9－48「再び自分の機雷の中に」

出典：Gilbert, 'Into His Own Mines Again,' *Denver Times*, n.d., rpt. in *Literary Digest*, Vol. 30, No. 6 (11 Feb. 1905), p. 195.
原典『デンヴァー・タイムズ』（アメリカ）
作者：ギルバート
◆船は「ロシア」であり、乗っている皇帝の腕には「専制政治」と書かれている。船は触雷し、機雷「サンクト・ペテルブルク」が爆発している。国内の混乱を示していると言えよう。その下には機雷「モスクワ」がある。右端には「クリミア」ついで「ポーランド」があり、左端には「カフカス」、また次にぶつかりそうな所に「フィンランド」が浮いている。

図9－49「国内の飢えた犬は、戦争の犬よりも獰猛である」

出典：'The Hungry Dogs at Home Are Fiercer Than the Dogs of War,' *Fischietto,* n.d., rpt. in *Literary Digest*, Vol. 31, No. 2 (8 July 1905), p. 57.
原典『フィスキエット』（イタリア）
◆ニコライを襲う国内の獰猛な犬たち。カフカス、ポーランド、フィンランド、タタール地方といった名称の犬たち。犬を手なずけようとニコライは、「宗教の自由」「報道の自由」「教育」「代表制政府」「ユダヤ人の権利」といったものを与えようとしている。戦争の犬たち（右上）は遠くに見えるだけである。

なかった。この画を見るだけでもその凄惨さが伝わって来るが、この画が掲載された五月末の後も弾圧は続いたのである。

ポーランドのみならず、ロシアの支配下にあった周縁の諸地域、フィンランド、クリミア半島、カフカスにも騒乱は拡大した。**図9・48・49**はそのような様子を表わしている。

一方で、ロシアとは比べ物にならないが、五月にはアメリカでも労働者のストが暴動に発展した事件があった。アメリカの諷刺画（**図9・50**）は、そのことを題材にして、諷刺画家ならではの想像力が発揮された作品である。

――米露の共通点 ストライキと暴動――

図9 - 50「見解」

出典：May, ‘The Point of View,’ *Detroit Journal*, n.d., rpt. in *Literary Digest*, Vol. 30, No. 20 (20 May 1904), p. 732. 原典『デトロイト・ジャーナル』（アメリカ）
作者：メイ
◆ニコライ（左）はアメリカの新聞『シカゴ・イエロー』を読んでいる。見出しには「ストライキ！　暴動！　殺戮！」とある。シカゴのストライキの記事である。一方、アンクルサム（右）はロシアの新聞『モスクワ・ボム』を読んでいる。見出しは全く同じ「ストライキ！　暴動！　殺戮！」である。『シカゴ・イエロー』のイエローは、扇情的な新聞を示す「イエロー・ペーパー」から。一方、『モスクワ・ボム』のボムは爆弾で、ロシアに横行していた爆弾テロから来ているのであろう。

8　ロシア革命と日露戦争

日露戦争の最中に起こった第一次ロシア革命は、日露戦争との関連で語られ、描写されることも当然多かった。**図９‐51**ではキャプションにおいて、強烈な皮肉をともなって血の日曜日事件と日露戦争の関係が表わされている。ロシア革命によるロシア国内の混乱は、日本にとってはむろん戦争を進める上で有利な要素となった。戦争と革命を同時に処理することは至難の業だからである。次の四点の諷刺画は、そのことを端的に示している。**図９‐52**では、革命の鎮静化に手こずるツアーに明治天皇が勲章を与えようとしている。**図９‐53**では内政問題で日本との戦いにロシアが集中できない姿が描かれている。さらに続く**図９‐54・55**では、戦争と革命の双方に悩まされるロシアの姿を描いている。

ところで第一次ロシア革命の騒乱に際して、ヨーロッパで後方撹乱の任務を負っていた明石元二郎陸軍大佐の活動を誇張して解釈し、その活動「明石工作」が後のボリシェビキの革命にまでつながったと過大評価し、神話化する著述が今日でも見られる。稲葉千晴氏は『明石工作――謀略の日露戦争』でそのような神話を解体した。実際には、一九〇五年九月、明石が計画した革命派のペテルブルクでの蜂起は武器輸送船の座礁で頓挫し、工作は失敗に終わっている。とは言っても、一方で稲葉氏は、ロシア国内に諜報網を構築するなどした明石の活動を挙げて、「情報将校として明石の有能さは、他の追随を許さぬものであった」と評価している〔稲葉、歴読、一五四～五五頁〕。

図９‐56・57は、あくまでも想像の産物であるが、ロシア革命派と日本の関係や、革命派の破壊工作の可能性

図9 - 51「砲火の洗礼（初陣）」

Capt.：[ロシア皇帝が息子に]「息子よ、ロシア人の血は美しいだろう。血が流れるのを見るためにわざわざ満州に行くには及ばないよ」
出典：M. Radiguet, ‘Le baptéme du feu,’ *L’Assiette au Beurre*, No. 201 (4 Feb. 1905), p. 3322.『アシエット・オ・ブール』（フランス）
作者：M・ラディゲ
◆真ん中で皇帝ニコライが前年８月に生まれたばかりの皇太子アレクセイを抱きかかえて、革命の騒乱を宮殿から眺めている。作者が、皇帝に「ロシア人の血は美しい」と語らせているのは、革命の発端となった「血の日曜日」事件（1905年１月23日）の血を意識してのことである。血を見るために満州に行く必要はないというのは、強烈な皮肉である。タイトルは「砲火の洗礼」であるが「初陣」の意味もある。皇太子アレクセイの初陣という意味に解せる。

日本の利益となったロシア革命

図9 - 52「功績に対して」

Capt. : ミカド（ツアーに）「皇帝陛下が、陛下の『沈静化』方策を長く続けられますように。その間に、おそれ多くも日本の最高の友としてこの勲章をお受けくださりますように」

出典：E. Linley Sambourne, 'Pour le Mérite,' *Punch, or the London Charivari*, Vol. 128 (8 Feb. 1905), p. 101.『パンチ、あるいはロンドン・シャリヴァリ』(イギリス)

作者：E・リンリー・サンバーン

◆この画では革命の沈静化に手こずっているニコライ二世に、明治天皇が勲章を授与しようとしている。もちろん皮肉である。ニコライは手に鞭を持ち、その足元にはくしゃくしゃにされた請願書がある。場所は首都ペテルブルクの冬宮前をイメージしているのであろう。右端に、鎮圧にあたる兵士の姿と悲嘆に暮れる女性の姿が小さく見える。

図9 - 53「ボートを揺らして」

出典：Spencer, ‘Rocking the Boat,’ *Omaha World-Herald*, n.d., rpt. in *Literary Digest*, Vol. 30, No. 5 (4 Feb. 1905), p. 154. 原典『オマハ・ワールド＝ヘラルド』(アメリカ)
作者：スペンサー
◆ボートの舳先から「日本」に向かって発砲しているロシア。しかし、船尾では「労働者」と「革命家」がボートを揺らして邪魔をしている。ボートの名称は「国内での平和」である。

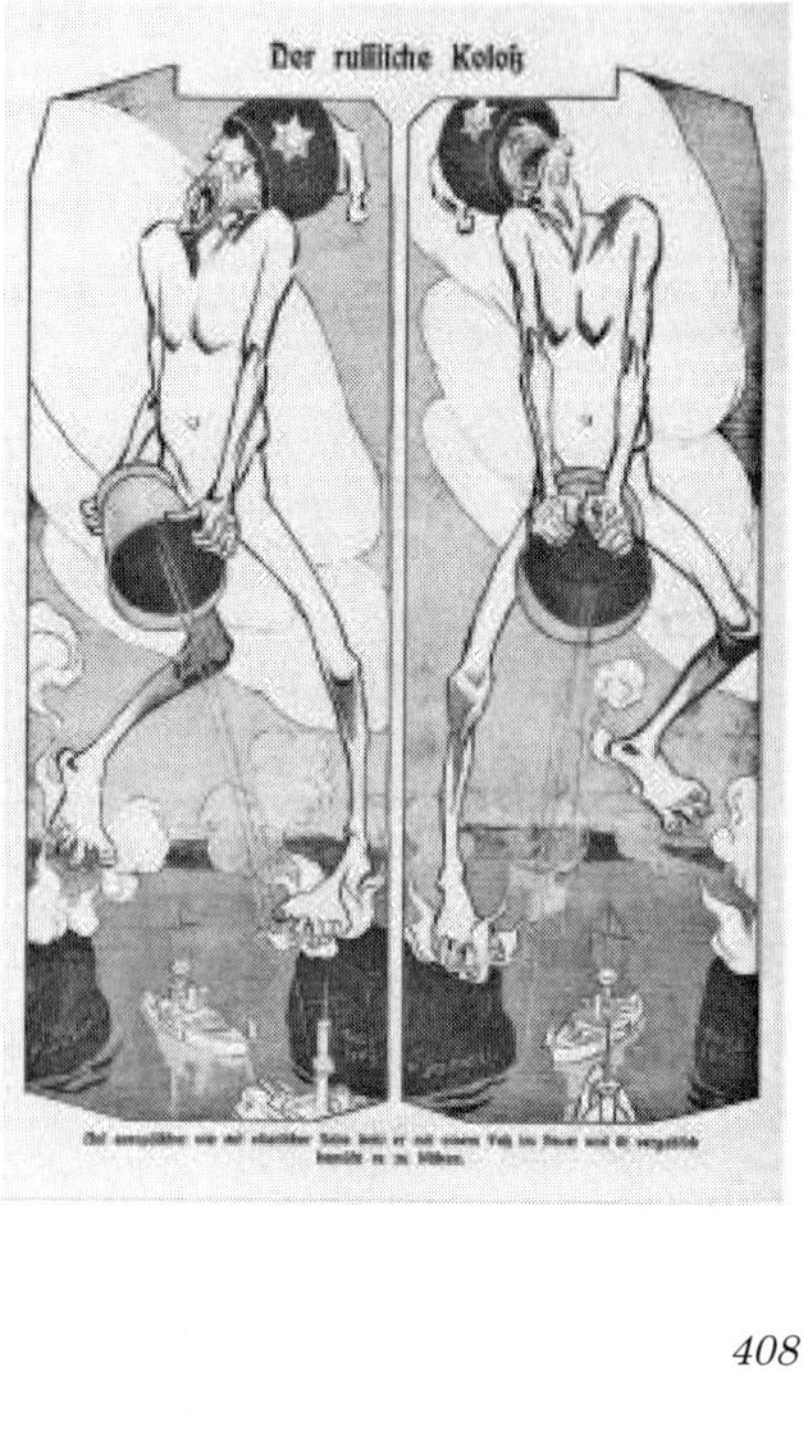

図9 - 54「ロシア人の巨人」

Capt.：「ヨーロッパにアジアにと、彼は片方ずつ足を火の中に入れる。そうして炎を消そうと虚しく奮闘している」
出典：‘Der russische Koloß,’ *Kladderadatsch*, Vol. 58, No. 11 (12 Mar. 1905), p. 148; ‘The Russian Colossus,’ *Kladderadatsch*, rpt. in *Literary Digest*, Vol. 30, No. 15 (15 Apr. 1905), p. 554. 原典『クラデラダーチェ』(ドイツ)
◆ロシア人の巨人は、右足を「満州」、左足を「ロシア」に交互に置きながら、それぞれの火を踏み消そうとしているが、うまく行かない。裸踊りではないが、バケツから水も出している。

図9 - 55「電話を切らないでおく理由」

Capt. : 熊「そう、今こそ手放す潮時である――しかし私にはできない」
出典 : Barclay, 'Why He Still Holds On,' *Baltimore News*, n.d., rpt. in *Literary Digest*, Vol. 30, No. 13 (1 Apr. 1905), p. 463. 原典『ボルチモア・ニュース』(アメリカ)
作者 : バークレー
◆熊（ロシア）が二台の電話機を握っている。電話線が描いている文字から上の電話は「戦争」、下は「革命」である。共にけたたましく鳴っている。受話器を手放したくても、それが熊にはできない。

ロシア革命派と日本

図9 - 56「最後の手段」

Capt. :「コサックが逃げ出すのを見たいと思ったら、ロシアの革命家たちは日本人指導者を雇うかもしれない」
出典 : 'The Last Resort,' *Humoristische Blätter,* n.d., rpt. in *Literary Digest*, Vol. 31, No. 5 (29 July 1905), p. 156. 原典『フモリスティッシェ・ブレッター』(オーストリア)
◆ロシアの革命勢力（右）の先頭に、日本軍指揮官（中央）が剣を振り上げながら立ち、コサック兵（左）は逃げ出している。

図9 - 57「もし彼が綱を切ったら！」

出典：Bartholomew, 'If He Cuts the Line!,' *Minneapolis Journal*, n.d., rpt. in *Literary Digest*, Vol. 30, No. 7 (18 Feb. 1905), p. 233. 原典『ミネアポリス・ジャーナル』(アメリカ)
作者：バーソロミュー
◆クロパトキンの命綱「シベリア鉄道」を「革命家」が切ろうとしている。革命家の破壊工作の可能性を指摘している。

日本人諷刺画家の描いたロシア革命

図9 - 58 「革命の長蛇」

出典：*Tokyo Puck*, n.d., rpt. in 'A Striking Japanese Cartoon on the Doom of Russian Bureaucracy,' cartoon, *Review of Reviews*, Vol. 32 (Sept. 1905), p. 241. 原典『東京パック』(日本)
作者：北沢楽天
◆日本の諷刺漫画雑誌『東京パック』から「ロシアの官僚制の運命についての衝撃的な日本の諷刺漫画」という題で『レヴュー・オヴ・レヴューズ』誌に転載されたもの。迫力のある画である。タイトルは原典より。

を描いている。

日本でもむろん、この革命騒ぎに多大な関心が寄せられた。**図９‐58**は、『レヴュー・オヴ・レヴューズ』誌に掲載された、日本人諷刺画家の北沢楽天の手になるロシア革命に関係する「衝撃的」な諷刺画である。確かに一種異様な迫力を感じさせる作品であり、同誌の編集者の目に留まったのも頷ける。

日露戦争はロシアの国内矛盾を先鋭化させ、ロシアの弱体化を招いた。戦争を契機としてロシアが生まれ変わり、専制に支配されたロシア国民が解放されることも一方では期待された。日本側が意図したか否かは別として、日本を「専制の解放者」とする見方も、一部ではありえたと言える。アメリカの諷刺画である最後の図（**図９‐59**）は、そのような見方を示している。日本は明治維新以来、ある意味で西洋の生徒から出発して、もっとも古い西洋国家の一つロシアの解放者とまで見なされるようになったのである。

── 専制の解放者としての日本 ──

図9‐59「解放者」

出典：Maybell, 'The Emancipator,' *Brooklyn Eagle*, n.d., rpt. in *Literary Digest*, Vol. 30, No. 24 (17 June 1905), p. 882. 原典『ブルックリン・イーグル』（アメリカ）
作者：メイベル
◆日本兵が撃った弾丸が、ロシア人民の「専制」という名の鎖を切っている。日本兵の弾煙には「日本の勝利」とある。日本の勝利が、ロシア人民を専制から解放するとして、専制からの解放者としての日本を描いている。

著者略歴

飯 倉　章（いいくら あきら）
1956年茨城県古河市生まれ。慶應義塾大学経済学部卒。国際大学大学院国際関係学研究科修士課程修了（国際関係学修士）。2010年学術博士（聖学院大学）。1993年より、国際大学日米関係研究所リサーチアシスタント。1995年より、城西国際大学国際文化教育センター研究員、同大学人文学部専任講師・助教授・教授を経て、現在、城西国際大学国際人文学部教授。慶應義塾大学国際センター非常勤講師。日本国際政治学会、軍事史学会会員。
主要著書『イエロー・ペリルの神話――帝国日本と「黄禍」の逆説』（彩流社、2004年）、『日露戦争研究の新視点』（共著、成文社、2005年）、『日露戦争とポーツマス講和』（共著、山梨学院大学、2006年）、『日露戦争を世界はどう報じたか』（共著、芙蓉書房出版、2010年）。英文共著 *The Anglo-Japanese Alliance, 1902-1922* (Routledge), *Japanese-German Relations, 1895-1945: War, Diplomacy and Public Opinion* (Routledge), *Rethinking the Russo-Japanese War, 1904-05*, Volume II: The Nichinan Papers (Global Oriental). 訳書（エミリー・S・ローゼンバーグ著）『アメリカは忘れない――記憶のなかのパールハーバー』（法政大学出版局、2007年）。

日露戦争諷刺画大全《にちろせんそうふうしがたいぜん》〈上巻〉

2010年11月30日　第1刷発行

著 者
飯倉《いいくら》　章《あきら》

発行所
㈱芙蓉書房出版
（代表 平澤公裕）

〒113-0033東京都文京区本郷3-3-13
TEL 03-3813-4466　FAX 03-3813-4615
http://www.fuyoshobo.co.jp

印刷・製本／モリモト印刷

ISBN978-4-8295-0497-0